“十二五”职业教育国家规划教材
经全国职业教育教材审定委员会审定

国家文化产业资金支持媒体融合重大项目

国家级精品课程教材

21世纪新概念教材：多元整合型一体化系列
高职高专教育会计专业精品课程教材新系

基础会计——原理、实务、案例、实训
训练手册
（第七版）

新型数字化活页教材

周雪艳　汪行光　主编
罗　忠　副主编

东北财经大学出版社
Dongbei University of Finance & Economics Press
大连

图书在版编目（CIP）数据

《基础会计——原理、实务、案例、实训》训练手册 / 周雪艳，汪行光主编．—7版．—大连：东北财经大学出版社，2024.2
（高职高专教育会计专业精品课程教材新系）
ISBN 978-7-5654-5146-1

Ⅰ．基…　Ⅱ．①周…②汪…　Ⅲ．会计学-高等职业教育-教学参考资料　Ⅳ．F230

中国国家版本馆CIP数据核字（2024）第029010号

东北财经大学出版社出版
（大连市黑石礁尖山街217号　邮政编码　116025）
网　址：http://www.dufep.cn
读者信箱：dufep@dufe.edu.cn
大连天骄彩色印刷有限公司印刷　东北财经大学出版社发行

幅面尺寸：185mm×260mm　字数：460千字　印张：24
2024年2月第7版　2024年2月第1次印刷

责任编辑：许景行　孟　鑫　责任校对：吉　扬
封面设计：原　皓　版式设计：原　皓

定价：68.00元

教学支持　售后服务　联系电话：（0411）84710309

如有印装质量问题，请联系营销部：（0411）84710711

第七版前言

本书作为与《基础会计——原理、实务、案例、实训》(第七版)配套的新型活页工作手册式教材，以党的二十大精神为政治导向，以教育部《职业院校教材管理办法》“总则”为原则，以贯彻落实其中的“一个坚持”“六个体现”“四个自信”和“第十二条”各项要求为基点，以《中国教育现代化2035》及其实施方案中提出的“指导思想”、“八大基本理念”、“总体目标”和“十大战略任务”为全面指导，在前六版的基础上进行了优化升级。

在体系建设上，本书以“基础会计胜任力建构”为“目标模式”，以“学力发育”为“过程模式”，以“典型工作任务”为“训练模块”，将“以‘教师为引导’、‘学生为主体’、‘教学—训练—考核’为主线的‘教、学、做、评’合一”，作为教材体系建设的基本定位。

教材体系的这一定位，旨在正视21世纪以来欧盟各国EQF职业教育改革用“学习结果”取代“工作导向”这一“范式转换”的进步意义，并由此前行，探索新时代中国特色高等职业教育专业课程及其教材建设之路。其中：

“目标模式”中的“胜任力”，是EQF和QF-EHEA使用的新概念，比传统职教课程教材“目标描述”的内涵更为丰富，也更加科学。

以“学力发育”为“过程模式”，是“学习结果”中“Outcome”(“经过一系列发展变化所导致的最终结局”)逻辑发展的必然结果。

锚定“典型工作任务”的“训练模块”系列，既体现了基础会计课程“胜任力建构”中各章“认知要素”“专业规则要素”“认知弹性要素”的前提性逐级铺垫以及向“技术应用”的“实践学习”聚焦，也体现了由“阶段性体验”向“终极体验”发展的渐进过程。

在内容建设上，本书第七版根据《中华人民共和国公司法》(2023年12月29日修订)、财政部《关于印发〈会计信息化发展规划(2021—2025年)〉的通知》(财会〔2021〕36号)、《关于印发〈会计行业人才发展规划(2021—2025年)〉的通知》(财会〔2021〕34号)、《关于印发〈会计改革与发展“十四五”规划纲要〉的通知》(财会〔2021〕27号)和国家税务总局《关于在新办纳税人中实行增值税专用发票电子化有关事项的公告》(国家税务总局公告2020年第22号)等最新会计、税收法律法规的相关规定，进行了同步修订。

与侧重基础会计课程“教学环节”的主教材不同，本书侧重基础会计课程的学生“训练环节”，其各章正文内容包括“预习要览”“客观题”“主观题”“实训资料”“课业范例”“参考答案与提示”等题型或内容并添加二维码。书后附有

“职业核心能力强化训练‘知识准备’参照范围”“案例分析、职业核心能力和职业道德训练与考核参照范围”两个“附录”。

“预习要览”指学生在使用本手册进行训练之前先行预习的主要教学内容，包括“内容提要”、“重点与难点”和“主要公式”。

“客观题”涵盖“单元训练”的全部“自测题”，全面充分地练习这些类型多样、数量足够的习题，可以巩固和强化各章“教学环节”的知识建构，并为学生通过二维码进行自我测试与考核，乃至介入“主观题”训练提供必要准备。其中：“理论题”的功能是通过训练，强化学生对“是什么”的概念或观念的记忆，这种记忆和强化是了解“做什么”和“怎么做”的条件；“实务题”的功能是通过训练，强化学生对“做什么”和“怎么做”的操作规则的记忆，旨在克服学生实训操练时对专业规范的盲目性；“案例题”的功能是通过训练，强化学生对“主要观念”的记忆，记住并强化这些“主要观念”建构，是学生在主教材“主观题”的“案例分析题”中运用“主要观念”分析问题和决策设计的前提和基础；“实训题”的功能是包括计算在内的各种“按照规则操作”，训练学生“运用规则”的技能，为其后实施“主观题”之“实训题”的全面操练做必要准备。

“主观题”以学生通过“客观题”对各章知识要点的记忆和掌握为前提，通过对各章教学内容的简要复述、深入解析和实际运用，全面培养其职业胜任力。与四大“教学环节”相对应的主观“操练题型”为“理论题”、“实务题”、“案例题”和“实训题”。

“实训资料”与各章“单元训练”中“主观题”的“实训题”相配套，为每章的“情境设计”提供了至少三组资料，供“实训组”在进行实训操练时选择。

“课业范例”为各章“主观题”的“案例分析题”、“课程思政”和“实训题”课业展示了具体的示范参照，有助于解决学生完成相关课业的困难。

“参考答案与提示”收录了主教材各章“教学互动”的“引导提示”和训练手册各章“客观题”“主观题”“实训资料”相关题型的“参考答案”或“分析提示”，旨在帮助学生查证其各项训练任务完成结果的对错。

“职业核心能力强化训练‘知识准备’参照范围”系参照中华人民共和国人力资源和社会保障部职业技能鉴定中心的《职业核心能力标准》编制的，其范围是为操练构成学生职业发展后劲的能力圈定的，任课教师的“指导准备”和学生的相关操练均可按图索骥。

“案例分析、职业核心能力和职业道德训练与考核参照范围”参照行业标准编制，为本课程的学生训练与考核提供了可以参照的规范与标准。

本书第七版由湖北职业技术学院会计专业“基础会计”国家级精品课程教学团队教师共同修编完成，由周雪艳和汪行光担任主编，罗忠担任副主编。具体分工如下：周雪艳负责前言、目录、工作任务一、工作任务二、工作任务三、工作任务十、主要参考文献及相关二维码资料的修编，罗忠负责工作任务四、工作任务五、工作任务六及相关二维码资料的修编，汪行光负责工作任务七、工作任务八、工作任务九及相关二维码资料的修编。

书后两个“附录”由东北财经大学出版社许景行编审修编。

本书为产教融合校企共同开发教材，邀请了中联集团教育科技有限公司副总裁孙红菊和湖北精诚有限责任会计师事务所注册会计师、高级会计师、注册税务师、湖北职业技术学院大数据与会计专业“楚天技能名师”杨洪涛等行业企业专家负责技术把关，在此一并表示感谢！

本书在新型活页工作手册式教材的开发上做了一些阶段性尝试，尽管付出了不懈努力，但由于时间仓促，疏漏与不妥在所难免，敬请专家、同行和广大读者朋友批评指正！

编　者

2024年1月

目录

工作任务一
“资产和权益平衡表编制”技术应用

- **任务目标**
- **知识准备**

1.1　预习要览

1.2　客观题

1.3　主观题

- **模拟训练**
- **参考答案与提示**

任务目标

●能够熟练地对会计要素进行归类
●能够对经济业务进行分析判断
●能够编制资产和权益平衡表
●能够独立完成《"'资产和权益平衡表编制'技术应用"训练报告》的撰写

知识准备

请绘制与本任务相关的知识点思维导图，复习相关知识，做好完成本任务所必需的知识准备。

1.1 预习要览

1.1.1 内容提要

1.内容概要

会计是以货币为主要计量单位，运用一整套科学的专门方法，对企事业等单位的经济活动进行连续、系统、全面、综合的核算和监督，为会计信息使用者提供有用会计信息的一种经济管理活动。会计的基本特点是以货币为主要计量单位，会计核算具有可验证性、连续性、系统性、全面性、综合性的特点。

会计的基本职能是核算和监督，二者相辅相成、不可分割。会计核算是会计监督的前提和基础，没有会计核算提供的数据资料，会计监督就失去了依据；会计监督是会计核算的目的和保障，只进行会计核算而不进行会计监督，就难以保证所提供的会计信息的真实性、可靠性，会计核算也就失去了存在的意义。

会计的对象是会计核算和监督的内容。企事业等单位能够以货币表现的经济活动都是会计的对象。会计的最终目标是提高企业的经济效益，会计的具体目标是提供会计信息使用者所需要的会计信息。会计的本质是一项经济管理活动。

会计假设是会计工作赖以进行的基本前提条件，是对会计工作的客观环境所作的基本假定，它包括会计主体、持续经营、会计分期、货币计量四项。会计主体假设规定了会计工作的空间范围，它是持续经营、会计分期、货币计量假设的前提。持续经营假设规定了会计工作的时间范围，会计的确认、计量和报告应当以持续经营为前提。会计分期是对持续经营假设的必要补充，会计期间分为会计中期和会计年度，会计中期包括半年度、季度和月度。货币计量假设规定了会计核算的计量单位。《企业会计准则——基本准则》(2014）第8条规定，企业会计应当以货币计量。《中华人民共和国会计法》第12条规定：会计核算以人民币为记账本位币。业务收支以人民币以外的货币为主的单位，可以选定其中一种货币作为记账本位币，但是编制的财务会计报告应当折算为人民币。在境外设立的中国企业向国内报送的财务会计报告，应当折算为人民币。

权责发生制和收付实现制是会计的基础。权责发生制又称应收应付制，它是以权利或责任的发生与否为标准，来确认本期收入和费用的一种会计处理方法。《企业会计准则——基本准则》（2014）第9条规定，企业应当以权责发生制为基础进行会计要素的确认、计量和报告。收付实现制也称实收实付制，是以现金的实际收到或支付为标准来确认本期的收入和费用的一种会计处理方法。《事业单位会计准则》（2012）规定，事业单位会计核算一般采用收付实现制，部分经济业务或事项采用权责发生制核算的，由财政部在会计制度中具体规定。行政事业单位的会计核算采用权责发生制，由财政部在相关会计制度中规定。《政府会计准则——基本准则》（2015）第3条规定，政府会计由预算会计和财务会计构成：预算会计实行收付实现制，国务院另有规定的，依照其规定；财务会计实行权责发生制。

会计要素是对会计对象进行的基本分类，是会计核算对象的具体化。它是反映企业财务状况和经营成果的基本单位，是会计报表的基本构件。《企业会计准则——基本准则》（2014）第10条规定，企业应当按照交易或者事项的经济特征确定会计要素。会计要素包括资产、负债、所有者权益、收入、费用和利润。资产是指过去的交易、事项形成的，由企业拥有或控制的，预期会给企业带来经济利益的资源，包括各种财产、债权和其他权利。资产按流动性可分为流动资产和非流动资产。负债是指过去的交易或事项形成的，预期会导致企业的经济利益流出企业的现时义务。负债按其偿还期的长短可以分为流动负债和非流动负债。所有者权益，是指企业资产扣除负债后由所有者享有的剩余权益。公司的所有者权益又称为股东权益。所有者权益的来源包括所有者投入的资本、直接计入所有者权益的利得和损失、留存收益等。收入是企业在日常活动中形成的、会导致所有者权益增加的、与所有者投入资本无关的经济利益总流入。收入包括主营业务收入、其他业务收入。费用是企业在日常活动中发生的、会导致所有者权益减少的、与所有者分配利润无关的经济利益总流出。费用按其是否形成产品成本可分为成本费用和期间费用。利润是企业在一定会计期间的经营成果，包括收入减去费用后的净额、直接计入当期利润的利得和损失等。利润有营业利润、利润总额和净利润。

资产、负债和所有者权益是反映企业财务状况的静态会计要素，它们之间的关系是“资产=负债+所有者权益”。收入、费用和利润是反映企业经营成果的动态会计要素，它们之间的关系是“收入-费用=利润”。不论企业发生何种经济业务，都不会破坏会计等式的平衡关系。

会计核算方法包括设置账户、复式记账、填制和审核会计凭证、登记账簿、成本计算、财产清查和编制会计报表七种方法。它们之间相互联系、密切配合，形成了会计核算科学完整的方法体系。企业日常发生的各项经济业务，首先要填制和审核会计凭证；然后按照规定的账户，运用复式记账法记入有关账簿；对于经营过程中发生的各项费用，应当进行成本计算；期末通过财产清查，在账证相符、账账相符和账实相符的基础上，最后根据账簿记录编制会计报表。填制和审核会计凭证、登记账簿、编制会计报表是会计核算工作的三大环节，构成一个会计循环。

2.主要概念和观念

1）主要概念

会计　会计对象　会计要素　资产　负债　所有者权益　收入　费用　利润

2）主要观念

会计的基本前提　会计核算的基础　会计要素与会计恒等式　会计核算方法与工作程序

1.1.2 重点与难点

1.重点理论

会计的概念与特点　会计基本职能　会计的对象和目标　会计基本前提与基础的相关概念　会计要素

2.重点实务

权责发生制下收入、费用和利润计算　收付实现制下收入、费用和利润计算　会计恒等式及其相关计算　会计核算方法与工作程序

3.重点操作

会计要素的确认与归类　经济业务的分析　资产和权益平衡表编制

4.难点

会计基础　会计要素与会计恒等式

1.1.3 主要公式

学习微平台

资源1-01

1）静态会计等式

资产=负债+所有者权益=权益

2）动态会计等式

收入-费用=利润

1.2 客观题

1.2.1 理论题

1.单项选择题

1）会计的基本职能是（　　）。

A.核算与监督　B.分析与考核　C.预测与决策　D.核算与预测

2）会计对象是企业再生产过程中的（　　）。

A.实物运动　B.资产　C.资金运动　D.收入

3）会计主体从（　　）上对会计核算范围进行了有效的界定。

A.空间　B.时间　C.空间和时间　D.内容

4）会计在对经济活动进行反映时，选用的统一计量标准是（　　）。

A.其他量度 B.劳动量度 C.实物量度 D.货币量度

5）（ ）是指由过去的交易或事项形成并由企业拥有或控制的，预期会给企业带来经济利益的资源。

A.会计对象 B.资产 C.会计要素 D.资金

6）资产、负债和所有者权益三要素是企业资金运动的（ ）。

A.动态表现 B.静态表现 C.综合表现 D.以上都不对

7）（ ）作为会计核算的基本前提，就是将一个会计主体持续的生产经营活动划分为若干个相等的会计期间。

A.持续经营 B.会计年度 C.会计分期 D.会计主体

2.多项选择题

1）会计可以采用（ ）单位。

A.货币量度 B.实物量度 C.劳动量度 D.价值指标

2）会计的特点包括（ ）。

A.从价值量上反映 B.连续性

C.完整性 D.系统性

3）会计核算的基本前提包括（ ）。

A.会计主体 B.持续经营 C.会计分期 D.货币计量

4）资产的特点可归纳为（ ）。

A.企业所拥有或控制的 B.过去的交易、事项形成的

C.预期带来经济利益的资源 D.表现为一瞬间的费用

5）会计分期可分为（ ）。

A.年度 B.季度 C.半年度 D.月度

6）下列关于会计职能的表述正确的有（ ）。

A.核算和监督是会计的基本职能 B.会计核算是会计监督的前提

C.会计监督是会计核算的保障 D.核算职能是会计最基本的职能

7）下列可以作为一个会计主体的有（ ）。

A.个体经营者商店

B.某公司下属的独立核算的后勤部门

C.医院

D.车间

3.判断题

1）会计主体都是法人企业。（ ）

2）企业集团不是一个独立的法人，但可以作为一个会计主体。（ ）

3）资产只能是企业拥有的能以货币计量的经济资源。（ ）

4）会计核算基本前提之所以被称为会计假设，是由于其缺乏客观性和人们无法对其进行证明。（ ）

5）我国所有企业都必须采用人民币作为记账本位币。（ ）

6）会计计量单位只有货币计量单位。（ ）

7）应收账款和预收账款都是企业的资产。 （　　）

1.2.2 实务题

学习微平台

资源1-02

1.单项选择题

1）下列各项中属于流动资产的是（　　）。

A.库存现金　　B.运输设备　　C.专利权　　D.商标权

2）下列项目中，会引起资产和负债同时增加的经济业务是（　　）。

A.收到投资者投入机器一台

B.购买材料，货款未付

C.向银行贷款直接偿还前欠外单位货款

D.收回外单位所欠货款

3）下列各项中，属于所有者权益的是（　　）。

A.房屋　　B.银行存款　　C.银行借款　　D.未分配利润

4）“预付账款”科目按其所归属的会计要素不同，属于（　　）科目。

A.资产类　　B.负债类　　C.损益类　　D.成本类

5）甲公司于2023年8月临时租入一套设备用于生产产品，9月份支付8月、9月、10月三个月租金共计90 000元。根据权责发生制的要求，对该项租金支出处理正确的是（　　）。

A.全额计入8月份的制造费用

B.全额计入9月份的制造费用

C.全额计入10月份的制造费用

D.按一定的方法分摊计入8、9、10月份的制造费用

6）企业对固定资产计提折旧是以（　　）为假设前提的。

A.会计主体　　B.持续经营　　C.收付实现制　　D.货币计量

7）下列经济业务中会引起资产与负债同时减少的是（　　）。

A.收到投资者投入的设备一台，价值8万元

B.购入材料一批，价值5万元，货款未付

C.以银行存款归还前欠货款6万元

D.生产甲产品领用材料5 400元

2.多项选择题

1）在会计核算方法体系中，（　　）三大环节构成一个会计循环。

A.设置账户　　B.填制和审核会计凭证

C.编制会计报表　　D.登记账簿

2）下列（　　）会计处理方法是以会计分期假设为前提的。

A.应收　　B.应付

C.权责发生制　　D.对固定资产计提折旧

3）按照权责发生制，下列属于本期收入的有（　　）。

A.本期实现但尚未收到的收入

B.本期实现且已经收到的收入

C.本期收到但尚未提供货物的收入

D.本期未收到且尚未提供货物的收入

4）企业购进原材料20万元，其中用银行存款支付16万元，其余4万元暂欠。该业务会引起企业（　　）。

A.资产增加20万元　　B.资产增加4万元

C.负债增加4万元　　D.负债增加20万元

5）非流动负债包括（　　）。

A.长期借款　　B.长期应付款　　C.应付债券　　D.应交税费

6）下列经济业务中，仅引起资产项目内部一增一减的有（　　）。

A.用现金支付职工工资　　B.向银行贷款，存入银行

C.将现金存入银行　　D.用银行存款采购一批原材料

7）下列属于资金退出企业的是（　　）。

A.向投资者分配利润或股利　　B.上缴税款

C.购买材料　　D.生产领用材料

3.混合选择题

1）“自我学习能力”（初级）的“基本要求”是（　　）。

A.具备基本的学习能力，在常规条件下能运用这些能力适应工作和学习要求

B.具备超强的学习能力，在特殊条件下能运用这些能力适应工作和学习要求

C.能较熟练、较灵活地运用各种学习方法在最短的时间内掌握急需知识信息；能广泛地搜集、整理、开发和运用信息，善于学习、接受新的事物，以适应复杂工作和终身发展的要求

D.主要用理解式接受法，对有兴趣的任务可以用发现法掌握知识信息；在更广泛的工作范围内灵活运用这些能力以适应工作岗位各方面的需要

2）“解决问题能力”（初级）包括的“技术-技能”点是（　　）。

A.分析问题、提出问题，实施计划、解决问题，验证方案、改进计划

B.分析问题、提出方案，实施计划、解决问题，验证方案、改进方式

C.分析问题、提出对策，实施方案、解决问题，验证方案、改进计划

D.分析问题、提出方案，实施方案、解决问题，验证方案、改进计划

3）“解决问题能力”（初级）的“基本要求”是（　　）。

A.具备进入工作岗位较强解决问题的能力，在常规条件下能根据工作的需要，解决复杂和熟悉的问题

B.在有限的资源条件下，根据工作岗位的需要，解决复杂的问题

C.具备进入工作岗位最基本的解决问题的能力，在常规条件下能根据工作的需要，解决简单和熟悉的问题

D.在工作岗位上表现出更强的解决问题的能力，在多种资源条件下，根据工作需要解决复杂和具有综合性的问题

4）“‘资产和权益平衡表编制’技术应用”训练这一“专业能力领域”包括的“技术-技能”点有（　　）。

A.会计要素的归类

B.经济业务的分析

C.资产和权益平衡表的编制

D.《“‘资产和权益平衡表编制’技术应用”训练报告》的撰写

5）“会计要素归类‘技术-技能’”的“规范与标准”有（　　）。

A.熟悉经济业务的四种类型

B.能正确掌握资产、负债、所有者权益等会计要素的概念

C.能根据会计要素的概念对企业期初资产和权益的相关资料进行正确的分析和判断

D.能根据分析、判断的结果准确地对会计要素归类

6）“经济业务分析‘技术-技能’”的“规范与标准”有（　　）。

A.熟悉经济业务四种类型

B.能对某企业发生的日常经济业务正确地分析对资产、权益的影响情况及其结果

C.能准确地判断日常经济业务所属的经济业务类型

D.能根据分析、判断的结果准确对会计要素进行归类

7）“资产和权益平衡表编制‘技术-技能’”的“规范与标准”有（　　）。

A.能正确、规范地制作企业资产和权益平衡表

B.能正确地将某企业期初资产和权益会计要素的归类结果过入期末资产和权益平衡表的增减前金额栏中，并根据“资产=负债+所有者权益”的会计恒等式保证其平衡

C.能正确地将企业发生的日常经济业务的分析结果过入期末资产和权益增减情况平衡表的增加金额或减少金额项目栏中

D.能正确地计算期末资产和权益平衡表的增减后金额栏的数额，并根据“资产=负债+所有者权益”会计恒等式保证其平衡

8）撰写《“‘资产和权益平衡表编制’技术应用”训练报告》的“规范与标准”有（　　）。

A.能合理设计《“‘资产和权益平衡表编制’技术应用”训练报告》

B.能正确、规范地制作资产和权益平衡表

C.“训练报告”的结构、层次较分明

D.能较规范地撰写所述“训练报告”

4.判断题

1）会计方法主要是指会计核算方法。（　　）

2）企业对使用的机器设备在其使用年限内计提折旧，是以持续经营假设为前提的。（　　）

3）任何经济业务的发生都不会改变“资产=负债+所有者权益”的恒等关系。（　　）

4）会计监督不仅体现在过去的经济业务中，还体现在业务发生过程中和尚未发生之前，包括事前、事中、事后监督。（　　）

5）所有者权益等于实收资本加上未分配利润。（　　）

6）“四柱清册”是通过“旧管（期初结存）+新收（本期收入）=开除（本期支出）+实在（期末结存）”的平衡公式来结算本期财产物资增减变化及其结果的。（　　）

7）融资租入的设备，其所有权不属于企业，因此不应作为企业的资产。（　　）

1.2.3　案例题

学习微平台

资源 1-03

持续经营能力的判断——深圳大华天诚会计师事务所与“ST中华”

背景与情境：2001—2003年，“ST中华”一直保持接近20亿元的负资产，或者说连续三年严重资不抵债。这足以使注册会计师对该公司是否仍具有持续经营能力产生怀疑。遗憾的是，深圳大华天诚会计师事务所依然对“ST中华”年报出具了标准无保留意见的审计报告。

依据公开信息，在《独立审计具体准则第17号——持续经营》第7条中列示的可能导致对被审计单位持续经营能力产生重大疑虑的事项或情况中，“ST中华”至少涉及其中5项，具体包括：①无法偿还到期债务，表现为：一方面，公司存在大量还款诉讼；另一方面，因公司资金短缺，账面反映有账龄超过3年的大额应付账款1.26亿元、大额其他应付款1.17亿元尚未偿还。②经营性亏损数额巨大。2003年年末“ST中华”的未分配利润为-24.87亿元。③资不抵债。至2003年12月31日，“ST中华”的所有者权益为-16.85亿元。④营运资金出现负数。根据“ST中华”2003年年末资产负债表的数据，公司流动资产（143 670 834.23元）减去流动负债（1 098 944 171.77元）后的余额为-9.55亿元。⑤经营活动产生的现金流量净额为负数。公司2003年度现金流量表显示，经营活动产生的现金流量净额为-14 022 030.58元。同时，截至2003年年末，公司共有9宗劳资纠纷案，案由为135名员工起诉公司拖欠工资及养老保险金等纠纷，涉案金额为107万元，公司报告称上述纠纷案正在执行中。此外，“ST中华”还存在下属七家控股子公司停止经营，并已对其投资全额计提减值准备等情况。

（资料来源　佚名．投资者跨越“审计鸿沟”的八条途径［EB/OL］．［2007-03-28］．http：//biz.163.com/05/0328/16/1FUNB7F900021E3S_3.html.原文经过修改整理）

要求：请根据案例在下列题中填入适当选项。

1）会计核算的基本前提又称会计假设，其内容包括（　　）。

A.会计主体　　B.持续经营　　C.会计分期　　D.货币计量

2）会计分期假设、实际成本计价、权责发生制、配比原则等都是以（　　）为假设前提的。

A.会计主体　　B.持续经营　　C.会计分期　　D.货币计量

3）根据资料信息，“ST中华”的持续经营能力存在可能导致重大疑虑的情况，是因为（　　）。

A.无法偿还到期债务　　B.资不抵债

C.累计经营性亏损数额巨大　　D.营运资金出现负数

4）深圳大华天诚会计师事务所对“ST中华”年报出具了标准无保留意见审计报告。其结果是（　　）。

A.职业判断准确　　B.职业判断不准确

C.该审计报告是不值得信任的　　D.影响了投资者利益

5）从这个案例，我们可以看到失去（　　）作为前提，会计核算就变得毫无意义。

A.会计职业判断　B.会计假设　C.投资者约束　D.投资者风险意识

1.2.4 实训题

学习微平台

资源 1-04

1.单项选择题

1）从任何一个时点看，企业的资产总额与权益总额在数量上都必须保持平衡关系，用等式表示就是（　　）。

A.资产=负债+所有者权益　　B.资产=所有者权益

C.资产=负债　　D.资产=费用+所有者权益

2）下列会计等式中错误的是（　　）。

A.资产=负债+所有者权益　　B.收入−费用=利润

C.资产+费用=负债+所有者权益+收入　D.资产+收入=负债+所有者权益−费用

3）某企业月初资产总额为100万元，本月发生了以下4笔经济业务：①用银行存款购买商品2万元；②向银行贷款10万元存入银行；③以银行存款偿还前欠货款3万元；④收回外单位前欠货款4万元。月末该企业的资产总额为（　　）万元。

A.109　B.110　C.105　D.107

4）某企业资产总额为120万元，负债为30万元，将15万元负债转作实收资本的经济业务发生后，资产总额为（　　）万元。

A.120　B.165　C.90　D.105

5）反映动态会计要素之间关系的会计恒等式是（　　）。

A.资产=负债+所有者权益　　B.资产=所有者权益

C.收入−费用=利润　　D.资产+收入=负债+所有者权益−费用

6）当一笔经济业务只涉及负债或所有者权益项目时，会计等式两边的金额（　　）。

A.同减　　B.同增

C.一边增加，一边减少　　D.不变

7）某公司8月初资产总额为90 000元，负债总额为35 000元。8月份取得收入25 000元，发生费用12 000元，则8月末该公司所有者权益总额为（　　）元。

A.125 000　B.68 000　C.55 000　D.13 000

2.多项选择题

1）会计恒等式用公式表示为（　　）。

A.资产=负债+所有者权益
B.资产=权益
C.资产=负债+所有者权益+（收入-费用）
D.资产=所有者权益

2）下列经济业务中，属于资产和权益同减的有（　　）。
A.上缴所得税　　B.销售产品，货款已收
C.以银行存款偿还前欠货款　　D.用银行存款偿还长期借款

3）下列选项中，正确的有（　　）。
A.资产与权益同时增加，总额增加　　B.资产与负债一增一减，总额不变
C.资产内部同时减少，总额减少　　D.权益内部一增一减，总额不变

4）下列属于引起资产和权益同增的经济业务的有（　　）。
A.收到投资者以无形资产投资　　B.购入设备，货款已付
C.计提短期借款利息　　D.取得长期借款存入银行

5）下列经济业务中，不会引起“资产=负债+所有者权益”等式两边发生变化的有（　　）。
A.用资本公积转增资本　　B.从银行提取现金
C.赊购固定资产　　D.支付职工工资

6）下列经济业务中属于资产内部有增有减的有（　　）。
A.用现金预支差旅费　　B.将现金存入银行
C.从银行提取现金　　D.收到外商投资存入银行

7）经济业务发生后，会计等式的平衡关系（　　）。
A.可能会被影响　　B.可能会被破坏
C.不变　　D.不会被影响

1.3 主观题

1.3.1 理论题

1）会计的特点是什么？（请在下方答题）

2）会计通常以哪些假设条件为基本前提？（请在下方答题）

3）会计要素的概念和内容是什么？（请在下方答题）

1.3.2 实务题

1）请绘制经济业务类型图。（请在下方答题）

2）请绘制会计核算工作程序图。（请在下方答题）

1.3.3 案例题

【训练项目】

案例分析 1-1

【相关案例】

会计货币计量假设案例分析报告

（成员： ）

背景与情境： 某市红旗股份有限公司系合资企业，生产的产品既在国内销售，又销往欧洲国家。随着业务的不断拓展，外销业务规模不断扩大，到2023年10月，外销业务占公司全部业务量的80%以上，而且主要集中在德国等欧洲国家，财务部门考虑业务收入主要来自德国等欧元区国家，而且每天按外汇牌价折算成人民币非常烦琐，于是向董事会提出会计核算由以人民币为记账本位币改为以欧元为记账本位币。

学习微平台

资源 1-05

问题：

1）该公司财务部门向董事会的提议是否正确？

2）该公司财务部门的提议是建立在什么基础上的？如何理解？

3）假设该公司改用欧元作为记账本位币进行日常核算，之后还应注意什么问题？你能给出好的建议吗？

分析：

1）红旗股份有限公司财务部门向董事会提出的会计核算由以人民币为记账本位币改为以欧元为记账本位币的建议是正确的。

2）他们的提议是建立在会计货币计量假设基础上的。因为会计核算必须以货币作为主要的计量单位，用货币形式反映公司生产经营活动的全过程，反映公司的财务状况和经营成果。人民币是我国的法定货币，在我国境内有很广泛的流动性，因此《中华人民共和国会计法》和企业会计准则都规定，会计核算以人民币为记账本位币，业务收支以人民币以外的货币为主的单位，可以选定其中一种货币作为记账本位币，但是编报的财务会计报告应当折算为人民币。在境外设立的中国企业向国内报送的财务会计报告，应当折算为人民币。红旗股份有限公司生产的产品主要销往欧元区国家，货币收支主要以欧元为主，因此可以选择欧元作为记账本位币。

3）红旗股份有限公司改用欧元作为记账本位币后，不得随意变更，同时年末在编制财务会计报告时，应当按一定的汇率折算为人民币反映企业的财务状况和经营成果。

【训练项目】

案例分析 1-2

【相关案例】

会计不是凭想象

背景与情境：张山和李斯拥有一个面包房，他们做的姜汁面包非常有名。他们都没有接受过会计教育。但他们认为只要在记录时采用复式记账的方法就不会出现错误了，于是自己设计了一个用来记录交易的系统。下面列示的是本月发生的一些交易：

（1）收到商品的订单，当货物发出后将收到1 000元。

（2）发出一份商品订单，订购价值600元的商品。

（3）将货物发运给顾客并收到1 000元。

（4）收到所订购的货物并支付600元现金。

（5）用现金支付银行400元利息。

（6）赊购价值6 000元的设备。

张山和李斯对以上业务进行了记录，见表1-1。

表1-1 **张山和李斯对业务的记录** 单位：元

资产=		负债+所有者权益		+（收入-费用）	
收到商品订单	1 000			销售	1 000
发出订购商品的订单	600			存货支出	-600
收到现金	1 000				
将货物发运给顾客	-1 000				
收到所定的商品	600	应付账款	-600		
支付现金	400			利息支出	-400
赊购设备		应付账款	6 000	设备支出	-6 000

问题：

1）张山和李斯对业务的记录是否正确？列举其中的错误。

2）正确的记录应该运用什么样的会计处理方法？

3）请改正他们在记录中的错误。

分析要求：

1）形成性要求

（1）了解本教材附录二中附表2-1“形成性考核”的“考核指标”与“考核内容”。

（2）根据学生分析案例提出的问题，分别拟定“案例分析提纲”，提交小组讨论后各自修订。

（3）学生以其“案例分析提纲”修订稿为基础，各自撰写“案例分析报告”，提交小组讨论并修订后，评出小组优秀“案例分析报告”。

（4）班级交流并修订小组优秀“案例分析报告”，评出班级优秀“案例分析报告”。

（5）教师对班级优秀“案例分析报告”进行点评。

（6）将附有“教师点评”的班级优秀“案例分析报告”纳入该课程教学资源库，通过校园网课程平台进行展示，并允许学生拷贝借鉴。

2）成果性要求

（1）了解本教材附录二中附表2-1“课业考核”的“考核指标”与“考核内容”。

（2）课业的结构、格式与体例要求：请参照本章“案例分析”课业范例。

（3）案例课业要求：以经班级交流和教师点评的”案例分析报告”为最终成果。

（请在下方答题）

【训练项目】

课程思政 1-1

【相关案例】

学习微平台

资源 1-06

“制度大于天”

（成员：　　　　　　　　　　　　　　　　　　）

背景与情境：在实际工作中，常听老会计说“坚持好制度胜于做好事，制度大于天，人情薄如烟”。

问题：

（1）试对上述说法进行分析，并做出你的思政研判。

（2）通过适当的途径收集信息，判断本案例是否体现了会计职业道德规范。如果是，请具体说明体现了何种会计职业道德规范。

（3）本案例对你有哪些启示？

原则可以变成“圆则”

背景与情境：在日常工作中，会计人员“站得住的顶不住，顶得住的站不住”，于是领导怎么说就怎么做，只要领导高兴，原则可以变成“圆则”。

（资料来源　佚名. 会计职业道德案例［EB/OL］.［2013-11-10］. http://www.docin.com/p-723968653.html.）

问题：

（1）试对上述现象进行分析，做出你的思政研判。

（2）通过适当途径进行信息搜集，分析本案例违背了什么会计职业道德规范。

（3）本案例对你有哪些启示？

思政研判要求：

（1）形成性要求

①根据学生分析案例提出的问题，拟出“思政研判提纲”；进行小组讨论，形成小组的“思政研判报告”；进行班级交流、相互点评和修订各组的“思政研判报告”；在校园网的本课程平台上展出经过修订并附有“教师点评”的各组“思政研判报告”，供学生借鉴。

②了解本教材附录二中“形成性考核”的“考核指标”与“考核内容”。

（2）成果性要求

①了解本教材后面附录二中“课业考核”的“考核指标”与“考核内容”。

②课业结构、格式与体例要求：请参照本章“思政研判”课业范例。

③课业要求：以经过班级交流和教师点评的“思政研判报告”为最终

成果。

（请在下方答题）

模拟训练

【训练项目】

阶段性体验：“资产和权益平衡表编制”技术应用。

【训练目标】

见主教材第1章“学习目标”中的“实训目标”。

【任务操作规范与标准】

1）专业能力

“技术-技能” Ⅰ

名称：会计要素的归类

规范与标准：

（1）能正确掌握资产、负债和所有者权益等会计要素的概念。

（2）能根据会计要素的概念对企业期初资产和权益的相关资料进行正确的分析、判断。

（3）能根据分析、判断的结果准确地对会计要素进行归类。

“技术-技能” Ⅱ

名称：经济业务的分析

规范与标准：

（1）熟悉经济业务的四种类型。

（2）能正确地分析企业日常经济业务的发生对资产、权益的影响情况及结果。

（3）能准确地判断日常经济业务所属的经济业务类型。

“技术-技能”Ⅲ

名称：资产和权益平衡表编制

规范与标准：

（1）能熟练掌握“资产=负债+所有者权益”会计恒等式原理。

（2）能正确、规范地制作企业期末资产和权益平衡表。

（3）能正确地将企业期初资产和权益会计要素的归类结果过入期末资产和权益平衡表的增减前金额栏中，并根据“资产=负债+所有者权益”会计恒等式保证其平衡。

（4）能正确地将企业发生的日常经济业务的分析结果过入期末资产和权益平衡表的增加金额或减少金额栏中。

（5）能正确地计算期末资产和权益平衡表的增减后金额栏中的数额，并根据“资产=负债+所有者权益”会计恒等式保证其平衡。

“技术-技能”Ⅳ

名称：《“‘资产和权益平衡表编制’技术应用”训练报告》撰写

规范与标准：

（1）能全面掌握“训练报告撰写”的相关技术。

（2）能充分应用训练报告撰写技术，有质量、有效率地进行如下操作：

①正确设计关于“‘资产和权益平衡表编制’技术应用”的训练报告，其结构合理、层次分明。

②较规范地撰写上述训练报告。

③依照网络教学资源包中《学生考核手册》考核表1-7中的“考核指标”和“考核标准”要求，撰写上述训练报告。

2）职业核心能力——自我学习、解决问题、革新创新（初级）

上述能力领域的“基本要求”、“‘技术-技能’点”和“规范与标准”见本教材附录二中的附表2-2。

3）职业道德——职业观念、职业守则（顺从级）

各道德领域的“规范与标准”见本教材附录二中的附表2-3。

【训练任务】

（1）对“‘资产和权益平衡表编制’技术应用”专业能力领域各“技术-技能”点实施阶段性基本训练。

（2）对“自我学习”“解决问题”“革新创新”等职业核心能力领域各“技术-技能”点实施“初级”强化训练。

（3）对“职业观念”和“职业守则”等职业道德领域实施“顺从级”相关训练。

【训练要求】

(1)训练前学生要了解并熟记本训练的“目的”、“能力与道德领域”、“任务”与“要求”,了解并熟记本教材网络教学资源包中《学生考核手册》考核表1-6、考核表1-7中的“考核指标”与“考核标准”的内涵,将其作为本训练的操练点和考核点来准备。

(2)通过“训练步骤”,将“训练任务”所列三种训练整合并落实到本训练的“活动过程”和“成果形式”中。

(3)训练后学生要对本次“‘资产和权益平衡表编制’技术应用”的训练活动进行总结,在此基础上撰写训练报告。

【情境设计】

将学生分成若干训练团队,各团队结合本实训“成果形式”的“训练课业”题目,在子任务中任选(题量以必需、够用为限),进行针对“‘资产和权益平衡表编制’技术应用”的训练。各团队通过对所选资料中会计要素的确认与归类、经济业务的分析、资产和权益平衡表的编制以及相应“训练报告”的准备、撰写、讨论与交流等实践活动的参与和体验,依照本章“训练要求”完成各自的训练任务。

【指导准备】

知识准备:

(1)见前文“1.1预习要览”。

(2)本教材附录一的附表1-1中,与本章“职业核心能力‘强化训练项’”各“技术-技能”点相关的“‘知识准备’参照范围”。

(3)本教材附录二的附表2-2和附表2-3中,涉及本章“职业核心能力领域‘强化训练项’”各“技术-技能”点和“职业道德领域‘相关训练项’”的“规范与标准”知识。

操作指导:

(1)教师向学生阐明“训练目的”、“能力与道德领域”和“知识准备”。

(2)教师就“知识准备”中的第(2)、(3)项,对学生进行培训。

(3)教师指导学生就“训练资料”中企业期初资产和权益的相关情况进行熟悉、分析、判断,并根据分析、判断的结果准确地进行会计要素的归类。

(4)教师指导学生就“训练资料”中企业发生的日常经济业务对资产、权益的影响情况及结果进行正确的分析。

(5)教师指导学生正确地编制“训练资料”中企业期末资产和权益平衡表。

(6)教师指导学生撰写《“‘资产和权益平衡表编制’技术应用”训练报告》。

【训练时间】

本章课堂教学内容结束后的双休日和课余时间,为期两天。

【训练步骤】

(1)将学生组建成若干个训练团队,每8位同学分成一队,每队确定1~2人负责。

（2）对学生进行资产和权益平衡表编制的培训，熟悉训练目的、步骤。

（3）各团队成员熟悉所选训练资料，按要求进行关于“技术-技能”Ⅰ至“技术-技能”Ⅳ的全面操练，制作企业期末资产和权益平衡表，并与“参考答案与提示”中本组资料的参考答案相对比。

（4）各团队成员在实施上述训练的过程中，融入对“自我学习”、“解决问题”和“革新创新”等职业核心能力的各“‘技术-技能’点”的“初级”强化训练和对“职业观念”“职业守则”等职业道德各“素质点”的“顺从级”相关训练，并对训练过程作简要记录与说明。

（5）各团队成员整合上述操作的过程与结果，分别撰写作为最终成果形式的《“‘资产和权益平衡表编制’技术应用”训练报告》。

（6）各团队成员的训练报告提交小队讨论并修订后，评出小队优秀训练报告。

（7）班级交流并修订各团队优秀训练报告，评出班级优秀训练报告。

（8）教师对班级优秀训练报告进行点评。

（9）将附有“教师点评”的班级优秀训练报告纳入该课程教学资源库，通过校园网课程平台进行展示，并允许学生拷贝借鉴。

【成果形式】

训练课业：《“‘资产和权益平衡表编制’技术应用”训练报告》

课业要求：

（1）本课业应包括“关于本组资料的专业训练”（列入“技术-技能”Ⅰ至“技术-技能”Ⅳ的阶段性训练成果）、“关于‘职业核心能力’与‘职业道德’选项的融入性操练”和关于《“‘资产和权益平衡表编制’技术应用”训练报告》的撰写训练三部分内容。

（2）训练报告的内容、结构与体例参照本任务“模拟训练”课业范例。

（3）各训练团队完成的训练报告须由指导教师、训练团队队长和本人三方签字负责。

“‘资产和权益平衡表编制’技术应用”子任务一

【任务背景资料】

（1）假定某企业2023年9月30日资产和权益的情况见表1-2。

表1-2 **2023年9月30日资产和权益情况表** 单位：元

项目	金额	项目	金额
库存现金	1 000	原材料	52 000
银行存款	27 000	应收账款	35 000
应付账款	32 000	应交税费	9 000
短期借款	10 000	长期借款	61 000
实收资本	240 000	长期股权投资	60 000
固定资产	200 000	资本公积	23 000

（2）该企业10月份发生下列经济业务：

①用银行存款购入一台价值30 000元的新机器。

②接受投资者投入价值10 000元的原材料一批。

③以银行存款偿还前欠货款5 000元。

④收回购货单位货款8 000元存入银行。

⑤将一笔长期借款50 000元转化为对企业投资。

⑥将资本公积20 000元转增资本金。

【要求】

（1）根据资料（1）正确地进行会计要素归类（“技术-技能”Ⅰ训练）。

（2）根据资料（2）正确地分析经济业务（“技术-技能”Ⅱ训练）。

（3）正确地编制该企业10月末资产和权益平衡表（“技术-技能”Ⅲ训练）。

（4）通过训练过程的全程参与和体验，在基本完成各项“技术-技能”任务的基础上，独立形成《“‘资产和权益平衡表编制’技术应用”训练报告》（“技术-技能”Ⅳ训练）。

（1）“技术-技能”Ⅰ训练：会计要素的归类（请在下方答题）

（2）“技术-技能”Ⅱ训练：经济业务的分析（请在下方答题）

（3）“技术-技能”Ⅲ训练：编制资产和权益平衡表（请在下方答题）

（4）撰写《“‘资产和权益平衡表编制’技术应用”训练报告》（请在表1-3中答题）

表 1-3 “‘资产和权益平衡表编制’技术应用”训练报告

训练班级:	分队及队长：	团队成员：
指导老师：	训练时间：	训练地点：

训练目的	
训练步骤	
训练结果	
企业财务 状况说明	
训练感言	
训练团队队长 评定意见	
项目指导教师 评定意见	

“‘资产和权益平衡表编制’技术应用”子任务二

【任务背景资料】

（1）假定长江公司2023年4月30日资产和权益的情况见表1-4。

表1-4　　2023年4月30日资产和权益的情况表　　单位：元

项目	金额	项目	金额
库存现金	20 000	固定资产	400 000
银行存款	360 000	原材料	100 000
应付账款	100 000	长期借款	100 000
短期借款	80 000	实收资本	450 000
利润分配	100 000	资本公积	50 000

（2）该公司5月份发生下列经济业务：

①购入价值6 000元原材料一批，货款未付。

②接受投资者投资200 000元，存入银行。

③以银行存款偿还短期借款50 000元。

④购入机器一台，价值60 000元，以银行存款支付。

⑤从银行取得短期借款5 000元，直接偿还前欠货款。

⑥将资本公积20 000元转增资本。

⑦进行利润分配，应付给投资者现金股利40 000元。

【要求】

（1）根据资料（1）正确地进行会计要素归类（“技术-技能”Ⅰ训练）。

（2）根据资料（2）正确地分析经济业务（“技术-技能”Ⅱ训练）。

（3）正确地编制该公司5月末资产和权益平衡表（“技术-技能”Ⅲ训练）。

（4）通过训练过程的全程参与和体验，在基本完成各项“技术-技能”任务的基础上，独立形成《“‘资产和权益平衡表编制’技术应用”训练报告》（技能Ⅳ训练）。

（1）“技术-技能”Ⅰ训练：会计要素的归类（请在下方答题）

(2)"技术-技能"Ⅱ训练：经济业务的分析（请在下方答题）

(3)“技术-技能”Ⅲ训练：资产和权益平衡表编制（请在下方答题）

（4）撰写《“‘资产和权益平衡表编制’技术应用”训练报告》（请在表1-5中答题）

表1-5 **“‘资产和权益平衡表编制’技术应用”训练报告**

训练班级:	分队及队长：	团队成员：
指导老师：	训练时间：	训练地点：
训练目的		
训练步骤		
训练结果		
企业财务状况说明		
训练感言		
训练团队队长评定意见		
项目指导教师评定意见		

“模拟训练”课业范例

“‘资产和权益平衡表编制’技术应用”训练报告

（报告人： ）

【资料】

（1）某企业2023年6月30日资产和权益的情况见表1-6。

表1-6 2023年6月30日资产和权益情况表 单位：元

项目	金额	项目	金额
固定资产	650 000	原材料	32 000
应交税费	5 000	应收账款	110 000
银行存款	210 000	实收资本	1 000 000
本年利润	120 000	库存现金	800
应付账款	29 800	短期借款	150 000
生产成本	260 000	其他应收款	3 000
库存商品	39 000		

（2）该企业7月份发生下列经济业务：

①从银行提取现金5 000元。

②采购员王红预借差旅费5 000元，财务科以现金支付。

③以银行存款缴清上月欠缴税金5 000元。

④从某厂购入材料8 000元，货款尚未支付。

⑤外单位投入新机器一台，作为对该企业的投资，价值35 000元。

⑥从银行取得短期借款100 000元，存入银行。

⑦以银行存款偿还欠某厂货款37 800元（包括上月所欠29 800元和本月所欠8 000元）。

⑧生产车间领用材料16 000元。

⑨收到新华厂归还上月所欠货款8 000元，存入银行。

⑩以银行存款归还银行短期借款150 000元。

【要求】

1）根据资料（1）对会计要素进行归类（“技术–技能”Ⅰ训练）。

2）根据资料（2）分析经济业务（“技术–技能”Ⅱ训练）。

3）根据资料编制该企业7月末的资产和权益平衡表（“技术–技能”Ⅲ训练）。

4）综合上述训练成果，撰写“训练报告”（“技术–技能”Ⅳ训练）。

【训练课业】

一、关于“本组资料”的专业训练

“技术–技能”Ⅰ训练：会计要素的归类

各训练团队根据会计要素的概念，对资料（1）进行分析判断，最后明确属于资产要素的有（按流动性排序）：库存现金、银行存款、应收账款、其他应收款、原材料、库存商品、生产成本、固定资产。属于负债要素的有（按偿还期长短排序）：短期借款、应付账款、应交税费。属于所有者权益要素的有：实收资本、本年利润。

"技术-技能"Ⅱ训练：经济业务的分析

各训练团队根据经济业务的四种类型，对资料（2）逐笔进行分析，判断其所属的业务类型，明确资产、负债、所有者权益的增减变化情况。具体分析如下：

业务①的发生使企业的库存现金增加5 000元，银行存款相应地减少了5 000元，库存现金、银行存款都是企业的资产，因此业务①属于经济业务的第三种类型，资产项目内部一增一减，增减金额相等，业务①发生后，资产总额没有变化。

业务②的发生使企业的其他应收款增加5 000元，库存现金相应也减少5 000元，其他应收款、库存现金都是企业的资产项目，因此业务②也属于经济业务的第三种类型，资产项目内部一增一减，增减金额相等，业务②发生后，资产总额没有变化。

业务③的发生使企业的银行存款减少5 000元，应交税费相应地也减少5 000元，银行存款是企业的资产，应交税费是企业的负债，二者同时增加，因此业务③属于经济业务的第二种类型，业务发生后资产、负债同时增加5 000元，会计等式的平衡关系没有被破坏。

业务④的发生使企业的原材料增加8 000元，应付账款相应地也增加8 000元，原材料属于企业的资产，应付账款属于企业的负债，二者同时增加，因此业务④属于经济业务的第一种类型，业务发生后资产、负债同时增加8 000元，会计等式的平衡关系没有被破坏。

业务⑤的发生使企业的固定资产增加35 000元，实收资本也相应地增加了35 000元，固定资产属于企业的资产，实收资本属于企业的所有者权益，二者同时增加，因此业务⑤属于经济业务的第一种类型，业务发生后资产、所有者权益同时增加35 000元，会计等式的平衡关系没有被破坏。

业务⑥的发生使企业的短期借款增加100 000元，银行存款也相应地增加100 000元，短期借款属于企业的负债，银行存款属于企业的资产，二者同时增加，因此业务⑥也属于经济业务的第一种类型，业务发生后资产、负债同时增加100 000元，会计等式的平衡关系没有被破坏。

业务⑦的发生使企业的银行存款减少37 800元，应付账款也相应减少37 800元，银行存款是企业的资产，应付账款是企业的负债，二者同时减少，因此业务⑦属于经济业务的第二种类型，业务发生后资产、负债同时减少37 800元，会计等式的平衡关系没有被破坏。

业务⑧的发生使企业的原材料减少16 000元，生产成本增加16 000元，原材料、生产成本都是企业的资产，因此业务⑧属于经济业务的第三种类型，资产项目内部一增一减，增减金额相等，业务⑧发生后，资产总额没有变化。

业务⑨的发生使企业的银行存款增加8 000元，应收账款相应地减少8 000元，银行存款、应收账款都是企业的资产，因此业务⑨也属于经济业务的第三种类型，资产项目内部一增一减，增减金额相等，业务⑨发生后，资产总额没有变化。

业务⑩的发生使企业的短期借款减少150 000元，银行存款相应地减少150 000元，银行存款是企业的资产，短期借款是企业的负债，二者同时减少，因此业务⑩属于经济业务的第二种类型，业务发生后资产、负债同时减少150 000元，会计等式的平衡关系没有被破坏。

“技术-技能”Ⅲ训练：资产和权益平衡表的编制

由各实训组成员将期初会计要素的归类结果过入期末资产和权益平衡表的增减前金额栏中，将经济业务的分析结果过入期末资产和权益平衡表的增加金额或减少金额栏中，正确地计算期末资产和权益平衡表的增减后金额栏，并根据“资产=负债+所有者权益”会计恒等式保证其平衡。所编制的资产和权益增减情况平衡表见表1-7。

表1-7 **资产和权益平衡表**

2023年7月31日 单位：元

资产	增减前金额	增加	减少	增减后金额	负债和所有者权益	增减前金额	增加	减少	增减后金额
库存现金	800	5 000	5 000	800	短期借款	150 000	100 000	150 000	100 000
银行存款	210 000	108 000	197 800	120 200	应付账款	29 800	8 000	37 800	0
应收账款	110 000		8 000	102 000	应交税费	5 000		5 000	0
其他应收款	3 000	5 000		8 000					
原材料	32 000	8 000	16 000	24 000					
库存商品	39 000			39 000					
生产成本	260 000	16 000		276 000	实收资本	1 000 000	35 000		1 035 000
固定资产	650 000	35 000		685 000	本年利润	120 000			120 000
合　计	1 304 800	177 000	226 800	1 255 000	合　计	1 304 800	143 000	192 800	1 255 000

二、关于“职业核心能力”与“职业道德”选项的融入性操练

训练前，我们对列入本章“训练题”【指导准备】中“知识准备”的那些知识进行了必要的预习，接受了指导老师的全部“操作指导”。通过参加“知识准备”第（2）、（3）项的培训，我们了解了本章“专业能力”涉及的各项“技术-技能”、“职业核心能力”和“职业道德”选项的“规范与标准”，降低了训练过程中对相关操作规范的盲目性。

在训练中，我们在实施“训练资料”的专业操练和“训练报告”的准备、撰写、讨论与交流的同时，有意识地融入了“自我学习”、“解决问题”和“革新创新”等“职业核心能力”强化训练和“职业观念”“职业守则”等“职业道德”的相关训练。

三、关于《“‘资产和权益平衡表编制’技术应用”训练报告》（表1-8）的撰写训练

表1-8 “‘资产和权益平衡表编制’技术应用”训练报告

训练班级：2304101	分队及队长：01 刘敏	团队成员：陶晶晶230410101
指导老师：周老师	训练时间：2023.09.27	训练地点：模拟训练室
训练目的	熟悉会计要素的概念、经济业务的四种类型，理解掌握“资产=负债+所有者权益”会计恒等式	
训练步骤	①由训练团队根据企业期初资产和权益的资料对会计要素进行准确的归类；②以小队为单位，对企业发生的日常经济业务进行讨论分析，正确地分析其对资产、负债和所有者权益的影响及结果；③由团队成员自己将期初会计要素的归类结果过入期末资产和权益增减情况平衡表的增减前金额栏中，将经济业务的分析结果过入期末资产和权益平衡表的增加金额栏或减少金额栏中，并正确地计算期末资产和权益平衡表的增减后金额，根据“资产=负债+所有者权益”会计恒等式保证其平衡；④由各团队成员根据所编制的企业期末资产和权益平衡表撰写作为最终成果形式的《“‘资产和权益平衡表编制’技术应用”训练报告》	
训练结果	编制企业2023年7月31日资产和权益平衡表（见附件）	
企业财务状况说明	企业财务状况简单说明：该企业7月31日总资产为1 255 000元，其中：库存现金为800元、银行存款为120 200元、应收账款为102 000元、其他应收款为8 000元、原材料为24 000元、库存商品为39 000元、生产成本为276 000元、固定资产为685 000元。负债总额为100 000元，其中：短期借款为100 000元。所有者权益总额为1 155 000元。资产总额等于负债加总额所有者权益总额	
训练感言	本次训练是在学习和掌握了“总论”的理论、实务知识及“职业核心能力”与“职业道德”选项的“规范与要求”基础上进行的，力求做到关于“总论”的职业认知以其“理论知识”为指导，关于“会计基础性观念运用”的技能操作以其“实务知识”为规范，关于“职业核心能力”和“职业道德”选项的训练以其“规范与标准”为参照，从而有效克服了“会计基础性观念运用”中的各种盲目性。在本次训练中，我们熟悉了资产、负债、所有者权益三大会计要素的概念、种类、内容及三者之间的平衡关系，掌握了经济业务四种类型及其分析方法，明确了期末资产和权益平衡表编制的格式、步骤，进一步理解了为什么经济业务的发生不会破坏“资产=负债+所有者权益”的会计恒等式。针对“职业核心能力”和“职业道德”选项的融入性训练培养和提高了我们的“可持续发展能力”和“职业道德素质”。 我们相信：对于我们“职业胜任力”的阶段性建构来说，所有这些训练都是必不可少的	
不足与今后改进	通过训练过程的体验，认识到会计工作是非常细致和严谨的，容不得半点疏忽和马虎。今后要在数字的敏感性和计算的准确性上下功夫	
训练团队队长评定意见	略	
项目指导教师评定意见	略	

参考答案与提示

“1.2 客观题”参考答案见二维码资源

“1.3 主观题”参考答案见二维码资源

1.3.1 理论题

1.3.2 实务题

1.3.3 案例题

学习微平台

资源 1-07

学习微平台

资源 1-08

学习微平台

资源 1-09

“训练子任务一”参考答案与提示

“‘资产和权益平衡表编制’技术应用”训练报告

一、关于“本组资料”的专业训练

“技术–技能”Ⅰ训练：会计要素的归类

根据会计要素的概念，对资料（1）进行分析判断，最后明确属于资产要素的有（按流动性从强到弱排序）：库存现金、银行存款、应收账款、原材料、长期股权投资、固定资产。属于负债要素的有（按偿还期从短到长排序）：短期借款、应付账款、应交税费、长期借款。属于所有者权益要素的有：实收资本、资本公积。

“技术–技能”Ⅱ训练：经济业务的分析

根据经济业务的四种类型，对资料（2）企业发生的日常经济活动逐笔进行分析，判断其所属的业务类型，明确资产、负债、所有者权益的增减变化情况。具体分析如下：

业务①的发生使企业的固定资产增加30 000元，银行存款相应地减少了30 000元，固定资产、银行存款都是企业的资产，因此业务①属于经济业务的第三种类型，资产项目内部一增一减，增减金额相等，业务①发生后，资产总额没有变化。

业务②的发生使企业的原材料增加10 000元，实收资本也增加了10 000元，原材料是企业的资产项目，实收资本属于企业所有者权益项目，因此业务②属于经济业务的第一种类型，资产和所有者权益项目同增，增加金额相等，业务②发生后，会计等式的平衡关系没有被破坏。

业务③的发生使企业的银行存款减少5 000元，应付账款也减少5 000元，银行存款是企业的资产，应付账款是企业的负债，二者同时减少，业务③属于经济业务的第二种类型，业务发生后资产、负债同时减少5 000元，会计等式的平衡关系没有被破坏。

业务④的发生使企业的银行存款增加8 000元，应收账款减少8 000元，银行存款、应收账款都属企业的资产，业务④属于经济业务的第三种类型，资产项目内部一增一减，增减金额相等，资产总额没有变化。

业务⑤的发生使企业的长期借款减少了50 000元，实收资本也相应地增加了50 000元，长期借款属企业的负债，实收资本属企业的所有者权益，二者一增一减，因此业务⑤属于经济业务的第四种类型，业务发生后会计等式的平衡关系没有被破坏。

业务⑥的发生使企业的实收资本增加20 000元，资本公积减少了20 000元，实收资本、资本公积都属于企业的所有者权益，二者一增一减，因此业务⑥也属于经济业务的第四种类型，业务发生后会计等式的平衡关系没有被破坏。

“技术-技能”Ⅲ训练：资产和权益平衡表编制

由训练团队成员将期初会计要素的归类结果过入期末资产和权益平衡表的增减前金额栏中，将经济业务的分析结果过入期末资产和权益平衡表的增加金额或减少金额栏中，正确地计算期末资产和权益平衡表的增减后金额，并根据“资产=负债+所有者权益”会计恒等式保证其平衡。所编制的资产和权益平衡表见表1-9。

表1-9 **资产和权益平衡表**

2023年10月31日 单位：元

资产	增减前金额	增加	减少	增减后金额	负债和所有者权益	增减前金额	增加	减少	增减后金额
库存现金	1 000			1 000	短期借款	10 000			10 000
银行存款	27 000	8 000	35 000	0	应付账款	32 000		5 000	27 000
应收账款	35 000		8 000	27 000	应交税费	9 000			9 000
原材料	52 000	10 000		62 000	长期借款	61 000		50 000	11 000
长期股权投资	60 000			60 000	实收资本	240 000	80 000		320 000
固定资产	200 000	30 000		230 000	资本公积	23 000		20 000	3 000
合　计	375 000	48 000	43 000	380 000	合　计	375 000	80 000	75 000	380 000

二、关于“职业核心能力”与“职业道德”选项的融入性操练

（参照“模拟训练”课业范例的“二”部分）

三、关于《“‘资产和权益平衡表编制’技术应用”训练报告》的撰写训练

（参照“模拟训练”课业范例的“三”部分）

“模拟训练子任务二”参考答案与提示

“‘资产和权益平衡表编制’技术应用”训练报告

一、关于“本组资料”的专业训练

“技术-技能”Ⅰ训练：会计要素的归类

根据会计要素的概念，对资料（1）进行分析判断，最后明确属于资产要素的有（按流动性从强到弱排序）：库存现金、银行存款、原材料、固定资产。属于负债要素的有（按偿还期从短到长排序）：短期借款、应付账款、长期借款。属于所有者权益要素的有：实收资本、资本公积、利润分配。

“技术-技能”训练：经济业务的分析

根据经济业务的四种类型，对资料（2）公司发生的日常经济活动逐笔进行分析，判断其所属的业务类型，明确资产、负债、所有者权益的增减变化情况。具体分析如下：

业务①的发生使公司的原材料增加6 000元，应付账款增加了6 000元，原材料是公司的资产，应付账款是公司的负债，因此业务①属于经济业务的第一种类型，资产和负债项目同时增加6 000元，等式两边总额相等。

业务②的发生使公司的银行存款增加200 000元，实收资本也增加了200 000元，银行存款是公司的资产，实收资本属于公司的所有者权益，因此业务②也属于经济业务的第一种类型，资产和所有者权益项目同增，增加金额相等，业务②发生后，会计等式的平衡关系没有被破坏。

业务③的发生使公司的银行存款减少50 000元，短期借款也减少50 000元，银行存款是公司的资产，短期借款是公司的负债，二者同时减少，业务③属于经济业务的第二种类型，业务发生后资产、负债同时减少50 000元，会计等式的平衡关系没有被破坏。

业务④的发生使公司的固定资产增加60 000元，银行存款减少60 000元，固定资产、银行存款都属于公司资产，业务④属于经济业务的第三种类型，资产项目内部一增一减，增减金额相等，资产总额没有变化。

业务⑤的发生使公司的应付账款减少了5 000元，短期借款增加了5 000元，应付账款、短期借款都属于公司的负债，二者一增一减，因此业务⑤属于经济业务的第四种类型，业务发生后会计等式的平衡关系没有被破坏。

业务⑥的发生使公司的实收资本增加20 000元，资本公积减少了20 000元，实收资本、资本公积都属于公司的所有者权益，二者一增一减，因此业务⑥也属于经济业务的第四种类型，业务发生后会计等式的平衡关系没有被破坏。

业务⑦的发生使公司的应付股利增加40 000元，利润分配减少了40 000元，应付股利是公司的负债，利润分配属于公司的所有者权益，因此业务⑦也属于经济业务的第四种类型，两者一增一减，增减金额相等，业务⑦发生后，会计等式的平衡关系没有被破坏。

“技术-技能”Ⅲ训练：资产和权益平衡表编制

由训练团队成员将期初会计要素的归类结果过入期末资产和权益平衡表的增减前金额栏中，将经济业务的分析结果过入期末资产和权益平衡表的增加金额或减少金额栏中，正确地计算期末资产和权益平衡表的增减后金额栏，并根据“资产=负债+所有者权益”会计恒等式保证其平衡。所编制的资产和权益平衡表见表1-10。

表 1-10

资产和权益平衡表

2023年5月31日

单位：元

资产	增减前金额	增加	减少	增减后金额	负债和所有者权益	增减前金额	增加	减少	增减后金额
库存现金	20 000			20 000	短期借款	80 000	5 000	50 000	35 000
银行存款	360 000	200 000	110 000	450 000	应付账款	100 000	6 000	5 000	101 000
原材料	100 000	6 000		106 000	应付股利		40 000		40 000
固定资产	400 000	60 000		460 000	长期借款	100 000			100 000
					实收资本	450 000	220 000		670 000
					资本公积	50 000		20 000	30 000
					利润分配	100 000		40 000	60 000
合　计	880 000	266 000	110 000	1 036 000	合　计	880 000	271 000	115 000	1 036 000

二、关于“职业核心能力”与“职业道德”选项的融入性操练

（参照“模拟训练”课业范例的“二”部分）

三、关于《“‘资产和权益平衡表编制’技术应用”训练报告》的撰写训练

（参照“模拟训练”课业范例的“三”部分）

工作任务二
“借贷记账法”技术应用

任务目标

- 能够根据经济业务熟练编制会计分录
- 能够熟练地登记T形账户
- 能够正确编制试算平衡表
- 能够独立完成《“‘借贷记账法’技术应用”训练报告》撰写

知识准备

请绘制与本任务相关的知识点思维导图，复习相关知识，做好完成本任务所必需的知识准备。

2.1 预习要览

2.1.1 内容提要

1.内容概要

会计科目是对会计要素的具体内容进行分类核算的项目。会计科目按反映的经济内容分类，可分为资产类、负债类、共同类、所有者权益类、成本类和损益类六大类。会计科目按提供会计信息的详略程度分类，可分为总分类科目和明细分类科目。会计账户是根据会计科目开设的，具有一定的格式和结构，用于分类反映会计要素的增减变化情况及其结果的载体。设置账户是会计核算的专门方法之一。账户划分为左方、右方，分别登记增加数和减少数。在借贷记账法下，左方称借方，右方称贷方。

会计科目与账户都是对会计对象的具体内容进行的科学分类，两者反映的经济内容相同、性质相同。但是会计科目只有名称，没有一定的格式和结构，无法将企业发生的经济业务连续、系统、完整地记录下来。因此，企业必须根据会计科目开设相应的会计账户，并通过账户记录经济业务的增减变化及结果。在实际工作中，人们对会计科目和账户并不加以严格区分，因此它们可以相互通用。

复式记账法是对发生的每一项经济业务，都要以相等的金额在两个或两个以上相互联系的账户中同时进行登记的一种记账方法。它便于了解经济业务的来龙去脉，并能检查账户记录的正确性，因此，是一种科学的记账方法。借贷记账法是以“借”和“贷”作为记账符号的一种国际通用的复式记账法。

资产类账户一般在借方登记资产的增加额，在贷方登记资产的减少额，期末一般为借方余额。负债及所有者权益类账户一般在贷方登记负债及所有者权益的增加额，在借方登记负债及所有者权益的减少额，期末一般为贷方余额。成本、费用类账户类似于资产类账户。收入类账户类似于负债及所有者权益类账户。借贷记账法的记账规则是“有借必有贷，借贷必相等”。每一笔经济业务发生后，都必须同时记入两个或两个以上相互联系的账户，即在记入一个账户借方的同时，要记入另一个或另几个账户的贷方；或者在记入一个账户贷方的同时，要记入另一个或另几个账户的借方；或者在记入几个账户借方的同时，要记入另几个账户的贷方，并且记入借方的金额必须等于记入贷方的金额。

在借贷记账法下，账户之间形成的应借应贷相互关系，称为账户对应关系。存在着应借应贷对应关系的账户称为对应账户。

会计分录是在记账凭证上标明经济业务应记入的账户及登记方向和金额的记录。会计分录包括账户名称、记账方向和记账金额三个要素。会计分录分为简单会计分录和复合会计分录。简单会计分录就是一借一贷的分录，复合会计分录就是一借多贷、一贷多借或多借多贷的分录。一笔复合会计分录可以分解为若干个简单会计分录，若干个内容相同的简单会计分录也可以合并为一个复合会计分录。会计分录的编制步骤可以概括为以下四步：第一步，分析经济业务所涉及的账户名称及性质；第二步，分析账户的增减情况，确定账户的记账方向；第三步，确定借贷方金额是否相等；第四步，按照会计分录的格式要求，编制完整的会计分录。

试算平衡是根据借贷记账法的记账规则和会计恒等式，对全部账户的发生额和余额进行汇总计算和比较，来检查账户记录是否正确的一种方法。试算平衡方法有发生额平衡法和余额平衡法两种。通过编制试算平衡表，若借贷不平衡，则可以肯定账户记录或计算有错误，需要进一步查明原因，予以更正。若借贷平衡了，只能推断账户记录或计算基本正确。为了保证账户记录的完全正确，除试算平衡外，还应采用其他专门的方法对会计记录进行日常或定期的复核。

账户按提供会计信息的详略程度不同，可分为总分类账户和明细分类账户。它们之间既相互联系又相互制约。首先，它们的性质相同，反映的经济内容相同，区别在于它们所反映会计信息的详略程度不同。其次，总分类账户对所属明细分类账户起着总括、统驭和控制作用；明细分类账户对其总分类账户起着细分、辅助、补充说明的作用，每个明细分类账户都从属于总分类账户。最后，记入总分类账户的金额，必须与记入其所属的明细分类账户的金额之和相等。

总分类账户和明细分类账户之间的平行登记法，是指对涉及明细分类账户的每一笔经济业务，既要根据会计凭证在总分类账户中进行登记，又要在其所属的有关明细分类账户中进行登记。平行登记法的要点是同依据、同时期、同方向和同金额。同依据是指对于发生的同一笔经济业务，要根据相同的会计凭证在总分类账户和其所属的明细分类账户中进行登记。同时期是指对于发生的同一笔经济业务，在记入总分类账户的同时，也要在同一会计期间内（如一个月度内）记入所属的明细分类账户。同方向是指对于发生的同一笔经济业务，记入总分类账户的方向应该与记入所属明细分类账户的方向保持一致，总分类账户登记在借方，明细分类账户也应登记在借方；总分类账户登记在贷方，明细分类账户也应登记在贷方。同金额是指对于发生的同一笔经济业务，记入总分类账户的金额，应该与记入所属明细分类账户的金额之和相等。

2.主要概念和观念

1）主要概念

会计科目　会计账户　总分类账户　明细分类账户　账户对应关系　对应账户

2）主要观念

会计科目和账户　复式记账法

2.1.2 重点与难点

1.重点理论

会计科目的概念与分类　会计账户的概念与分类

2.重点实务

账户基本结构　账户期末余额的计算　平行登记

3.重点操作

编制会计分录　登记T形账户　编制试算平衡表

4.难点

复式记账法

2.1.3 主要公式

1）账户期末余额公式

期末余额=期初余额+本期增加发生额-本期减少发生额

2）发生额平衡公式

全部账户本期借方发生额合计=全部账户本期贷方发生额合计

3）余额平衡公式

全部账户期初借方余额合计=全部账户期初贷方余额合计

全部账户期末借方余额合计=全部账户期末贷方余额合计

2.2 客观题

2.2.1 理论题

学习微平台

资源2-01

1.单项选择题

1）会计科目是对（　　）的具体内容进行分类核算的项目。

A.会计要素　B.会计账户　C.会计分录　D.经济业务

2）账户是根据（　　）开设的，具有一定格式和结构，用来分类反映会计要素增减变动情况及其结果的载体。

A.会计要素　B.会计主体　C.会计科目　D.会计信息

3）会计科目与会计账户之间的关系是（　　）。

A.两者完全不相关

B.两者分类口径一致，性质相同

C.两者分类口径一致，但性质不相同

D.两者没有区别，是同义语

4）会计科目设置原则不包括（ ）。

A.合法性 B.相关性 C.实用性 D.真实性

5）账户按（ ）不同，可以分为总分类账户和明细分类账户。

A.会计要素 B.经济内容

C.提供核算指标的详略程度 D.用途和结构

6）我国会计准则规定，会计记账采用（ ）。

A.复式记账法 B.借贷记账法 C.单式记账法 D.以上均可

7）采用借贷记账法对每笔经济业务事项进行记录时，相关账户之间形成的应借、应贷的相互关系称为（ ）。

A.对应账户 B.账户对应关系 C.钩稽关系 D.平衡关系

2.多项选择题

1）会计科目按照经济内容的不同可分为（ ）科目。

A.所有者权益类 B.负债类 C.资产类 D.成本类

2）下列描述正确的有（ ）。

A.总分类科目对明细分类科目具有统驭和控制作用

B.总分类科目提供总括的信息

C.明细分类科目提供详细的信息

D.总分类科目和明细分类科目都是财政部统一制定的

3）制造业“原材料”账户属于（ ）。

A.总分类账户 B.明细分类账户 C.一级账户 D.资产类账户

4）会计科目按提供指标的详略程度不同，可分为（ ）。

A.所有者权益类科目 B.总账科目

C.负债类科目 D.明细科目

5）会计分录的种类有（ ）。

A.一借一贷 B.一借多贷 C.多借一贷 D.多借多贷

6）下列说法正确的有（ ）。

A.会计科目的设置应保证科学、合理、适用

B.会计科目应当符合国家统一的会计制度规定

C.会计科目的设置应当满足对外报告的需要

D.会计科目的设置应当满足单位的实际需要

7）明细分类科目（ ）。

A.也称二级会计科目 B.是进行明细分类核算的依据

C.是进行总分类核算的依据 D.提供更加详细具体的指标

3.判断题

1）对于明细科目较多的会计科目，可在总分类科目下设置二级或多级明细科目。 （ ）

2）所有的账户都是依据会计科目开设的。（　　）

3）账户的本期发生额说明特定资金项目在某一会计期间增加或减少变动的状况，提供该资金项目变化的动态信息。因此，账户的本期发生额属于“静态”经济指标范畴。（　　）

4）账户是对会计要素的进一步分类。（　　）

5）设置会计科目应遵循统一性和灵活性相结合的原则。（　　）

6）复合会计分录仅指多借多贷的会计分录。（　　）

7）总分类账户和所属的明细分类账户核算的内容是不同的，而且其各自反映的信息的详略程度也有所不同。（　　）

2.2.2 实务题

学习微平台

资源 2-02

1.单项选择题

1）下列不属于账户基本结构的有（　　）。

A.账户类别　B.借方　C.贷方　D.余额

2）一般来说，一个账户的增加发生额与该账户的减少发生额应记在账户的（　　）。

A.借方　B.相同方向　C.贷方　D.不同方向

3）某账户期初余额为5 000元，期末余额为6 000元，本期减少发生额为800元，则该账户本期增加发生额为（　　）元。

A.1 800　B.5 800　C.700　D.11 000

4）期末余额一般在贷方的账户是（　　）。

A.应收账款　B.预付账款　C.主营业务收入　D.盈余公积

5）“应收账款”账户的期末余额等于（　　）。

A.期初余额+本期借方发生额-本期贷方发生额

B.期初余额-本期借方发生额+本期贷方发生额

C.期初余额+本期借方发生额+本期贷方发生额

D.期初余额-本期借方发生额-本期贷方发生额

6）某公司应付账款总分类账户期初贷方余额为9 000元，明细分类账户分别为：A工厂贷方3 500元，B工厂贷方2 500元，则C工厂为（　　）。

A.借方3 000元　B.贷方3 000元

C.借方6 000元　D.贷方6 000元

7）下列对应关系中错误的是（　　）。

A.资产增加——权益增加　B.资产增加——资产减少

C.资产减少——权益减少　D.权益增加——权益增加

2.多项选择题

1）借贷记账法中的“借”表示（　　）。

A.资产的增加　B.成本、费用支出的增加

C.负债、所有者权益的减少　D.收入成果的减少

2）平行登记法的要点包括（　　）。

A.同时登记　　B.同金额登记

C.同一人登记　　D.同方向登记

3）有关借贷记账法的说法，正确的有（　　）。

A.以“借”“贷”作为记账符号

B.记账规则是“有借必有贷，借贷必相等”

C.以“资产=负债+所有者权益”作为理论依据

D.是我国法定记账方法

4）下列账户中，用贷方登记增加的账户有（　　）。

A.“应付账款”　　B.“预付账款”

C.“实收资本”　　D.“预收账款”

5）某经济业务发生后，若只涉及两个账户，一个资产类账户记借方，则有可能（　　）。

A.另一个资产类账户记贷方　　B.另一个负债类账户记贷方

C.另一个所有者权益类账户记贷方　　D.另一个资产类账户记借方

6）总分类账户与其所属的明细分类账户平行登记的结果，必然是（　　）。

A.总分类账户期初余额=所属明细分类账户期初余额之和

B.总分类账户期末余额=所属明细分类账户期末余额之和

C.总分类账户本期借方发生额=所属明细分类账户本期借方发生额之和

D.总分类账户本期贷方发生额=所属明细分类账户本期贷方发生额之和

7）某企业用银行存款6万元偿还前欠其他单位货款2万元和银行借款4万元。在借贷记账法下该经济业务涉及（　　）等。

A.“银行存款”账户减少　　B.“应付账款”账户减少

C.“短期借款”账户减少　　D.“应付账款”账户增加

3.混合选择题

1）“信息处理能力”（初级）的基本要求是（　　）。

A.在更广泛的工作范围内获取需要的信息，进行信息开发处理，并根据工作岗位各方面的需要展示组合信息

B.具备进入工作岗位最基本的信息处理能力，在常规条件下能收集、整理并传递适应既定工作需要的信息

C.能较熟练灵活地运用各种学习方法在最短时间内掌握急需知识信息；能广泛地收集、整理、开发和运用信息，善于学习、接受新的事物，以适应复杂工作和终身发展的要求

D.广泛地收集、深入地整理开发、多样地传递、灵活地运用信息，以适应复杂的工作需要，具备信息处理工作的设计与评估能力

2）“信息处理能力”（初级）包括的“技术–技能”点是（　　）。

A.获取信息、整理信息、传递信息　　B.获取信息、开发信息、展示信息

C.获取信息、开发信息、传递信息　　D.获取信息、整理信息、开发信息

3）“信息处理能力”（初级）的“规范与标准”是（　　）。

A.能定义复杂信息任务，通过寻访法和观察法搜寻信息

B.能分析复杂信息任务，选择适当技术，适应各种电子方法发现和搜寻信息

C.能通过阅读计算机或网络获取信息，能使用不同方法，从多个资源中选择、收集综合信息，并通过计算机编辑、生成和保存信息，通过电子手段传输信息

D.能用新闻方式发布、平面方式展示、网络技术传递、利用信息预测趋势、创新设计、收集信息反馈、评估使用效果

4）“‘借贷记账法’技术应用”这一“专业能力领域”包括的“技术-技能”点有（　　）。

A.会计分录的编制

B.经济业务的过账

C.试算平衡表的编制

D.企业《“‘借贷记账法’技术应用”训练报告》的撰写

5）“会计分录的编制‘技术-技能’”的“规范与标准”有（　　）。

A.能掌握会计分录的概念、要素、编制步骤

B.能对企业发生的日常经济业务进行正确的分析，确定其所涉及的账户名称

C.能正确地分析账户的增减变动情况，确定账户的记账方向

D.能正确地确定借贷方金额，并保证其相等

6）“T形账户的过账‘技术-技能’”的“规范与标准”有（　　）。

A.能根据经济业务资料开设相应的账户，并将期初余额的数据资料过入相关账户

B.能正确地根据会计分录将本期借方发生额、本期贷方发生额的数据录入相关账户

C.能正确地计算出每个账户的期末余额

D.能根据分析、判断的结果准确地对会计要素归类

7）撰写《“‘借贷记账法’技术应用”训练报告》的“规范与标准”有（　　）。

A.能运用较规范的文字如实地描述训练目的、训练步骤和训练感言等

B. 训练报告结构，层次较分明

C.能较规范地制作“本期发生额及余额试算平衡表”

D.能用较规范的文字撰写《“‘借贷记账法’技术应用”训练报告》

4.判断题

1）对每一个账户而言，期末余额只可能在账户一方，即借方或贷方。（　　）

2）企业只能编制一借一贷、一借多贷、多借一贷的会计分录，不能编制多借多贷的会计分录。（　　）

3）通过试算平衡并不能保证全部记账工作是完全正确的。（　　）

4）总分类账户和明细分类账户在金额上必然相等的关系，称为钩稽关系。（ ）

5）总分类账户登记在借方，其所属的明细分类账户可以登记在贷方。（ ）

6）损益类账户一般无期末余额。（ ）

7）“所得税费用”账户属于负债类账户。（ ）

2.2.3 案例题

会计科目按经济内容的分类

学习微平台

资源 2-03

背景与情境：某工业企业的相关会计资料如下：（1）存放在出纳处的现金1 000元；（2）存放在银行的款项150 000元；（3）向银行借入6个月的周转借款600 000元；（4）存放在仓库的材料380 000元；（5）仓库中存放的商品60 000元；（6）房屋及建筑物2 400 000元；（7）所有者投入资本2 400 000元；（8）机器设备750 000元；（9）应收外单位货款140 000元；（10）应付给外单位货款121 000元；（11）以前年度积累的未分配利润260 000元；（12）对外长期股权投资500 000元；（13）向银行借入两年期贷款 1 000 000元。

要求：请根据案例在下列题中填入适当选项。

1）会计科目按经济内容分类，可分为（ ）科目。

A.资产类　　B.负债类　　C.所有者权益类　　D.成本类

2）会计科目的设置应符合（ ）原则。

A.合法性　　B.合理性　　C.相关性　　D.灵活性

3）根据资料应该设置（ ）资产类科目。

A.“库存现金”“银行存款”“应收账款”

B.“原材料”“库存商品”

C.“固定资产”“长期股权投资”

D.“其他应收款”“预付账款”

4）根据资料应设置（ ）负债类科目。

A.“短期借款”　　B.“长期借款”　　C.“应付股利”　　D.“应付账款”

5）根据资料应设置（ ）所有者权益类科目。

A.“实收资本”　　B.“盈余公积”

C.“资本公积”　　D.“利润分配”

2.2.4 实训题

学习微平台

资源 2-04

1.单项选择题

1）复式记账法要求对每一笔经济业务都应在（ ）相互联系的账户中进行登记。

A.1个　　B.2个

C.3个　　D.2个或2个以上

2）下列选项中，属于简单会计分录的是（　　）。

A.一借一贷　　B.一借多贷　　C.一贷多借　　D.多借多贷

3）试算平衡的理论依据是（　　）。

A.会计等式的基本原理　　B.账户结构的原理

C.会计要素分类的原理　　D.经济业务的内容

4）一般企业收到投资者的投资，并存入银行，编制会计分录时，应记入（　　）账户贷方。

A.“银行存款”　　B.“实收资本”

C.“盈余公积”　　D.“长期股权投资”

5）收到购货方的预付款，应作（　　）确认。

A.预付账款　　B.预收账款　　C.应付账款　　D.其他应收款

6）存在着对应关系的账户，称为（　　）。

A.平衡账户　　B.对应账户　　C.关联账户　　D.总分类账户

7）在借贷记账法下，账户哪方登记增加，哪方登记减少，取决于（　　）。

A.核算方法　　B.记账形式　　C.记账规则　　D.账户性质

2.多项选择题

1）复合会计分录的表现形式有（　　）。

A.一借多贷　　B.多借多贷

C.一借一贷　　D.多借一贷

2）会计分录的基本要素包括（　　）。

A.记账符号　　B.记账时间　　C.记账金额　　D.科目名称

3）某企业月末进行试算平衡时，因漏记一个账户，计算的月末借方余额合计为160 000元，月末贷方余额合计为200 000元，则漏记的账户（　　）。

A.为借方余额　　B.为贷方余额

C.余额为40 000元　　D.余额为16 000元

4）用公式表示试算平衡关系，正确的有（　　）。

A.全部账户本期借方发生额合计=全部账户本期贷方发生额合计

B.全部账户的借方期初余额合计=全部账户的贷方期初余额合计

C.负债类账户借方发生额合计=负债类账户贷方发生额合计

D.资产类账户借方发生额合计=资产类账户贷方发生额合计

5）购买材料1 500元已入库，支付货款1 000元，余款暂欠。正确的会计分录有（　　）。

A.借：原材料　　1 500

　贷：银行存款　　1 000

　　应付账款　　500

B.借：原材料　　1 500

　贷：银行存款　　1 000

　　预付账款　　500

C.借：原材料　1 000
　贷：银行存款　1 000

D.借：原材料　1 500
　贷：银行存款　1 000
　　应收账款　500

6）生产产品领用原材料 5 000 元，车间一般耗材 1 500 元，应记入（　　）账户借方。

A.“管理费用”　B.“生产成本”　C.“制造费用”　D.“原材料”

7）下列记账错误，可运用试算平衡查出的有（　　）。

A.一笔经济业务的记录被漏记

B.过账时误将贷方数额过入借方

C.一笔经济业务记录借贷双方金额发生同样的错误

D.某账户借方或贷方本期发生额的计算有误

2.3　主观题

2.3.1　理论题

1）什么是会计科目？什么是会计账户？两者之间的关系怎样？（请在下方答题）

2）账户按经济内容如何分类？按提供会计信息的详略程度不同如何进行分类？（请在下方答题）

3）什么是账户的对应关系，什么是对应账户？请举例说明。（请在下方答题）

2.3.2 实务题

1）请绘制借贷记账法下账户的基本结构图。（请在下方答题）

2）请绘制会计分录编制流程图。（请在下方答题）

2.3.3　案例题

【训练项目】

案例分析 2-1

【相关案例】

会计科目的设计

学习微平台

资源 2-05

背景与情境：小李为会计专业学生，毕业后自主创业，租了一间门面开了一家打字社。他购置了一台价值5 000元的电脑，一台价值6 000元的打印机，一台价值10 000元的复印机和纸张、油墨等耗材，并添置了桌椅等用具，打字社已开业经营1年。

小李根据打字社的情况自己设计了一套会计科目：“固定资产——房屋”“固定资产——电脑”“固定资产——打印机”“固定资产——复印机”“固定资产——桌椅”“原材料——纸张”“原材料——油墨”“库存现金”“银行存款”“应收账款”“其他应收款”“应交税费”“应付账款”“其他应付款”“应付职工薪酬”“股本——小李”“主营业务收入”“管理费用”“所得税费用”“本年利润”等科目。

问题：

1）请问小李设计的会计科目是否正确，并分析原因。

2）如果小李请你来做账，请列示你所设计的会计科目。

分析：同“1.3.3 案例分析”的“分析要求”。

（请在下方答题）

【训练项目】

课程思政 2-1

【相关案例】

“看人办事”

学习微平台

资源 2-06

背景与情境：在实际工作中，有不少会计人员看人办事，“官大的办得快，官小的办得慢，无官的拖着不办。”

（资料来源 佚名. 2012年云南会计从业资格考试《财经法规》模拟试卷及答案（二）[EB/OL].［2011-10-28］. http：//www.kao8.cc/2012/0225/85423_4.html.）

问题：

（1）试对上述现象进行分析，做出你的思政研判。

（2）通过适当途径进行信息搜集，分析本案例违背了什么会计职业道德规范。

（3）本案例对你有哪些启示？

思政研判要求：同“1.3.3 思政研判”的“思政研判要求”。

（请在下方答题）

模拟训练

【训练项目】

阶段性体验：“借贷记账法”技术应用。

【训练目标】

见主教材第2章“学习目标”中的“实训目标”。

【任务操作规范与标准】

1）专业能力

“技术-技能”Ⅰ

名称：会计分录的编制

规范与标准：

（1）能正确掌握会计分录的概念，明确会计分录的三要素。

（2）能根据会计分录的编制步骤对企业发生的日常经济业务进行正确的分析并确定其所涉及的账户名称及性质。

（3）能根据发生的经济业务正确地分析账户的增减变动情况，确定账户的记账方向。

（4）能正确地确定借贷方金额，并保证其相等。

（5）能按照会计分录的格式要求，先借后贷、上借下贷，“借”、“贷”及其金额错一格书写，金额后不带单位，正确地书写会计分录。

“技术-技能”Ⅱ

名称：T形账户的过账

规范与标准：

（1）能根据经济业务资料开设相应的账户，并将期初余额的数据资料过入相关账户。

（2）能正确地根据会计分录将本期借方发生额、本期贷方发生额的数据过入相关账户。

（3）能正确地结出每个账户的期末余额。

“技术-技能”Ⅲ

名称：试算平衡表的编制

规范与标准：

（1）能熟练掌握试算平衡表发生额平衡法、余额平衡法的公式。

（2）能正确、规范地制作企业本期发生额及余额试算平衡表。

（3）能正确地将所有账户期初余额、本期发生额、期末余额的数据过入企业本期发生额及余额试算平衡表对应的栏目中。

（4）能根据发生额和余额的平衡公式编制试算平衡表。

“技术-技能”Ⅳ

名称：《“‘借贷记账法’技术应用”训练报告》撰写

规范与标准：

（1）能全面掌握“训练报告撰写”的相关技术。

（2）能充分应用训练报告撰写技术，有质量、有效率地进行如下操作：

①正确设计关于“‘借贷记账法’技术应用”的训练报告，其结构合理、层次分明。

②较规范地撰写上述训练报告。

③依照网络教学资源包中《学生考核手册》考核表2-6及考核表2-7中的“考核指标”和“考核标准”要求，撰写上述训练报告。

2）职业核心能力——信息处理、解决问题、革新创新（初级）

上述能力领域的“基本要求”、“‘技术-技能’点”和“规范与标准”见本教材附录二中的附表2-2。

3）职业道德——职业理想、职业守则（顺从级）

各道德领域的“规范与标准”见本教材附录二中的附表2-3。

【训练任务】

（1）对“‘借贷记账法’技术应用”专业能力领域各“技术-技能”点实施阶段性基本训练。

（2）对“信息处理”“解决问题”“革新创新”等职业核心能力领域各“技术-技能”点实施“初级”强化训练。

（3）对“职业理想”和“职业守则”等职业道德领域实施“顺从级”相关训练。

【训练要求】

（1）训练前学生要了解并熟记本训练的“目标”、“能力与道德领域”、“任务”与“要求”，了解并熟记本教材网络教学资源包中《学生考核手册》考核表2-26、考核表2-27中的“考核指标”与“考核标准”内涵，将其作为本训练的操练点和考核点来准备。

（2）通过“训练步骤”，将“训练任务”所列三种训练整合并落实到本训练的“活动过程”和“成果形式”中。

（3）训练后学生要对本次“‘借贷记账法’技术应用”的训练活动进行总结，在此基础上撰写训练报告。

【情境设计】

将学生分成若干训练团队，各团队结合本训练“成果形式”的“训练课业”题目，在子任务中任选（每组资料包括针对“技术-技能”Ⅰ至“技术-技能”Ⅳ的“训练题”各一套，题量以必需、够用为限），进行针对“‘借贷记账法’技术应用”的训练。各团队通过对所选资料中企业经济业务会计分录的编制、过账、企业本期发生额及余额试算平衡表的编制以及相应“训练报告”的准备、撰写、讨论与交流等实践活动的参与和体验，依照本章“训练要求”完成各自训练任务。

【指导准备】

知识准备：

（1）见前文“2.1预习要览”。

（2）本教材附录一的附表1-1中，与本章“职业核心能力‘强化训练项’”各“技术-技能”点相关的“‘知识准备’参照范围”。

（3）本教材附录二的附表2-2和附表2-3中，涉及本章“职业核心能力领域‘强化训练项’”各“技术-技能”点和“职业道德领域‘相关训练项’”的“规范与标准”知识。

操作指导：

（1）教师向学生阐明“训练目的”、“能力与道德领域”和“知识准备”。

（2）教师就“知识准备”中的第（2）、（3）项，对学生进行培训。

（3）教师指导学生就“训练资料”中企业发生的日常经济业务的资料进行熟悉、分析、判断，并根据分析、判断的结果正确地编制会计分录。

（4）教师指导学生就“训练资料”中企业编制的会计分录完成过账任务。

（5）教师指导学生正确地编制“训练资料”中企业本期发生额及余额试算平衡表。

（6）教师指导学生撰写《“‘借贷记账法’技术应用”训练报告》。

【训练时间】

本章课堂教学内容结束后的双休日和课余时间，为期两天。

【训练步骤】

（1）将学生组建成若干个训练团队，每8位同学分成一队，每队确定1~2人负责。

（2）对学生进行试算平衡表编制的培训，熟悉训练目的、步骤。

（3）各团队成员熟悉所选训练资料，按要求进行关于“技术-技能”Ⅰ至“技术-技能”Ⅳ的全面操练，制作企业本期发生额及余额试算平衡表，并与“参考答案与提示”中本队资料的参考答案相对比。

（4）各团队成员在实施上述训练的过程中，融入对“信息处理”“解决问题”“革新创新”等职业核心能力的各“‘技术-技能’点”的“初级”强化训练和对“职业理想”“职业守则”等职业道德各“素质点”的“顺从级”相关训练，并对训练过程作简要记录与说明。

（5）各团队成员整合上述操练的过程与结果，分别撰写作为最终成果形式《“‘借贷记账法’技术应用”训练报告》。

（6）各团队成员的训练报告提交小队讨论并修订后，评出小队优秀训练报告。

（7）班级交流并修订各团队优秀训练报告，评出班级优秀训练报告。

（8）教师对班级优秀训练报告进行点评。

（9）将附有“教师点评”的班级优秀训练报告纳入该课程教学资源库，通过校园网课程平台进行展示，并允许学生拷贝借鉴。

【成果形式】

训练课业：《“‘借贷记账法’技术应用”训练报告》

课业要求：

（1）本课业应包括“关于本组资料的专业训练”（列入“技术-技能”Ⅰ至“技术-技能”Ⅳ的阶段性训练成果）、“关于‘职业核心能力’与‘职业道德’选项的融入性操练”和关于《“‘借贷记账法’技术应用”训练报告》的撰写训练三部分内容。

（2）训练报告的内容、结构与体例参照本任务“模拟训练”课业范例。

（3）各训练团队完成的训练报告须由指导教师、训练团队队长和本人三方签字负责。

“‘借贷记账法’技术应用”子任务一

【任务背景资料】

（1）甲企业2023年9月有关账户期末余额见表2-1。

表2-1 **2023年9月有关账户期末余额** 单位：元

账户名称	金额	账户名称	金额
库存现金	800	短期借款	13 000
银行存款	30 000	应付账款	54 200
应收账款	35 200	应交税费	8 800
原材料	90 000	实收资本	680 000
生产成本	40 000	盈余公积	40 000
库存商品	20 000	本年利润	20 000
固定资产	600 000		
合　计	816 000	合　计	816 000

（2）该企业10月份发生下列经济业务：

①收到投资者投入资金30 000元存入银行。

②从银行提取现金500元。

③生产产品领用材料2 200元。

④用银行存款上缴税款8 800元。

⑤收回货款15 000元存入银行。

⑥取得长期借款200 000元存入银行。

⑦购买材料34 000元，货款未付。

⑧以银行存款偿还前欠货款24 000元。

【要求】

（1）根据资料（2）编制会计分录（“技术-技能”Ⅰ训练）。

（2）根据资料（1）和编制的会计分录登记T形账户（“技术-技能”Ⅱ训练）。

（3）根据T形账户编制甲企业本期发生额及余额试算平衡表（“技术-技能”Ⅲ训练）。

（4）综合上述训练成果，撰写“训练报告”（“技术-技能”Ⅳ训练）。

（1）“技术-技能”Ⅰ训练：会计分录的编制（请在下方答题）

(2)“技术-技能”Ⅱ训练：登记T形账户（请在下方答题）

（3）“技术-技能”Ⅲ训练：编制试算平衡表（请在下方答题）

（4）撰写《“‘借贷记账法’技术应用”训练报告》（请在表2-2中答题）

表2-2 **“‘借贷记账法’技术应用”训练报告**

训练班级：	分队及队长：	团队成员：
指导老师：	训练时间：	训练地点：
训练目的		
训练步骤		
训练结果		
企业账户 记录情况说明		
训练感言		
不足与今后改进		
训练团队队长 评定意见		
项目指导教师 评定意见		

“‘借贷记账法’技术应用”子任务二

【任务背景资料】

（1）乙企业2023年4月30日有关账户期末余额见表2-3。

表2-3 2023年4月30日有关账户期末余额表 单位：元

账户名称	金额	账户名称	金额
库存现金	12 000	短期借款	200 000
银行存款	360 000	应付账款	50 000
其他应收款	1 000	实收资本	500 000
原材料	127 000		
固定资产	250 000		
合　计	750 000	合　计	750 000

（2）该企业5月份发生下列经济业务：

①购入价值6 000元原材料一批，货款未付。

②接受投资者投资100 000元，存入银行。

③以银行存款偿还短期借款20 000元。

④购入机器一台，价值50 000元，以银行存款支付。

⑤从银行取得短期借款10 000元，直接偿还前欠货款。

【要求】

（1）根据资料（2）编制会计分录（“技术-技能”Ⅰ训练）。

（2）根据资料（1）和编制的会计分录登记T形账户（“技术-技能”Ⅱ训练）。

（3）根据T形账户编制乙企业本期发生额及余额试算平衡表（“技术-技能”Ⅲ训练）。

（4）综合上述训练成果，撰写“训练报告”（“技术-技能”Ⅳ训练）。

（1）“技术-技能”Ⅰ训练：会计分录的编制（请在下方答题）

（2）“技术-技能”Ⅱ训练：登记T形账户（请在下方答题）

（3）“技术–技能”Ⅲ训练：编制试算平衡表（请在下方答题）

（4）撰写《“‘借贷记账法’技术应用”训练报告》（请在表2-4中答题）

表2-4 **“‘借贷记账法’技术应用”训练报告**

训练班级：	分队及队长：	团队成员：
指导老师：	训练时间：	训练地点：
训练目的		
训练步骤		
训练结果		
企业账户 记录情况说明		
训练感言		
不足与今后改进		
训练团队队长 评定意见		
项目指导教师 评定意见		

“模拟训练”课业范例

“‘借贷记账法’技术应用”训练报告

（报告人： ）

【资料】

（1）甲企业2023年3月初有关账户的余额见表2-5。

表2-5 2023年3月初有关账户的余额表 单位：元

账户名称	借方余额	贷方余额
银行存款	30 000	
应收账款	50 000	
原材料	40 000	
短期借款		40 000
应付账款		30 000
实收资本		50 000
合 计	120 000	120 000

（2）3月发生如下经济业务：

①收回应收账款40 000元并存入银行。

②用银行存款20 000元购入原材料（假定不考虑增值税），原材料已验收入库。

③用银行存款偿还短期借款30 000元。

④从银行借入短期借款10 000元直接偿还应付账款。

⑤收到投资人追加投资50 000元并存入银行（假定全部为实收资本）。

⑥购入原材料，货款30 000元（假定不考虑增值税），原材料已验收入库，货款尚未支付。

【要求】

1）根据资料（2）编制会计分录（“技术-技能”Ⅰ训练）。

2）根据资料（1）和编制的会计分录登记T形账户（“技术-技能”Ⅱ训练）。

3）根据T形账户编制甲企业本期发生额及余额试算平衡表（“技术-技能”Ⅲ训练）。

4）综合上述训练成果，撰写“训练报告”（“技术-技能”Ⅳ训练）。

【训练课业】

一、关于“本组资料”的专业训练

“技术-技能”Ⅰ训练：会计分录的编制

各训练团队根据会计分录的概念和构成要素，按照会计分录的编制步骤和格式要求，完成对资料（2）六笔经济业务的分析，编制出以下会计分录：

①借：银行存款 40 000

贷：应收账款		40 000
②借：原材料	20 000	
贷：银行存款		20 000
③借：短期借款	30 000	
贷：银行存款		30 000
④借：应付账款	10 000	
贷：短期借款		10 000
⑤借：银行存款	50 000	
贷：实收资本		50 000
⑥借：原材料	30 000	
贷：应付账款		30 000

“技术-技能”Ⅱ训练：T形账户的过账

各训练团队根据资料（1）开设相应的账户，并将期初余额的数据资料过入相关账户；根据技能Ⅰ训练编制的会计分录，能正确地将账户本期借方发生额、本期贷方发生额的数据过入相关账户；能正确地结出每个账户的期末余额。

应收账款

借方		贷方	
期初余额	50 000		
			① 40 000
本期发生额	0	本期发生额	40 000
期末余额	10 000		

银行存款

借方		贷方	
期初余额	30 000		
	① 40 000		② 20 000
	⑤ 50 000		③ 30 000
本期发生额	90 000	本期发生额	50 000
期末余额	70 000		

原材料

借方		贷方	
期初余额	40 000		
	② 20 000		
	⑥ 30 000		
本期发生额	50 000		
期末余额	90 000		

短期借款

借方		贷方	
		期初余额	40 000
	③ 30 000		④ 10 000
本期发生额	30 000	本期发生额	10 000
		期末余额	20 000

实收资本

借方		贷方	
		期初余额	50 000
			⑤ 50 000
		本期发生额	50 000
		期末余额	100 000

应付账款

借方		贷方	
		期初余额	30 000
	④ 10 000		⑥ 30 000
本期发生额	10 000	本期发生额	30 000
		期末余额	50 000

“技术-技能”Ⅲ训练：试算平衡表的编制

由各训练团队成员正确、规范地制作企业本期发生额及余额试算平衡表（见表2-6），能正确地将所有账户期初余额、本期发生额、期末余额的数据过入企业本期发生额及余额试算平衡表的对应栏目中，能根据“全部账户本期借方发生额合计=全部账户本期贷方发生额合计”、“全部账户期初借方余额合计=全部账户期初贷方余额合计”以及“全部账户期末借方余额合计=全部账户期末贷方余额合计”的平衡公式检验试算平衡表的平衡。

表2-6 **本期发生额及余额试算平衡表** 单位：元

账户名称	期初余额		本期发生额		期末余额	
	借方	贷方	借方	贷方	借方	贷方
银行存款	30 000		90 000	50 000	70 000	
应收账款	50 000			40 000	10 000	
原材料	40 000		50 000		90 000	
短期借款		40 000	30 000	10 000		20 000
应付账款		30 000	10 000	30 000		50 000
实收资本		50 000		50 000		100 000
合　计	120 000	120 000	180 000	180 000	170 000	170 000

二、关于“职业核心能力”与“职业道德”选项的融入性操练

训练前，我们对列入本章“训练题”【指导准备】中“知识准备”的那些知识进行了必要的预习，接受了指导老师的全部“操作指导”。通过参加“知识准备”第（2）、（3）项的培训，我们了解了本章“专业能力”涉及的各项“技术-技能”、“职业核心能力”和“职业道德”选项的“规范与标准”，降低了训练过程中对相关操作规范的盲目性。

在训练中，我们在实施“训练资料”的专业操练和“训练报告”的准备、撰写、讨论与交流的同时，有意识地融入了“信息处理”“解决问题”“革新创新”等“职业核心能力”强化训练和“职业理想”“职业守则”等“职业道德”的相关训练。

三、关于《“‘借贷记账法’技术应用”训练报告》的撰写训练（见表2-7）

表2-7 **“‘借贷记账法’技术应用”训练报告**

训练班级：2304101	分队及队长：02 李艳霞	团队成员：张妍 230410109
指导老师：周老师	训练时间：2023.10.15	训练地点：模拟训练室
训练目的	熟悉会计分录的概念、掌握会计分录的编制方法和试算平衡的原理	
训练步骤	①由训练团队根据企业发生的日常经济业务资料，编制会计分录；②各团队成员根据编制的会计分录完成过账的任务；③由各团队成员正确地将所有账户期初余额、本期发生额、期末余额的数据分别过入企业本期发生额及余额试算平衡表的对应栏目中，并根据平衡公式保证试算平衡表的平衡；④各团队成员根据所编制的试算平衡表撰写作为最终成果形式的《“‘借贷记账法’技术应用”训练报告》。	
训练结果	编制企业2023年3月31日试算平衡表（见附件）	

续表

企业账户记录情况说明	从该企业2023年3月31日试算平衡表可以看出，该企业全部账户本期借方发生额合计=全部账户本期贷方发生额合计，全部账户期初借方余额合计=全部账户期初贷方余额合计，全部账户期末借方余额合计=全部账户期末贷方余额合计，以此为依据可以推断该企业2023年3月份的账户记录基本正确
训练感言	通过本训练，熟悉了会计分录的概念、种类、要素，掌握了会计分录的编制步骤和书写格式要求，掌握了企业本期发生额及余额试算平衡表的规范格式及编制步骤，进一步理解了为什么试算平衡了只能初步推断会计记录基本正确。感悟到会计工作要认真、仔细、严谨，来不得半点马虎。本次训练有助于理解和掌握会计分录的基本概念、编制方法和试算平衡的原理，有助于动手能力的提高
不足与今后改进	步骤②还不熟练，今后要加强这方面的训练。
训练团队队长评定意见	略
项目指导教师评定意见	略

参考答案与提示

学习微平台

资源 2-07

学习微平台

资源 2-08

学习微平台

资源 2-09

“2.2 客观题”参考答案见“随堂测二维码资源”

“2.3 主观题”参考答案

2.3.1 理论题

2.3.2 实务题

2.3.3 案例题

“模拟训练子任务一”参考答案与提示

“‘借贷记账法’技术应用”训练报告

一、关于“本组资料”的专业训练

“技术-技能”Ⅰ训练：会计分录的编制

各训练团队根据会计分录的概念和构成要素，按照会计分录的编制步骤和格式要求，完成对资料（2）八笔经济业务的分析，编制出以下会计分录：

①借：银行存款	30 000	
贷：实收资本		30 000
②借：库存现金	500	
贷：银行存款		500
③借：生产成本	2 200	
贷：原材料		2 200
④借：应交税费	8 800	
贷：银行存款		8 800
⑤借：银行存款	15 000	
贷：应收账款		15 000

⑥借：银行存款　　200 000
　　贷：长期借款　　200 000
⑦借：原材料　　34 000
　　贷：应付账款　　34 000
⑧借：应付账款　　24 000
　　贷：银行存款　　24 000

“技术-技能”Ⅱ训练：T形账户的过账

各训练团队根据资料（1）开设相应的账户，并将期初余额的数据资料过入相关账户；根据技能Ⅰ训练编制的会计分录，能正确地将账户本期借方发生额、本期贷方发生额的数据过入相关账户；能正确地结出每个账户的期末余额。

借方　**实收资本**　贷方

		期初余额	680 000
			① 30 000
本期发生额	0	本期发生额	30 000
		期末余额	710 000

借方　**银行存款**　贷方

期初余额	30 000		
	① 30 000		② 500
	⑤ 15 000		④ 8 800
	⑥ 200 000		⑧ 24 000
本期发生额	245 000	本期发生额	33 300
期末余额	241 700		

借方　**原材料**　贷方

期初余额	90 000		
	⑦ 34 000		③ 2 200
本期发生额	34 000	本期发生额	2 200
期末余额	121 800		

借方　**库存现金**　贷方

期初余额	800		
	② 500		
本期发生额	500	本期发生额	0
期末余额	1 300		

借方　**生产成本**　贷方

期初余额	40 000		
	③ 2 200		
本期发生额	2 200	本期发生额	0
期末余额	42 200		

借方　**应交税费**　贷方

		期初余额	8 800
	④ 8 800		
本期发生额	8 800	本期发生额	0
		期末余额	0

借方　**应收账款**　贷方

期初余额	35 200		
			⑤ 15 000
本期发生额	0	本期发生额	15 000
期末余额	20 200		

借方　**长期借款**　贷方

		期初余额	0
			⑥ 200 000
本期发生额	0	本期发生额	200 000
		期末余额	200 000

借方　**应付账款**　贷方

		期初余额	54 200
	⑧ 24 000		⑦ 34 000
本期发生额	24 000	本期发生额	34 000
		期末余额	64 200

“技术-技能”Ⅲ训练：试算平衡表的编制

由各训练团队成员正确、规范地制作企业本期发生额及余额试算平衡表（见表2-8），能正确地将所有账户期初余额、本期发生额、期末余额的数据过入企业本期发生额及余额试算平衡表的对应栏目中，能根据“全部账户本期借方发生额合计=全部账户本期贷方发生额合计”“全部账户期初借方余额合计=全部账户期初贷方余额合计”“全部账户期末借方余额合计=全部账户期末贷方余额合计”的平衡公式检验试算平衡表的平衡。

表2-8 **本期发生额及余额试算平衡表** 单位：元

账户名称	期初余额		本期发生额		期末余额	
	借方	贷方	借方	贷方	借方	贷方
银行存款	30 000		245 000	33 300	241 700	
库存现金	800		500		1 300	
应收账款	35 200			15 000	20 200	
原材料	90 000		34 000	2 200	121 800	
生产成本	40 000		2 200		42 200	
库存商品	20 000				20 000	
固定资产	600 000				600 000	
短期借款		13 000				13 000
应付账款		54 200	24 000	34 000		64 200
应交税费		8 800	8 800			0
长期借款		0		200 000		200 000
实收资本		680 000		30 000		710 000
盈余公积		40 000				40 000
本年利润		20 000				20 000
合　计	816 000	816 000	314 500	314 500	1 047 200	1 047 200

二、关于“职业核心能力”与“职业道德”选项的融入性操练

（参照“模拟训练”课业范例的“二”部分）

三、关于《“‘借贷记账法’技术应用”训练报告》的撰写训练

（参照“模拟训练”课业范例的“三”部分）

“模拟训练子任务二”参考答案与提示

“‘借贷记账法’技术应用”训练报告

一、关于“本组资料”的专业训练

“技术-技能”Ⅰ训练：会计分录的编制

训练团队根据会计分录的概念和构成要素，按照会计分录的编制步骤和格式要求，完成对资料（2）五笔经济业务的分析，编制出以下会计分录：

①借：原材料　6 000
　　贷：应付账款　6 000

②借：银行存款　100 000
　　贷：实收资本　100 000

③借：短期借款　20 000
　　贷：银行存款　20 000

④借：固定资产　50 000
　　贷：银行存款　50 000

⑤借：应付账款　10 000
　　贷：短期借款　10 000

“技术-技能”Ⅱ训练：T形账户的过账

训练团队根据资料（1）开设相应的账户，并将期初余额的数据资料过入相关账户；根据步骤一编制的会计分录，能正确地将账户本期借方发生额、本期贷方发生额的数据过入相关账户；能正确地结出每个账户的期末余额。

原材料

借方			贷方
期初余额	127 000		
	① 6 000		
本期发生额	6 000	本期发生额	0
期末余额	133 000		

应付账款

借方			贷方
		期初余额	50 000
	⑤ 10 000		① 6 000
本期发生额	10 000	本期发生额	6 000
		期末余额	46 000

银行存款

借方			贷方
期初余额	360 000		③ 20 000
	② 100 000		④ 50 000
本期发生额	100 000	本期发生额	70 000
期末余额	390 000		

实收资本

借方			贷方
		期初余额	500 000
			② 100 000
本期发生额	0	本期发生额	100 000
		期末余额	600 000

短期借款

借方			贷方
		期初余额	200 000
	③ 20 000		⑤ 10 000
本期发生额	20 000	本期发生额	10 000
		期末余额	190 000

固定资产

借方			贷方
期初余额	250 000		
	④ 50 000		
本期发生额	50 000	本期发生额	0
期末余额	300 000		

“技术-技能”Ⅲ训练：试算平衡表的编制

由各训练团队成员正确、规范地制作企业本期发生额及余额试算平衡表（见表2-9），能正确地将所有账户期初余额、本期发生额、期末余额的数据过入企业本期发生额及余额试算平衡表的对应栏目中，能根据“全部账户本期借方发生额合计=全部账户本期贷方发生额合计”“全部账户期初借方余额合计=全部账户期初贷方余额合计”“全部账户期末借方余额合计=全部账户期末贷方余额合计”的平衡公式检验试算平衡表的平衡。

表2-9 **本期发生额及余额试算平衡表** 单位：元

账户名称	期初余额		本期发生额		期末余额	
	借方	贷方	借方	贷方	借方	贷方
库存现金	12 000				12 000	
银行存款	360 000		100 000	70 000	390 000	
其他应收款	1 000				1 000	
原材料	127 000		6 000		133 000	
固定资产	250 000		50 000		300 000	
短期借款		200 000	20 000	10 000		190 000
应付账款		50 000	10 000	6 000		46 000
实收资本		500 000		100 000		600 000
合　计	750 000	750 000	186 000	186 000	836 000	836 000

二、关于“职业核心能力”与“职业道德”选项的融入性操练

（参照“模拟训练”课业范例的“二”部分）

三、关于《“‘借贷记账法’技术应用”训练报告》的撰写训练

（参照“模拟训练”课业范例的“三”部分）

工作任务三
“制造业主要经济业务核算”技术应用

- **任务目标**
- **知识准备**

3.1　预习要览

3.2　客观题

3.3　主观题

- **模拟训练**
- **参考答案与提示**

任务目标

- 能够较熟练地进行筹资过程核算
- 能够熟练地进行供应过程核算
- 能够熟练地进行生产过程核算
- 能够熟练地进行销售过程核算
- 能够较熟练地进行利润形成及分配过程核算
- 能够熟练地登记T形账户
- 能够独立完成《“‘制造业主要经济业务核算’技术应用”训练报告》撰写

知识准备

请绘制与本任务相关的知识点思维导图，复习相关知识，做好完成本任务所必需的知识准备。

3.1 预习要览

3.1.1 内容提要

1.内容概要

资金筹集是企业整个资金运动的起点。企业筹集资金的渠道有两个：一是吸收投资者的投资；二是向债权人借入。投资者的投资形成了企业的投入资本，向债权人借入的资金形成了企业的负债。企业筹集资金的核算就是通过“银行存款”、“固定资产”、“无形资产”、“实收资本”或“股本”、“短期借款”、“长期借款”、“应付利息”、“应付债券”和“财务费用”等账户来反映企业筹资过程发生的经济业务。

供应过程是企业生产经营活动的准备阶段。这个阶段发生的主要经济业务包括采购材料，办理材料的验收入库手续，与供应单位之间办理货款的结算，支付采购费用，正确计算材料采购成本。计算采购成本时，单独采购某种材料发生的采购费用，直接计入该材料的采购成本；采购几种材料共同发生的采购费用，应采用适当的分配标准（重量、体积或买价）分配后再计入各种材料的采购成本。供应过程的核算就是通过“在途物资”、“原材料”、“应付账款”、“应付票据”、“预付账款”和“应交税费”等账户来反映企业供应过程发生的经济业务。

生产过程是劳动者利用劳动资料对劳动对象进行加工形成劳动产品的过程，它既是产品的制造过程，又是物化劳动和活劳动的消耗过程，是企业生产经营的中心环节。生产费用是生产过程中发生的各项耗费，主要包括各种材料费用、人工费用、动力费用、固定资产折旧费以及其他各项费用。这些生产费用，有的是直接为生产产品发生的，有的是间接为生产产品发生的。它们按照一定的程序和方法进行归集、分配，就形成了产品的生产成本。产品生产成本是指为生产一定种类、数量的产品所发生的耗费，是对象化的费用。生产过程发生的主要经济业务包括归集和分配生产费用，计算产品生产成本。直接为产品生产而发生的各项费用，直接计入产品成本。生产车间为组织和管理产品生产而发生的间接费用，月末归集、分配后再计入产品成本。企业行政管理部门为组织和管理生产经营活动而发生的管理费用属于期间费用，不计入产品成本，发生时直接计入当期损益。生产过程的核算就是通过“生产成本”、“制造费用”、“应付职工薪酬”、“固定资产”、“在建工程”、“累计折旧”、“库存商品”和“管理费用”等账户来反映企业生产过程发生的经济业务。

销售过程是将企业生产的产品卖出去，取得销售收入的过程，是企业生产经营过程的最后阶段。销售过程的主要经济业务包括营业收入的取得，营业成本、与营业相关的费用和税金及附加的发生。企业的营业收入包括主营业务收入和其他业务收入。产品销售成本是指已经销售产品的生产成本。《企业会计准则第1号——存货》第14条规定：企业应当采用先进先出法、加权平均法或个别计价法确定发出存货的实际成本。销售费用是企业在销售商品和材料、提供劳务过程中发生的各种费用，包括运输费、装卸费、包装费、保险费、商品展览费、推销费和广告费以及专设销售机构的职工薪酬、业务费和折旧费等费用。税金及附加是企业经营活动发生的消费税、城市维护建设税、资源税和教育费附加等相关税费。销售过程的核算就是通过“主营业务收入”、“其他业务收入”、“主营业务成本”、“其他业务成本”、“税金及附加”、“销售费用”、“应收账款”和“应收票据”等账户来反映企业销售过程发生的经济业务。

利润是企业一定会计期间取得的经营成果，包括收入减去费用后的净额，直接计入当期利润的利得和损失等。营业外收入是企业取得的与生产经营活动没有直接关系的各种利得，包括非流动资产处置利得、非货币性资产交换利得、债务重组利得、政府补助、盘盈利得和捐赠利得等。营业外支出是企业发生的与生产经营活动没有直接关系的各种损失，包括非流动资产处置损失、非货币性资产交换损失、债务重组损失、公益性捐赠支出、非常损失和盘亏损失等。利润有营业利润、利润总额、净利润。企业取得利润后应按规定进行分配。企业利润分配的顺序是，弥补以前年度的亏损，按净利润的10%提取法定盈余公积，根据股东大会决议或者公司章程的规定提取任意盈余公积，向投资者分配股利或利润。当法定盈余公积达到注册资本的50%以上时，可以不再提取。企业提取的法定盈余公积主要用于弥补亏损、扩大生产经营、转增资本或派送新股等。法定盈余公积转为资本时，所留存的公积金不得少于转增前公司注册资本的25%。利润形成及其分配的核算就是通过“本年利润”、“利润分配”、“盈余公积”、“营业外收入”、“营业外支出”、“所得税费用”和“应付股利”等账户来反映企业利润形成及其分配的经济业务。

2. 主要概念和观念

1）主要概念

投入资本　借入资金　生产费用　产品生产成本　利润

2）主要观念

供应过程核算　生产过程核算　销售过程核算　利润形成及其分配核算

3.1.2 重点与难点

1.重点理论

供应过程主要经济业务　生产过程主要经济业务　销售过程主要经济业务　利润形成及其分配程序

2.重点实务

材料采购成本　产品生产成本　产品销售成本　全月一次加权平均法　先进先出法

3.重点操作

筹资业务核算　生产业务核算　销售业务核算　利润形成及其分配业务核算

4.难点

生产业务核算　利润形成及其分配业务核算

3.1.3 主要公式

1）材料的实际采购成本计算公式

材料的实际采购成本=买价+采购费用+相关税金

2）产品生产成本计算公式

产品生产成本=直接费用+制造费用（间接费用）

3）完工产品成本计算公式

完工产品成本=月初在产品成本+本月发生生产费用-月末在产品成本

4）产品销售成本计算公式

加权平均单价=（期初结存商品成本+本期入库商品成本）÷（期初结存商品数量+本期入库商品数量）

本期销售商品成本=本期销售商品数量×加权平均单价

5）利润计算公式

营业利润=营业收入-营业成本-税金及附加-期间费用(销售费用、管理费用、财务费用)-资产减值损失+其他收益±公允价值变动净损益±投资损益±资产处置损益

利润总额=营业利润+营业外收入-营业外支出

净利润=利润总额-所得税费用

3.2 客观题

3.2.1 理论题

学习微平台

资源 3-01

1.单项选择题

1）费用按计入成本的（　　）不同，可分为直接费用、间接费用。

A.程序　　　B.方式　　　C.多少　　　D.内容

2）下列属于筹资过程发生的主要经济业务的是（　　）。

A.购买办公用品　　B.支付广告费

C.领用材料　　D.收到投资者投入设备一台

3）（　　）是企业生产经营活动的首要任务，是整个资金运动的起点。

A.筹集资金　　B.供应过程　　C.生产过程　　D.销售过程

4）生产成本是指（　　）。

A.生产产品发生的间接费用　　B.生产产品发生的直接费用

C.生产产品发生的直接、间接费用　　D.期间费用

5）制造费用是指（　　）。

A.生产产品发生的直接费用

B.生产车间为生产产品发生的间接费用

C.生产车间为生产产品发生的全部费用

D.生产车间为生产产品发生的直接费用

6）下列属于生产过程发生的主要经济业务的是（　　）。

A.支付材料运杂费　　B.支付广告费

C.领用材料　　D.收到投资者投入设备一台

7）“主营业务收入”科目按其所归属的会计要素不同，属于（　　）类科目。

A.资产　　B.所有者权益　　C.成本　　D.损益

2.多项选择题

1）企业接受投资的形式可以是（　　）。

A.无形资产　　B.固定资产　　C.原材料　　D.库存现金

2）利润减去所得税之后的余额，称为（　　）。

A.利润总额　　B.税后利润　　C.净利润　　D.税前利润

3）商业汇票包括（　　）。

A.商业承兑汇票　　B.银行承兑汇票

C.银行汇票　　D.支票

4）职工薪酬包括（　　）。

A.工资、奖金　　B.社会保险费

C.工会经费　　D.职工福利费

5）下列属于制造费用的有（　　）。

A.生产车间工人的工资福利　　B.生产车间管理人员的工资福利

C.车间固定资产折旧费　　D.车间一般耗材

6）下列属于管理费用的有（　　）。

A.行政管理部门耗用材料

B.行政管理人员工资

C.行政管理部门办公费、差旅费

D.行政管理部门固定资产折旧费、修理费

7）下列属于利润分配的内容有（　　）。

A.提取法定盈余公积　　B.缴纳所得税

C.提取任意盈余公积　　D.向投资者分配利润

3.判断题

1）生产费用是企业在生产过程中发生的各项耗费。（　　）

2）管理费用是企业为管理和组织企业生产经营活动而发生的各项费用。（　　）

3）销售费用是企业在销售商品过程中发生的各项费用以及专设销售机构的各项经费。（　　）

4）企业在一定时期支付的生产费用总和就是产品生产成本。（　　）

5）企业生产经营活动取得的收入，都属于主营业务收入。（　　）

6）制造费用和管理费用都应当在期末转入本年利润账户。（　　）

7）企业财务成果是企业一定时期取得的利润或亏损。（　　）

3.2.2　实务题

学习微平台

资源 3-02

1.单项选择题

1）某企业为增值税一般纳税人，购进材料一批，买价为50 000元，运输费用为1 200元，入库前整理费用为800元，增值税进项税额为6 608元。该批材料采购成本是（　　）元。

A.52 000　　B.50 000　　C.51 200　　D.60 120

2）甲企业为增值税一般纳税人。本期外购原材料一批，买价为10 000元，增值税为1 300元，入库前挑选整理费用为500元。该批原材料的入账价值为（　　）元。

A.10 000　　B.11 600　　C.10 500　　D.12 100

3）某企业对发出的存货采用全月一次加权平均法计价，本月期初存货的数量为100吨，单价为1 200元/吨，本月购入一批存货，数量为300吨，单价为1 000元/吨，则本月发出存货的单价为（　　）元/吨。

A.1 170　　B.1 175　　C.1 075　　D.1 050

4）下列不属于产品生产成本的是（　　）。

A.直接材料　　B.管理费用　　C.直接人工　　D.制造费用

5）A产品月初在产品成本为20 000元，本月发生材料费用30 000元，生产工人工资为8 000元，月末在产品成本为12 000元，完工200件A产品的总成本为（　　）元。

A.50 000　　B.46 000　　C.38 000　　D.20 000

6）企业某月实现营业利润360万元，当月企业取得营业外收入10万元，分别发生营业外支出和所得税费用20万元和70万元，则该企业当月实现的净利润为（　　）万元。

A.290　　B.340　　C.280　　D.330

7）生产产品发生的间接费用，先归集到（ ）账户，然后再计入产品成本中去。

A.“管理费用” B.“直接费用” C.“期间费用” D.“制造费用”

2.多项选择题

1）材料采购成本包括（ ）。

A.材料买价 B.运输途中合理损耗

C.运输费 D.入库后仓储费

2）产品生产成本包括（ ）。

A.直接材料 B.管理费用 C.直接人工 D.制造费用

3）我国企业发出存货的计算方法有（ ）。

A.先进先出法 B.后进先出法 C.加权平均法 D.个别计价法

4）下列会计科目中，期末一般将余额全部转出的有（ ）。

A.“管理费用” B.“实收资本”

C.“生产成本” D.“主营业务收入”

5）下列属于税金及附加的有（ ）。

A.增值税 B.消费税

C.城市维护建设税 D.教育费附加

6）制造费用常见的分配方法有按（ ）分配。

A.生产工人工时比例 B.生产工人工资比例

C.机器工时比例 D.材料消耗比例

7）影响营业利润计算的因素有（ ）。

A.主营业务收入 B.投资收益

C.营业外收入 D.其他业务收入

3.混合选择题

1）“数字应用能力”（初级）的“基本要求”是（ ）。

A.具备进入工作岗位最基本的数字应用能力，并能运用这些能力以适应既定工作需要

B.能灵活运用数字应用能力以适应工作岗位各方面需要

C.具备熟练掌握数字和通过数字运算来解决实际工作问题，适应更复杂的工作需要

D.能从事复杂计算工作，设计并绘制图表

2）“数字应用能力”（初级）包括的“技术-技能”点是（ ）。

A.解读数字信息、进行数字计算、展示和使用数字信息

B.采集解读数据信息、进行数字计算、展示和使用数据信息

C.解读数据信息、进行数据计算、展示和使用数据信息

D.采集解读数据信息、进行数据计算、展示和使用数据信息

3）“数字应用能力”（初级）的“规范与标准”是（ ）。

A.能按要求测量并记录结果，准确统计数目，解读简单图表，读懂数字并

汇总数据

B.能进行简单计算并验算结果

C.能正确使用单位，根据计算结果说明工作任务

D.能进行多步骤复杂计算

4）“‘制造业主要经济业务核算’技术应用””这一“专业能力领域”包括的“‘技术-技能’点”有（　　）。

A.筹资业务核算　　B.供应过程核算

C.生产过程核算　　D.销售过程核算

5）“筹资业务核算‘技术-技能’”的“规范与标准”有（　　）。

A.能熟知企业筹资过程发生的主要经济业务

B.能正确掌握筹资过程主要账户

C.能正确编制筹资业务的会计分录

D.能正确计算筹资成本

6）“供应过程核算‘技术-技能’”的“规范与标准”有（　　）。

A.能熟知企业供应过程发生的主要经济业务

B.能正确掌握材料采购成本的概念、内容、计算方法

C.能正确掌握供应过程主要账户

D.能正确编制供应过程业务的会计分录

7）“生产过程核算‘技术-技能’”的“规范与标准”有（　　）。

A.能熟知企业生产过程发生的主要经济业务

B.能理解生产费用和产品生产成本的关系，能正确掌握产品生产成本的概念、内容、计算方法

C.能正确掌握生产过程主要账户

D.能正确编制生产过程业务的会计分录

4.判断题

1）本月完工产品成本=月初在产品成本+本月生产费用发生额-月末在产品成本。（　　）

2）不单独设置“预收账款”账户的企业，预收的货款在“应收账款”账户中核算。（　　）

3）“累计折旧”账户性质属于资产类账户，结构也同于资产类账户。（　　）

4）企业购入材料时支付的增值税不能计入材料采购成本。（　　）

5）制造费用可以按工人工资比例或生产工时比例分配。（　　）

6）生产产品发生的各项费用最终都要归集到“生产成本”账户的借方。（　　）

7）计提的短期借款利息，应计入财务费用。（　　）

3.2.3 案例题

发出存货计价方法

学习微平台

资源 3-03

背景与情境：长江公司2023年5月甲材料收发情况如下：月初结存100千克，单价9元。7日购进100千克，单价10元/千克。11日领用50千克。15日购进350千克，单价12元/千克。17日领用400千克。20日购进50千克，单价14元。23日领用50千克。用第一种方法计算，本月领用甲材料成本=50×9+50×9+100×10+250×12+50×12=5 500（元）。用第二种方法计算，本月领用甲材料成本=（900+1 000+4 200+700）÷（100+100+350+50）×500=5 666.67（元）。

要求：请根据案例在下列题目中填入适当选项。

1）计算领用甲材料成本的第一种方法是（　　）。

A.加权平均法　　B.先进先出法　　C.个别计价法　　D.后进先出法

2）计算领用甲材料成本的第二种方法是（　　）。

A.加权平均法　　B.先进先出法　　C.个别计价法　　D.后进先出法

3）先进先出法的特点是（　　）。

A.工作量比较大

B.当物价上涨时，会高估企业当期利润

C.当物价上涨时，会高估库存存货价值

D.当物价上涨时，会高估企业本期发出存货成本

4）加权平均法的特点是（　　）。

A.计算方法简单

B.不利于保证核算的及时性

C.在物价变动幅度较大的情况下，按加权平均单价计算的期末存货价值与现行成本有较大的差异

D.适合物价变动幅度不大的情况

5）从这个案例，我们可以看到发出存货计价方法的选择会影响利润，因此企业（　　）发出存货计价方法。

A.不能更改　　B.可以更改

C.不能随意变更　　D.经领导同意后可以更改

3.2.4 实训题

学习微平台

资源 3-04

1.单项选择题

1）“累计折旧”账户按经济内容分类属于（　　）账户。

A.资产类　　B.负债类　　C.成本类　　D.费用类

2）企业按净利润的10%计提法定盈余公积，编制会计分录，其借方科目为（　　）。

A.“利润分配——提取法定盈余公积”

B.“利润分配——未分配利润”

C.“利润分配——应付股利”

D.“盈余公积”

3）“利润分配”账户年末为贷方余额，表示（　　）。

A.累计尚未分配的利润　　B.本期发生的净亏损

C.本期实现的净利润　　D.累计尚未弥补的亏损

4）预付货款不多的企业，可以不设置“预付账款”账户，而并入（　　）账户。

A.“应收账款”　B.“预收账款”　C.“应付账款”　D.“其他应收款”

5）企业为职工垫付医药费，从该职工的工资扣回时，应（　　）账户。

A.借记“其他应收款”　　B.贷记“其他应收款”

C.借记“应付职工薪酬”　　D.贷记“应付职工薪酬”

6）“材料采购”账户用来核算（　　）。

A.自制材料的成本　　B.库存材料的增减变化及结果

C.外购材料的买价和采购费用　　D.购进材料时发生的增值税

7）某企业“原材料”账户月初余额为380 000元，本月验收入库原材料共计240 000元，发出材料共计320 000元。则该企业“原材料”账户月末（　　）。

A.余额在借方，金额为460 000元　　B.余额在贷方，金额为460 000元

C.余额在借方，金额为300 000元　　D.余额在贷方，金额为300 000元

2.多项选择题

1）期末一般无余额的账户有（　　）。

A.“生产成本”　B.“销售费用”　C.“管理费用”　D.“财务费用”

2）“税金及附加”账户主要核算（　　）。

A.消费税　B.房产税　C.增值税　D.城市维护建设税

3）结转完工产品成本，应使用的会计科目包括（　　）。

A.“库存商品”　B.“制造费用”　C.“生产成本”　D.“主营业务成本”

4）结转已经销售产品成本，应使用的会计科目包括（　　）。

A.“库存商品”　B.“制造费用”　C.“生产成本”　D.“主营业务成本”

5）材料验收入库，应（　　）账户。

A.借记“原材料”　　B.借记“在途物资”

C.贷记“原材料”　　D.贷记“在途物资”

6）结转制造费用，应（　　）账户。

A.借记“库存商品”　　B.借记“生产成本”

C.贷记“制造费用”　　D.贷记“生产成本”

7）企业本期生产甲产品直接耗用原材料3 000元，生产车间耗用原材料2 000元，不正确的会计分录包括（　　）。

A.借记“生产成本——甲材料”5 000元，贷记“原材料”5 000元

B.借记“制造费用” 5 000元，贷记“原材料” 5 000元

C.借记“生产成本——甲材料”3 000元，“制造费用”2 000元；贷记“原材料”5 000元

D.借记“生产成本——甲材料”3 000元，“管理费用”2 000元；贷记“原材料”5 000元

3.3 主观题

3.3.1 理论题

1）生产过程核算哪些主要经济业务？（请在下方答题）

2）销售过程核算哪些主要经济业务？（请在下方答题）

3）试比较分析生产费用与生产成本的关系。（请在下方答题）

3.3.2 实务题

1）请写出材料采购成本计算公式，并编制结转验收入库材料实际成本会计分录。（请在下方答题）

2）请写出产品生产成本计算公式、产品销售成本计算公式，并编制结转完工入库产品生产成本、结转已销售产品成本会计分录。（请在下方答题）

3.3.3 案例题

【训练项目】

案例分析 3-1

【相关案例】

会计分录纠错

学习微平台

资源 3-05

背景与情境：会计学专业学生正在学习本章内容。会计老师在批改作业时发现部分同学主要存在以下几个错误：（1）将结转验收入库材料实际成本的会计分录做成“借：在途物资，贷：原材料、应交税费——应交增值税（进项税额）”。（2）将计提固定资产折旧的会计分录做成“借：制造费用、管理费用，贷：固定资产”。（3）将结转完工产品成本的会计分录做成“借：生产成本，贷：制造费用”。（4）将结转已售商品成本的会计分录做成“借：主营业务成本，贷：生产成本”。（5）将所有收入账户结转至“本年利润”账户的会计分录做成“借：本年利润，贷：主营业务收入”。（6）将年末结转全年实现利润至“利润分配”账户的会计分录做成“借：利润分配，贷：本年利润”。

问题：

1）分析上述几个错误存在的原因。

2）做出正确的会计分录。

分析：同“1.3.3 案例分析”的“分析要求”。

（请在下方答题）

【训练项目】

课程思政 3-1

【相关案例】

“常在河边走，哪有不湿鞋”

学习微平台

资源 3-06

背景与情境：会计人员每天与钱和物打交道，“常在河边走，哪有不湿鞋”。只要坚持“不犯罪”这个底线就行了。

（资料来源 佚名. 财经法规与会计职业道德案例分析［EB/OL］.［2013-11-10］. http：//www.docin.com/p-481967672.html.）

问题：

（1）试对上述现象进行分析，做出你的思政研判。

（2）通过适当途径进行信息搜集，分析本案例违背了什么会计职业道德规范。

（3）本案例对你有哪些启示？

思政研判要求：

（1）形成性要求

①根据学生分析案例提出的问题，拟出“思政研判提纲”；进行小组讨论，形成小组的“思政研判报告”；进行班级交流、相互点评和修订各组的“思政研判报告”；在校园网的本课程平台上展出经过修订并附有“教师点评”的各组“思政研判报告”，供学生借鉴。

②了解本教材附录二中“形成性考核”的“考核指标”与“考核内容”。

（2）成果性要求

①了解本教材后面附录二中“课业考核”的“考核指标”与“考核内容”。

②课业结构、格式与体例要求：请参照“思政研判”课业范例。

③课业要求：以经过班级交流和教师点评的“思政研判报告”为最终成果。

（请在下方答题）

模拟训练

【训练项目】

阶段性体验：“制造业主要经济业务核算”技术应用。

【训练目标】

见主教材第3章“学习目标”中的“实训目标”。

【任务操作规范与标准】

1）专业能力

“技术–技能”Ⅰ

名称：筹资业务核算

规范与标准：

（1）能熟知企业筹资过程发生的主要经济业务。

（2）能从名称、核算内容、性质、账户结构、明细账设置5个方面正确掌握筹资过程主要账户。

（3）能正确编制筹资业务的会计分录。

“技术–技能”Ⅱ

名称：供应过程核算

规范与标准：

（1）能熟知企业供应过程发生的主要经济业务。

（2）能正确掌握材料采购成本的概念、内容、计算方法。

（3）能从名称、核算内容、性质、账户结构、明细账设置5个方面正确掌握供应过程主要账户。

（4）能正确地编制供应过程业务的会计分录。

“技术–技能”Ⅲ

名称：生产过程核算

规范与标准：

（1）能熟知企业生产过程发生的主要经济业务。

（2）能理解生产费用和产品生产成本的关系，正确掌握产品生产成本的概念、内容、计算方法。

（3）能从名称、核算内容、性质、账户结构、明细账设置5个方面正确掌握生产过程主要账户。

（4）能正确编制生产过程业务的会计分录。

“技术–技能”Ⅳ

名称：销售过程核算

规范与标准：

（1）能熟知企业销售过程发生的主要经济业务。

（2）能理解产品销售成本的概念，正确掌握产品销售成本、销售税金的计算方法。

（3）能从名称、核算内容、性质、账户结构、明细账设置5个方面正确掌握销售过程主要账户。

（4）能正确编制销售过程业务的会计分录。

“技术–技能”Ⅴ

名称：利润形成及其分配核算

规范与标准：

（1）能掌握利润、应交所得税、盈余公积、应付股利的概念、内容、计算方法。

（2）能熟知利润分配的程序。

（3）能从名称、核算内容、性质、账户结构、明细账设置5个方面正确掌握利润形成及其分配业务的主要账户。

（4）能正确编制利润形成及其分配业务的会计分录。

“技术-技能”Ⅵ

名称：T形账户的过账

规范与标准：

（1）能根据发生的主要经济业务正确地开设相应的账户。

（2）能根据编制的会计分录，将本期借方发生额、贷方发生额的数据过入相关账户。

（3）能正确地结出每个账户的期末余额。

“技术-技能”Ⅶ

名称：《“‘制造业主要经济业务核算’技术应用”训练报告》撰写

规范与标准：

（1）能全面掌握“训练报告撰写”的相关技术。

（2）能充分应用训练报告撰写技术，有质量、有效率地进行如下操作：

①正确设计关于“‘制造业主要经济业务核算’技术应用”的训练报告，其结构合理、层次分明。

②较规范地撰写上述训练报告。

③依照网络教学资源包中《学生考核手册》考核表3-6和考核表3-7中的“考核指标”和“考核标准”要求，撰写上述训练报告。

2）职业核心能力——数字应用、解决问题、革新创新（初级）

上述能力领域的“基本要求”、“‘技术-技能’点”和“规范与标准”见本教材附录二中的附表2-2。

3）职业道德——职业态度、职业守则（顺从级）

各道德领域的“规范与标准”见本教材附录二中的附表2-3。

【训练任务】

（1）对“‘制造业主要经济业务核算’技术应用”专业能力领域各“技术-技能”点实施阶段性基本训练。

（2）对“数字应用”“解决问题”“革新创新”等职业核心能力领域各“技术-技能”点实施“初级”强化训练。

（3）对“职业态度”和“职业守则”等职业道德领域实施“顺从级”相关训练。

【训练要求】

（1）训练前学生要了解并熟记本训练的“目标”、“能力与道德领域”、“任务”与“要求”，了解并熟记本教材网络教学资源包中《学生考核手册》考核表3-6和考核表3-7的“考核指标”与“考核标准”内涵，将其作为本训练的操练点和考核点来准备。

（2）通过“训练步骤”，将“训练任务”所列三种训练整合并落实到本训练的“活动过程”和“成果形式”中。

（3）训练后学生要对本次“‘制造业主要经济业务核算’技术应用”的训练活动进行总结，在此基础上撰写训练报告。

【情境设计】

将学生分成若干训练团队，各团队结合本训练“成果形式”的“训练课业”题目，在子任务中任选（每组资料包括针对“技术–技能”Ⅰ至“技术–技能”Ⅶ的“训练题”各一套，题量以必需、够用为限），进行针对“‘制造业主要经济业务核算’技术应用”的训练。各团队通过对所选资料企业筹资业务核算、供应过程核算、生产过程核算、销售过程核算、利润形成及其分配业务核算以及相应“训练报告”的准备、撰写、讨论与交流等实践活动的参与和体验，依照本章“训练要求”完成各自训练任务。

【指导准备】

知识准备：

（1）见前文“3.1 预习要览”。

（2）本教材附录一的附表1–1中，与本章“职业核心能力‘强化训练项’”各“技术–技能”点相关的“‘知识准备’参照范围”。

（3）本教材附录二的附表2–2和附表2–3中，涉及本章“职业核心能力领域‘强化训练项’”各“技术–技能”点和“职业道德领域‘相关训练项’”的“规范与标准”知识。

操作指导：

（1）教师向学生阐明“训练目的”、“能力与道德领域”和“知识准备”。

（2）教师就“知识准备”中的第（2）、（3）项，对学生进行培训。

（3）教师指导学生就训练项目企业发生的筹资业务进行熟悉、分析，正确编制企业筹资业务的会计分录。

（4）教师指导学生就训练项目企业发生的采购业务进行熟悉、分析，正确计算材料采购成本，编制企业采购业务的会计分录。

（5）教师指导学生就训练项目企业发生的生产业务进行熟悉、分析，正确计算产品生产成本，编制企业生产业务的会计分录。

（6）教师指导学生就训练项目企业发生的销售业务进行熟悉、分析，正确计算产品销售成本、销售税金，编制企业销售业务的会计分录。

（7）教师指导学生就训练项目企业发生的有关利润业务进行熟悉、分析，正确计算利润、应交所得税、提取的法定盈余公积和应付股利，编制利润形成及其分配业务的会计分录。

（8）教师指导学生根据编制的会计分录，将本期借方发生额、贷方发生额的数据过入相关账户，能正确地结出每个账户的期末余额。

（9）教师指导学生撰写《“‘制造业主要经济业务核算’技术应用”训练

报告》。

【训练时间】

本章课堂教学内容结束后的双休日和课余时间，为期一周。

【训练步骤】

（1）将学生组建成若干训练团队，每8位同学分成一队，每队确定1~2人负责。

（2）对学生进行主要经济业务核算的培训，熟悉训练目的、步骤。

（3）各团队成员熟悉所选训练资料，按要求进行关于技能Ⅰ至技能Ⅶ的全面操练，并与“参考答案与提示”中本组资料的参考答案相对比。

（4）各团队成员在实施上述训练的过程中，融入对“数字应用”“解决问题”“革新创新”等职业核心能力的各“‘技术-技能’点”的“初级”强化训练和对“职业态度”“职业守则”等职业道德各“素质点”的“顺从级”相关训练，并对训练过程作简要记录与说明。

（5）各团队成员整合上述操练的过程与结果，分别撰写作为最终成果形式《“‘制造业主要经济业务核算’技术应用”训练报告》。

（6）各团队成员的“训练报告”提交小组讨论并修订后，评出小队优秀“训练报告”。

（7）班级交流并修订各组优秀“训练报告”，评出班级优秀“训练报告”。

（8）教师对班级优秀“训练报告”进行点评。

（9）将附有“教师点评”的班级优秀“训练报告”纳入该课程教学资源库，通过校园网课程平台进行展示，并允许学生拷贝借鉴。

【成果形式】

训练课业：《“‘制造业主要经济业务核算’技术应用”训练报告》

课业要求：

（1）本课业应包括“关于本组资料的专业训练”（列入“技术-技能”Ⅰ至“技术-技能”Ⅶ的阶段性训练成果）、“关于‘职业核心能力’与‘职业道德’选项的融入性操练”和关于《“‘制造业主要经济业务核算’技术应用”训练报告》的撰写训练三部分内容。

（2）训练报告的内容、结构与体例参照本任务 “模拟训练”课业范例。

（3）各训练团队完成的训练报告须由指导教师、训练团队队长和本人三方签字负责。

“‘制造业主要经济业务核算’技术应用”子任务一

【任务背景资料】

光明厂2023年12月发生以下筹资业务：

（1）接受东方厂投资250 000元存入银行。

（2）收到新华厂设备一台，已交付使用，双方协议价80 000元。

（3）取得生产周转借款200 000元，存入银行。

（4）上述借款年利率为4%，计提本月借款利息。

（5）用银行存款支付本月借款利息。

【要求】

（1）根据资料完成筹资过程核算，编制会计分录（“技术-技能”Ⅰ训练）。

（2）根据会计分录，完成T形账户的过账（“技术-技能”Ⅵ训练）。

（1）“技术-技能”Ⅰ训练：编制筹资业务会计分录（请在下方答题）

（2）“技术-技能”Ⅵ训练：登记相关T形账户（请在下方答题）

“‘制造业主要经济业务核算’技术应用”子任务二

【任务背景资料】

光明厂2023年12月发生以下采购业务：

（1）购甲材料6 000千克，单价8元/千克，增值税税率为13%，货税款未付。

（2）购乙材料7 200千克，单价10元，增值税税率为13%，货税款通过银行支付。

（3）购丙材料2 800千克，含税单价9.04元/千克，丁材料10 000千克，含税单价5.65元/千克，款项通过开出商业汇票支付。

（4）供货单位代垫乙、丙、丁材料的外地运费共3 300元（乙、丙、丁材料共同承担的外地运费按重量比例进行分配）。

（5）用银行存款100 000元预付A材料款。

（6）A材料验收入库，价税款合计113 000元，增值税税率为13%，用银行存款补付尾款。

（7）甲、乙、丙材料验收入库，结转入库材料成本。

【要求】

（1）根据资料完成供应过程核算，编制会计分录（“技术–技能”Ⅱ训练）。

（2）根据会计分录，完成T形账户的过账（“技术–技能”Ⅵ训练）。

（1）“技术–技能”Ⅱ训练：编制采购业务会计分录（请在下方答题）

（2）“技术-技能”Ⅵ训练：登记相关T形账户（请在下方答题）

"'制造业主要经济业务核算'技术应用"子任务三

【任务背景资料】

光明厂2023年12月发生以下生产过程业务（假设期初无在产品）：

（1）将58 000元转入职工工资存折。

（2）用银行存款6 000元预付下季度车间用房租，并相应分摊本月应分担的房租2 000元。

（3）生产Ⅰ号产品耗用材料120 000元，生产Ⅱ号产品耗用材料180 000元，车间一般耗用材料4 200元，厂部耗用材料1 500元。

（4）用现金支票购买厂部办公用品7 500元。

（5）计提本月固定资产折旧，其中车间折旧11 000元，厂部折旧6 500元。

（6）分配工资费用，其中Ⅰ号产品工人工资34 000元，Ⅱ号产品工人工资66 000元，车间管理人员工资16 000元，厂部管理人员工资8 000元。

（7）用银行存款支付车间设备日常维修费5 000元。

（8）结转制造费用（按工人工资比例分配）。

（9）本月生产Ⅰ号产品、Ⅱ号产品各100台，全部完工，结转完工产品成本。

【要求】

（1）根据资料完成生产过程核算，编制会计分录（"技术-技能"Ⅲ训练）。

（2）根据会计分录，完成T形账户的过账（"技术-技能"Ⅵ训练）。

（1）"技术-技能"Ⅲ训练：编制生产过程业务会计分录（请在下方答题）

(2)“技术-技能”Ⅵ训练：登记相关T形账户（请在下方答题）

“‘制造业主要经济业务核算’技术应用”子任务四

【任务背景资料】

光明厂2023年12月发生以下销售业务：

（1）销售Ⅰ号产品80台，单价4 000元/台，增值税税率为13%，货税款未收。

（2）预收Ⅱ号产品货款200 000元，款项存入银行。

（3）用现金支付广告费1 500元。

（4）销售Ⅱ号产品90台，单价2 500元/台，增值税税率为13%，尾款补收存入银行。

（5）结转本月销售Ⅰ号产品、Ⅱ号产品成本。

（6）计算本月应交销售税金1 600元。

【要求】

（1）根据资料完成销售过程核算，编制会计分录（“技术-技能”Ⅳ训练）。

（2）根据会计分录，完成T形账户的过账（“技术-技能”Ⅵ训练）。

（1）“技术-技能”Ⅳ训练：编制销售过程业务会计分录（请在下方答题）

（2）“技术-技能”Ⅵ训练：登记相关T形账户（请在下方答题）

"'制造业主要经济业务核算'技术应用"子任务五

【任务背景资料】

光明厂2023年12月发生以下利润形成及其分配业务:

(1) 将无法支付的应付账款20 000元予以转账。

(2) 用银行存款支付罚款6 000元。

(3) 没收逾期未退包装物押金4 000元。

(4) 结转本月各损益类账户至本年利润账户。

(5) 按25%计算应交所得税。

(6) 按净利润的10%提取法定盈余公积。

(7) 按净利润的20%向投资者分配利润。

【要求】

(1) 根据资料完成利润形成及其分配过程核算，编制会计分录("技术-技能"Ⅴ训练)。

(2) 根据会计分录，完成T形账户的过账("技术-技能"Ⅵ训练)。

(3) 综合以上5组训练成果，撰写《"'制造业主要经济业务核算'技术应用"实训报告》("技术-技能"Ⅶ训练)。

(1) "技术-技能"Ⅴ训练：编制利润形成及分配业务会计分录(请在下方答题)

（2）“技术-技能”Ⅵ训练：登记相关T形账户（请在下方答题）

（3）撰写《“‘制造业主要经济业务核算’技术应用”训练报告》（请在表3-1答题）

表3-1 “‘制造业主要经济业务核算’技术应用”训练报告

训练班级：	分队及队长：	团队成员：
指导老师：	训练时间：	训练地点：
训练目的		
训练步骤		
训练结果		
训练感言		
训练团队队长评定意见		
项目指导教师评定意见		

“模拟训练”课业范例

“‘制造业主要经济业务核算’技术应用”训练报告

（报告人：　　　　　　　　　　　　　　　　　　）

【资料】

长江公司为增值税一般纳税人，2023年12月发生以下经济业务：

（1）1日，从银行提取现金3 000元，备用。

（2）1日，以银行存款支付广告费8 000元。

（3）2日，从宏达公司购入A材料4 000千克，单价为50元/千克；购入B材料5 000千克，单价为20元/千克，增值税税率为13%，运输费为900元，增值税税率为9%，货款用银行存款支付，运费按重量分配。

（4）3日，从宏达公司购入的A、B材料全部验收入库，结转其实际采购成本。

（5）3日，购入不需安装的设备一台，价款为120 000元，增值税税额为15 600元，价税款用银行存款支付，另用现金支付运输费1 500元，用银行存款支付增值税税额135元。

（6）10日，以银行存款向希望工程捐款10 000元。

（7）15日，从银行提取现金80 000元，以备发放工资。

（8）15日，以现金80 000元发放本月工资。

（9）15日，从维达公司购入A材料5 000千克，单价为50元/千克；购入B材料4 000千克，单价为20元/千克，增值税税率为13%。运输费为1 800元，增值税税率为9%，材料已验收入库，款项尚未支付，运费按重量分配。

（10）15日，采购员王永民报销差旅费1 600元，结清以前的借款。

（11）16日，用银行存款预付下一年保险费60 000元。

（12）16日，分担本月保险费5 000元。

（13）16日，销售甲产品200台，每台售价1 000元，销售乙产品300台，每台售价600元，增值税税率为13%，款项收到存入银行。

（14）17日，行政管理部门购买办公用品700元，以现金支付。

（15）17日，收到投资人向企业投入人民币300 000元，存入银行。

（16）20日，向富通公司销售甲产品100台，每台售价1 000元，销售乙产品200台，每台售价600元，增值税税率为13%，货款尚未收到。

（17）21日，从银行借入半年期借款90 000元，款项存入银行。

（18）21日，本月各部门领用材料（见表3-2）。

（19）25日，收到富通公司20日所欠货款，存入银行。

（20）26日，计提固定资产折旧15 000元，其中车间固定资产折旧10 000元，行政管理部门固定资产折旧5 000元。

（21）29日，计提本月应负担的银行短期借款利息8 000元。

（22）29日，以存款支付本月电费30 000元，其中，生产甲产品用12 000元，生产乙产品用12 500元，车间用4 000元，工厂行政管理部门用1 500元。

表 3-2 材料领用汇总表 单位：元

项　目	A材料	B材料	合计
甲产品领用	187 000	126 000	313 000
乙产品领用	120 000	87 000	207 000
生产车间领用		1 000	1 000
行政管理部门领用	1 000		1 000
合　计	308 000	214 000	522 000

（23）29 日，分配结转本月职工工资 80 000 元，其中，生产工人工资 60 000 元（生产工人工资按工时分配，甲产品 45 000 元，乙产品 15 000 元），车间管理人员工资 15 000 元，行政管理部门人员工资 5 000 元。

（24）30 日，根据甲、乙产品工时比例，分配本月发生的制造费用。

（25）30 日，本月生产的甲产品和乙产品已全部完工入库，结转其生产成本。生产成本账户中甲产品月初无余额；乙产品月初余额 65 000 元（其中，直接材料 45 000 元、直接人工 8 000 元、制造费用 12 000 元）。本月生产的甲产品完工入库数量为 800 台，乙产品完工入库数量为 1 000 台。

（26）30 日，计算应交城市维护建设税 4 800 元，教育费附加 1 200 元。

（27）30 日，结转销售产品的销售成本（按本月实际生产成本确定销售产品的单价）。

（28）30 日，将各收入类账户结转至本年利润账户。

（29）30 日，将各费用类账户结转至本年利润账户。

（30）30 日，按利润总额的 25% 计提本月应交所得税，并结转至“本年利润”账户。

（31）30 日，按实现净利润的 10% 计提法定盈余公积。

（32）30 日，按实现净利润的 40% 计提应向投资者分配的利润。

【要求】

1）根据资料完成筹资过程核算、供应过程核算、生产过程核算、销售过程核算、利润形成及其分配核算，编制会计分录（“技术-技能”Ⅰ训练—“技术-技能”Ⅴ训练）。

2）根据会计分录，完成 T 形账户的过账（“技术-技能”Ⅵ训练）。

3）综合上述训练成果，撰写“训练报告”（“技术-技能”Ⅶ训练）。

【训练课业】

一、关于“本组资料”的专业训练

“技术-技能”Ⅰ训练—“技术-技能”Ⅴ训练：筹资过程核算、供应过程核算、生产过程核算、销售过程核算、利润形成及其分配核算，编制会计分录

（1）借：库存现金　　3 000

　　　贷：银行存款　　3 000

（2）借：销售费用　　8 000

　　　贷：银行存款　　8 000

(3)	借：在途物资——A材料	200 400	
	——B材料	100 500	
	应交税费——应交增值税（进项税额）	39 081	
	贷：银行存款		339 981
(4)	借：原材料——A材料	200 400	
	——B材料	100 500	
	贷：在途物资——A材料		200 400
	——B材料		100 500
(5)	借：固定资产	121 500	
	应交税费——应交增值税（进项税额）	15 735	
	贷：银行存款		135 735
	库存现金		1 500
(6)	借：营业外支出	10 000	
	贷：银行存款		10 000
(7)	借：库存现金	80 000	
	贷：银行存款		80 000
(8)	借：应付职工薪酬——工资	80 000	
	贷：库存现金		80 000
(9)	借：原材料——A材料	251 000	
	——B材料	80 800	
	应交税费——应交增值税（进项税额）	43 062	
	贷：应付账款——维达公司		374 862
(10)	借：管理费用	1 600	
	贷：其他应收款——王永民		1 600
(11)	借：预付账款	60 000	
	贷：银行存款		60 000
(12)	借：管理费用	5 000	
	贷：预付账款		5 000
(13)	借：银行存款	429 400	
	贷：主营业务收入——甲产品		200 000
	——乙产品		180 000
	应交税费——应交增值税（销项税额）		49 400
(14)	借：管理费用	700	
	贷：库存现金		700
(15)	借：银行存款	300 000	
	贷：实收资本		300 000
(16)	借：应收账款——富通公司	248 600	
	贷：主营业务收入——甲产品		100 000

贷：主营业务收入——乙产品		120 000
应交税费——应交增值税（销项税额）		28 600
（17）借：银行存款	90 000	
贷：短期借款		90 000
（18）借：生产成本——甲产品	313 000	
——乙产品	207 000	
制造费用	1 000	
管理费用	1 000	
贷：原材料——A材料		308 000
——B材料		214 000
（19）借：银行存款	248 600	
贷：应收账款——富通公司		248 600
（20）借：制造费用	10 000	
管理费用	5 000	
贷：累计折旧		15 000
（21）借：财务费用	8 000	
贷：应付利息		8 000
（22）借：生产成本——甲产品	12 000	
——乙产品	12 500	
制造费用	4 000	
管理费用	1 500	
贷：银行存款		30 000
（23）借：生产成本——甲产品	45 000	
——乙产品	15 000	
制造费用	15 000	
管理费用	5 000	
贷：应付职工薪酬——工资		80 000
（24）借：生产成本——甲产品	22 500	
——乙产品	7 500	
贷：制造费用		30 000
（25）借：库存商品——甲产品	392 500	
——乙产品	307 000	
贷：生产成本——甲产品		392 500
——乙产品		307 000
（26）借：税金及附加	6 000	
贷：应交税费——应交城市维护建设税		4 800
——应交教育费附加		1 200
（27）借：主营业务成本——甲产品	147 187.50	

借：主营业务成本——乙产品	153 500	
贷：库存商品——甲产品		147 187.50
——乙产品		153 500
(28) 借：主营业务收入	600 000	
贷：本年利润		600 000
(29) 借：本年利润	352 487.50	
贷：主营业务成本		300 687.50
税金及附加		6 000
营业外支出		10 000
管理费用		19 800
财务费用		8 000
销售费用		8 000
(30) 借：所得税费用	61 878.13	
贷：应交税费——应交所得税		61 878.13
借：本年利润	61 878.13	
贷：所得税费用		61 878.13
(31) 借：利润分配——提取法定盈余公积	18 563.44	
贷：盈余公积		18 563.44
(32) 借：利润分配——应付股利	74 253.75	
贷：应付股利		74 253.75

“技术-技能”Ⅵ训练：T形账户的过账

库存现金

借方	贷方
(1) 3 000	(5) 1 500
(7) 80 000	(8) 80 000
	(14) 700

银行存款

借方	贷方
(13) 429 400	(1) 3 000
(15) 300 000	(2) 8 000
(17) 90 000	(3) 339 981
(19) 248 600	(5) 135 735
	(6) 10 000
	(7) 80 000
	(11) 60 000
	(22) 30 000

销售费用

借方	贷方
(2) 8 000	(29) 8 000

原材料

借方	贷方
(4) 300 900	(18) 522 000
(9) 331 800	

在途物资

借方	贷方
(3) 300 900	(4) 300 900

固定资产

借方	贷方
(5) 121 500	

营业外支出

借方	贷方
(6) 10 000	(29) 10 000

应付账款

借方	贷方
	(9) 374 862

其他应收款

借方	贷方
	（10）1 600

预付账款

借方	贷方
（11）60 000	（12）5 000

实收资本

借方	贷方
	（15）300 000

应收账款

借方	贷方
（16）248 600	（19）248 600

短期借款

借方	贷方
	（17）90 000

累计折旧

借方	贷方
	（20）15 000

财务费用

借方	贷方
（21）8 000	（29）8 000

应付利息

借方	贷方
	（21）8 000

生产成本

借方	贷方
（18）520 000	（25）699 500
（22）24 500	
（23）60 000	
（24）30 000	

制造费用

借方	贷方
（18）1 000	（24）30 000
（20）10 000	
（22）4 000	
（23）15 000	

主营业务收入

借方	贷方
（28）600 000	（13）380 000
	（16）220 000

主营业务成本

借方	贷方
（27）300 687.50	（29）300 687.50

库存商品

借方	贷方
（25）699 500	（27）300 687.5

本年利润

借方	贷方
（29）352 487.50	（28）600 000
（30）61 878.13	

所得税费用

借方	贷方
（30）61 878.13	（30）61 878.13

利润分配

借方	贷方
（31）18 563.44	
（32）74 253.75	

盈余公积

借方	贷方
	（31）18 563.44

应付股利

借方	贷方
	（32）74 253.75

管理费用

借方	贷方
（10）1 600	（29）19 800
（12）5 000	
（14）700	
（18）1 000	
（20）5 000	
（22）1 500	
（23）5 000	

应交税费

借方	贷方
（3）39 081	（13）49 400
（5）15 735	（16）28 600
（9）43 062	（26）6 000
	（30）61 878.13

借方 应付职工薪酬 贷方	
（8）80 000	（23）80 000

借方 税金及附加 贷方	
（26）6 000	（29）6 000

二、关于“职业核心能力”与“职业道德”选项的融入性操练

训练前，我们对列入本章“模拟训练”【指导准备】中“知识准备”的那些知识进行了必要的预习，接受了指导老师的全部“操作指导”。通过参加“知识准备”第（2）（3）项的培训，我们了解了本章“专业能力”涉及的各项“技术–技能”、“职业核心能力”和“职业道德”选项的“规范与标准”，降低了训练过程中对相关操作规范的盲目性。

在训练中，我们在实施“训练资料”的专业操练和“训练报告”的准备、撰写、讨论与交流的同时，有意识地融入了“数字处理”、“解决问题”和“革新创新”等“职业核心能力”强化训练和“职业态度”“职业守则”等“职业道德”的相关训练。

三、关于《“‘制造业主要经济业务核算’技术应用”训练报告》的撰写训练（见表3–3）

表3–3 “‘制造业主要经济业务核算’技术应用”训练报告

训练班级：2304101	分队及队长：03 高婷	团队成员：戴昆 230410117
指导老师：周老师	训练时间：2023.11.12	训练地点：模拟训练室
训练目的	熟悉工业企业供产销等过程发生的主要经济业务内容，掌握反映工业企业供产销等过程发生的主要经济业务账户，掌握材料采购成本、产品生产成本、产品销售成本的计算方法，掌握工业企业供产销等过程主要经济业务会计分录的编制方法	
训练步骤	①由训练团队根据企业发生的日常经济业务资料，编制会计分录；②各团队成员根据编制的会计分录完成做账的任务；③各团队成员撰写作为最终成果形式的《“‘制造业主要经济业务核算’技术应用”训练报告》	
训练结果	训练项目企业主要经济业务会计分录和T形账户（见附件）	
训练感言	通过本训练，熟悉了工业企业供产销等过程发生的主要经济业务内容，掌握了反映工业企业供产销等过程经济业务的主要账户，掌握了材料采购成本、产品生产成本、产品销售成本的计算方法，掌握了工业企业供产销等过程主要经济业务会计分录的编制方法，进一步温习了T形账户的登记方法，掌握了借贷记账法。感悟到会计工作要认真、仔细、严谨、来不得半点马虎。本次训练使我的动手能力得到提高	
不足与今后改进	略	
训练团队队长评定意见	略	
项目指导教师评定意见	略	

参考答案与提示

学习微平台

资源 3-07

学习微平台

资源 3-08

学习微平台

资源 3-09

“3.2 客观题”

参考答案见“随堂测二维码资源”

“3.3 主观题”参考答案

3.3.1 理论题

3.3.2 实务题

3.3.3 案例题

“模拟训练子任务一”参考答案与提示

筹资过程核算

一、关于“本组资料”的专业训练

“技术-技能”Ⅰ训练：筹资过程核算，编制会计分录

（1）借：银行存款　　250 000

　　贷：实收资本　　250 000

（2）借：固定资产　　80 000

　　贷：银行存款　　80 000

（3）借：银行存款　　200 000

　　贷：短期借款　　200 000

（4）借：财务费用　　667

　　贷：应付利息　　667

（5）借：应付利息　　667

　　贷：银行存款　　667

“技术-技能”Ⅵ训练：T形账户的过账

借方　银行存款　贷方

借方	贷方
（1）250 000	（2）80 000
（3）200 000	（5）667

借方　固定资产　贷方

借方	贷方
（2）80 000	

借方　财务费用　贷方

借方	贷方
（4）667	

借方　短期借款　贷方

借方	贷方
	（3）200 000

借方　实收资本　贷方

借方	贷方
	（1）250 000

借方　应付利息　贷方

借方	贷方
（5）667	（4）667

二、关于“职业核心能力”与“职业道德”选项的融入性操练

（参照“模拟训练”课业范例的“二”部分）

“模拟训练子任务二”参考答案与提示

供应过程核算

一、关于“本组资料”的专业训练

“技术-技能”Ⅱ训练：供应过程核算，编制会计分录

（1）借：在途物资——甲材料	48 000	
应交税费——应交增值税（进项税额）	6 240	
贷：应付账款		54 240
（2）借：在途物资——乙材料	72 000	
应交税费——应交增值税（进项税额）	9 360	
贷：银行存款		81 360
（3）借：在途物资——丙材料	22 400	
——丁材料	50 000	
应交税费——应交增值税（进项税额）	9 412	
贷：应付票据		81 812
（4）借：在途物资——乙材料	1 188	
——丙材料	462	
——丁材料	1 650	
贷：应付账款		3 300
（5）借：预付账款——××公司（A材料）	100 000	
贷：银行存款		100 000
（6）借：原材料——A材料	100 000	
应交税费——应交增值税（进项税额）	13 000	
贷：预付账款——××公司（A材料）		113 000
借：预付账款——××公司（A材料）	13 000	
贷：银行存款		13 000
（7）借：原材料——甲材料	48 000	
——乙材料	73 188	
——丙材料	22 862	
贷：在途物资——甲材料		48 000
——乙材料		73 188
——丙材料		22 862

“技术-技能”Ⅵ训练：T形账户的过账

在途物资

借方	贷方
（1）48 000	（7）144 050
（2）72 000	
（3）72 400	
（4）3 300	

应交税费

借方	贷方
（1）6 240	
（2）9 360	
（3）9 412	
（6）13 000	

银行存款

借方	贷方
	（2）81 360
	（5）100 000
	（6）13 000

应付账款

借方	贷方
	（1）54 240
	（4）3 300

借方 应付票据 贷方	
	(3) 81 812

借方 预付账款 贷方	
(5) 100 000	(6) 113 000
(6) 13 000	

借方 原材料 贷方	
(6) 100 000	
(7) 144 050	

二、关于“职业核心能力”与“职业道德”选项的融入性操练

(参照“模拟训练”课业范例的“二”部分)

“模拟训练子任务三”参考答案与提示

生产过程核算

一、关于“本组资料”的专业训练

“技术-技能”Ⅲ训练：生产过程核算，编制会计分录

(1) 借：应付职工薪酬——工资 58 000
　　贷：银行存款 58 000

(2) 借：预付账款 6 000
　　贷：银行存款 6 000

借：制造费用 2 000
　贷：预付账款 2 000

(3) 借：生产成本——基本生产成本（Ⅰ号产品） 120 000
　　　　　　——基本生产成本（Ⅱ号产品） 180 000
　　制造费用 4 200
　　管理费用 1 500
　　贷：原材料——甲材料 305 700

(4) 借：管理费用 7 500
　　贷：银行存款 7 500

(5) 借：制造费用 11 000
　　管理费用 6 500
　　贷：累计折旧 17 500

(6) 借：生产成本——基本生产成本（Ⅰ号产品） 34 000
　　　　　　——基本生产成本（Ⅱ号产品） 66 000
　　制造费用 16 000
　　管理费用 8 000
　　贷：应付职工薪酬——工资 124 000

(7) 借：管理费用 5 000
　　贷：银行存款 5 000

(8) 借：生产成本——Ⅰ号产品 11 288
　　　　　　——Ⅱ号产品 21 912

贷：制造费用　　33 200

(9) 借：库存商品——Ⅰ号产品　　165 288

——Ⅱ号产品　　267 912

贷：生产成本——Ⅰ号产品　　165 288

——Ⅱ号产品　　267 912

“技术-技能”Ⅵ训练：T形账户的过账

借方　**生产成本**　贷方

借方	贷方
(3) 300 000	(9) 433 200
(6) 100 000	
(8) 33 200	

借方　**制造费用**　贷方

借方	贷方
(2) 2 000	(8) 33 200
(3) 4 200	
(5) 11 000	
(6) 16 000	

借方　**管理费用**　贷方

借方	贷方
(3) 1 500	
(4) 7 500	
(5) 6 500	
(6) 8 000	
(7) 5 000	

借方　**原材料**　贷方

借方	贷方
	(3) 305 700

借方　**应付职工薪酬**　贷方

借方	贷方
(1) 58 000	(6) 124 000

借方　**累计折旧**　贷方

借方	贷方
	(5) 17 500

借方　**银行存款**　贷方

借方	贷方
	(1) 58 000
	(2) 6 000
	(4) 7 500
	(7) 5 000

借方　**库存商品**　贷方

借方	贷方
(9) 433 200	

借方　**预付账款**　贷方

借方	贷方
(2) 6 000	(2) 2 000

二、关于“职业核心能力”与“职业道德”选项的融入性操练

(参照“模拟训练”课业范例的“二”部分)

“模拟训练子任务四”参考答案与提示

销售过程核算

一、关于“本组资料”的专业训练

“技术-技能”Ⅳ训练：销售过程核算，编制会计分录

(1) 借：应收账款　　361 600

贷：主营业务收入——Ⅰ号产品　　320 000

应交税费——应交增值税（销项税额）　　41 600

（2）借：银行存款　　200 000
　　贷：预收账款　　200 000
（3）借：销售费用　　1 500
　　贷：库存现金　　1 500
（4）借：预收账款　　254 250
　　贷：主营业务收入——Ⅱ号产品　　225 000
　　　　应交税费——应交增值税（销项税额）　　29 250
借：银行存款　　54 250
　贷：预收账款　　54 250
（5）借：主营业务成本——Ⅰ号产品　　132 230.40
　　　　　　　　　——Ⅱ号产品　　241 120.80
　　贷：库存商品——Ⅰ号产品　　132 230.40
　　　　　　　　——Ⅱ号产品　　241 120.80
（6）借：税金及附加　　1 600
　　贷：应交税费　　1 600

“技术-技能”Ⅵ训练：T形账户的过账

应收账款

借方	贷方
（1）361 600	

主营业务收入

借方	贷方
	（1）320 000
	（4）225 000

库存现金

借方	贷方
	（3）1 500

银行存款

借方	贷方
（2）200 000	
（4）54 250	

应交税费

借方	贷方
	（1）41 600
	（4）29 250
	（6）1 600

主营业务成本

借方	贷方
（5）373 351.20	

预收账款

借方	贷方
（4）254 250	（2）200 000
	（4）54 250

销售费用

借方	贷方
（3）1 500	

库存商品

借方	贷方
	（5）373 351.20

税金及附加

借方	贷方
（6）1 600	

二、关于“职业核心能力”与“职业道德”选项的融入性操练
（参照“模拟训练”课业范例的“二”部分）

“模拟训练子任务五”参考答案与提示

利润形成及其分配过程核算

一、关于“本组资料”的专业训练

“技术-技能”Ⅴ训练：利润形成及其分配过程核算，编制会计分录

（1）借：应付账款 20 000

　　贷：营业外收入 20 000

（2）借：营业外支出——罚款 6 000

　　贷：银行存款 6 000

（3）借：其他应付款——押金 4 000

　　贷：营业外收入 4 000

（4）借：主营业务收入 545 000

　　　营业外收入 24 000

　　贷：本年利润 569 000

借：本年利润 411 618.20

　贷：主营业务成本 373 351.20

　　税金及附加 1 600

　　营业外支出 6 000

　　管理费用 28 500

　　财务费用 667

　　销售费用 1 500

（5）借：所得税费用 39 345.45

　　贷：应交税费——应交所得税 39 345.45

借：本年利润 39 345.45

　贷：所得税费用 39 345.45

（6）借：利润分配——提取法定盈余公积 11 803.64

　　贷：盈余公积 11 803.64

（7）借：利润分配——应付股利 23 607.27

　　贷：应付股利 23 607.27

“技术-技能”Ⅵ训练：T形账户的过账

应付账款

借方	贷方
（1）20 000	

营业外收入

借方	贷方
（4）24 000	（1）20 000
	（3）4 000

营业外支出

借方	贷方
（2）6 000	（4）6 000

银行存款

借方	贷方
	（2）6 000

其他应付款

借方	贷方
（3）4 000	

主营业务收入

借方	贷方
（4）545 000	

本年利润

借方	贷方
(4) 411 618.20	(4) 569 000
(5) 39 345.45	

销售费用

借方	贷方
	(4) 1 500

主营业务成本

借方	贷方
	(4) 373 351.20

税金及附加

借方	贷方
	(4) 1 600

管理费用

借方	贷方
	(4) 28 500

应交税费

借方	贷方
	(5) 39 345.45

财务费用

借方	贷方
	(4) 667

盈余公积

借方	贷方
	(6) 11 803.64

所得税费用

借方	贷方
(5) 39 345.45	(5) 39 345.45

应付股利

借方	贷方
	(7) 23 607.27

利润分配

借方	贷方
(6) 11 803.64	
(7) 23 607.27	

二、关于“职业核心能力”与“职业道德”选项的融入性操练

（参照“模拟训练”课业范例的“二”部分）

三、关于《“‘制造业主要经济业务核算’技术应用”训练报告》的撰写训练

（参照“模拟训练”课业范例的“三”部分）

工作任务四
“会计凭证填制与审核”技术应用

任务目标

知识准备

4.1 预习要览

4.2 客观题

4.3 主观题

模拟训练

参考答案与提示

任务目标

- 能够熟练地对会计凭证进行归类
- 能够熟练地填制、审核原始凭证
- 能够熟练地填制、审核记账凭证
- 能够独立完成《“‘会计凭证填制与审核’技术应用”训练报告》的撰写

知识准备

请绘制与本任务相关的知识点思维导图，复习相关知识，做好完成本任务所必需的知识准备。

4.1 预习要览

4.1.1 内容提要

1.内容概要

会计凭证是记录经济业务、明确经济责任的书面证明，也是登记账簿的依据。填制和审核会计凭证是会计核算工作的起点。任何企事业单位在处理经济业务时，都必须由执行和完成该项经济业务的有关部门和人员取得或填制会计凭证，记录经济业务的内容、数量和金额，并在凭证上签名和盖章，对业务的合法性、真实性和正确性负完全责任。只有经审核无误后的会计凭证，才能作为登记账簿的依据。填制和审核会计凭证是会计核算的专门方法之一。

会计凭证对于如实地反映和有效地监督经济业务，确保会计信息真实、正确，发挥会计在经济管理中的作用具有重要的意义，即记录经济业务，提供记账依据；明确经济责任，强化内部控制；监督经济活动，控制经济运行。

按照填制程序和用途的不同，会计凭证可以分为原始凭证和记账凭证两种。

原始凭证是在经济业务发生时取得或者填制的，用以记录或证明经济业务发生与完成情况的单据。原始凭证按其取得的来源不同，可分为自制原始凭证和外来原始凭证；原始凭证按其填制的方法不同，可分为一次凭证、累计凭证和汇总原始凭证；原始凭证按照格式不同，可分为通用凭证和专用凭证。

各单位的经济业务的具体内容不同，决定了其所使用的原始凭证的名称、格式和内容也不相同。但是，任何原始凭证都是经济业务的原始证据，应详细地记载经济业务的发生或完成情况及经办单位和个人的经济责任，因此，原始凭证均包括相同的基本内容：原始凭证名称，填制日期，接受凭证的单位名称，经济业务的内容（含摘要、实物数量、单价和金额），填制单位及有关人员签章，凭证附件。

原始凭证应按规定的要求填制，这些要求具体包括：记录要真实，内容要完整，手续要完备，书写要清楚规范，编号要连续，不得任意涂改、刮擦或挖补，填制要及时。

原始凭证的审核包括书面审核和实质审核两方面。书面审核包括真实性审核、完整性审核和正确性审核。实质审核包括合法性审核、合理性审核和及时性审核。原始凭证经过审核后应根据不同情形作不同的处理。原始凭证只有审核无误后才能作为会计核算的原始依据。

记账凭证是依据审核无误的原始凭证或汇总原始凭证编制的，并作为登记账簿依据的一种会计凭证。记账凭证按照其反映的经济业务内容不同，分为收款凭证、付款凭证和转账凭证；按照填列方式不同，分为复式记账凭证和单式记账凭证。记账凭证应按规定要求填制。记账凭证只有经过审核才能作为登记账簿的依据。

记账凭证是登记账簿的依据。为了保证登账的正确和方便，记账凭证必须包括以下基本内容：记账凭证的名称；记账凭证的编制日期；记账凭证的编号；经济业务事项的内容摘要；会计分录的内容，即应借应贷的账户名称及其金额；有关人员的签章；所附原始凭证的张数。

记账凭证的填制应符合以下要求：记账凭证各项内容必须完整；记账凭证应连续编号；记账凭证的书写应清楚、规范，相关要求同原始凭证；记账凭证可以根据每一张原始凭证填制，或根据若干张同类原始凭证汇总编制，也可以根据汇总原始凭证填制，但不得将不同内容和类别的原始凭证汇总填制在一张记账凭证上；除结账和更正错误的记账凭证可以不附原始凭证外，其他记账凭证必须附有原始凭证；填制记账凭证时若发生错误，应当重新填制；记账凭证填制完经济业务事项后，如有空行，应当自金额栏最后一笔金额数字下至合计数上的空行处划线注销。

记账凭证编制后，必须经过认真的审核，才能作为登账的依据。记账凭证的审核内容包括以下五个方面：内容是否真实；项目是否填制完整；应借应贷的会计科目的名称及其金额是否正确；书写是否正确；实行会计电算化的单位，对于机制记账凭证，要认真审核，做到会计科目使用正确，数字准确无误。打印出来的机制记账凭证要有制单人员、稽核人员、记账人员及会计主管人员签章。

2. 主要概念和观念

1）主要概念

会计凭证　原始凭证　自制原始凭证　外来原始凭证　一次凭证　累计凭证　汇总原始凭证　记账凭证　收款凭证　付款凭证　转账凭证　单式记账凭证　复式记账凭证

2）主要观念

会计凭证的种类　原始凭证　记账凭证（会计分录）

4.1.2 重点与难点

1）重点理论

会计凭证的概念与种类　会计凭证的填制要求　会计凭证的审核要求

2）重点实务

原始凭证的填制　记账凭证的填制

3）重点操作

在分析原始凭证的基础上正确填制记账凭证

4）难点

填制会计凭证

4.2 客观题

4.2.1 理论题

学习微平台

资源 4-01

1.单项选择题

1）在原始凭证的基本内容中，不包括（　　）。

A.日期及编号　　B.内容摘要

C.实物数量及金额　　D.会计科目

2）外来原始凭证一般都是（　　）。

A.一次凭证　　B.累计凭证　　C.汇总原始凭证　　D.记账凭证

3）原始凭证是（　　）。

A.登记日记账的根据　　B.填制记账凭证的根据

C.编制科目汇总表的根据　　D.编制汇总记账凭证的根据

4）下列属于审核原始凭证真实性的是（　　）。

A.凭证日期是否真实、业务内容是否真实

B.审核原始凭证所记录经济业务是否有违反国家法律法规的情况

C.审核原始凭证各项基本要素是否齐全，是否有漏项

D.审核原始凭证各项金额的计算及填写是否正确

5）将记账凭证分为收款凭证、付款凭证、转账凭证的依据是（　　）。

A.凭证填制的手续　　B.凭证的来源

C.凭证所反映的经济业务的内容　　D.凭证所包括的会计科目是否单一

6）财会部门在审核原始凭证时，若发现手续不完备，记载不准确、不完整的原始凭证，应当（　　）。

A.及时退回，换取新的凭证

B.及时退回，补办手续或更改错误

C.及时销毁，并通知经办单位及有关人员

D.及时更正，并办理有关会计手续

7）原始凭证一般是由（　　）取得或填制的。

A.总账会计　　B.业务经办单位和人员

C.会计主管　　D.出纳人员

2.多项选择题

1）记账凭证编制的依据可以是（　　）。

A.收、付款凭证　　B.一次凭证　　C.累计凭证　　D.汇总原始凭证

2）原始凭证审核时应注意（　　）。

A.凭证反映的业务是否合法　　B.所运用的会计科目是否正确

C.凭证上各项目是否填列齐全完整　　D.各项目的填写是否正确

3）下列关于一次凭证的说法中，正确的有（　　）。

A.企业购进材料验收入库，由仓库保管员填制的“收料单”属于一次凭证

B.工业企业常用的限额领料单是常见的一次凭证

C.一次凭证的填制手续是一次完成的

D.一次凭证是指只反映一项经济业务，或者同时反映若干项同类性质的经济业务的会计凭证

4）下列关于收款凭证的说法中，正确的有（　　）。

A.收款凭证分为库存现金收款凭证和银行存款收款凭证两种

B.收款凭证是指用于记录库存现金和银行存款收款业务的会计凭证

C.从银行提取现金的业务应该编制银行存款付款凭证

D.从银行提取现金的业务应该编制库存现金收款凭证

5）下列凭证中，属于复式记账凭证的有（　　）。

A.借项凭证　　B.收款凭证　　C.付款凭证　　D.转账凭证

6）记账凭证的编号方法有（　　）。

A.顺序编号法　　B.分类编号法　　C.奇偶数编号法　　D.分数编号法

7）外来原始凭证应该是（　　）。

A.从企业外部取得的　　B.由企业会计人员填制的

C.一次凭证　　D.盖有填制单位公章的

3.判断题

1）一次凭证是指只反映一项经济业务的凭证，如“领料单”。（　　）

2）在一笔经济业务中，既涉及库存现金和银行存款的收付，又涉及转账业务时，应同时填制收（或付）款凭证和转账凭证。（　　）

3）凭证中最具法律效力的是原始凭证。（　　）

4）采用累计原始凭证可以减少凭证的数量和记账的依据。（　　）

5）自制原始凭证，都应由会计人员填写，以保证原始凭证填制的正确性。（　　）

6）原始凭证与记账凭证之间的核对属于账证核对。（　　）

7）转账凭证是用来记录不涉及货币资金业务的凭证。（　　）

4.2.2　实务题

1.单项选择题

学习微平台

资源 4-02

1）填制原始凭证时应做到大小写数字符合规范、填写正确。如大写金额“壹仟零壹元伍角整”，其小写应为（　　）。

A.1 001.50元　　B.¥1 001.50　　C.¥1 001.50元　　D.¥1 001.5

2）下列属于外来原始凭证的是（　　）。

A.入库单　　B.发料汇总表

C.银行收账通知单　　D.出库单

3）下列不属于会计凭证的有（　　）。

A.发票　　B.领料单　　C.购销合同　　D.住宿费收据

4）下列业务应编制转账凭证的是（　　）。

A.支付购买材料价款　　B.支付材料运杂费

C.收回出售材料款　　D.车间领用材料

5）企业将现金存入银行应编制（　　）。

A.银行存款付款凭证　　B.库存现金付款凭证

C.银行存款收款凭证　　D.库存现金收款凭证

6）在记账凭证中，（　　）。

A.合计数前应填写货币符号“¥”　　B.合计数前不需要填写货币符号“¥”

C.选项A或B均可　　D.非合计数前应填写货币符号“¥”

7）下列关于会计凭证保管的说法中，不正确的是（　　）。

A.原始凭证不得外借，其他单位如有特殊原因确实需要使用时，经本单位会计机构负责人、会计主管人员批准，可以复制

B.经单位领导批准，会计凭证在保管期满前可以销毁

C.会计主管人员和保管人员应在封面上签章

D.会计凭证应定期装订成册，防止散失

2.多项选择题

1）企业购入材料一批，货款用银行存款支付，材料验收入库，则应编制的全部会计凭证有（　　）。

A.收料单　　B.累计凭证　　C.收款凭证　　D.付款凭证

2）下列人员中，应在记账凭证上签名或盖章的有（　　）。

A.审核人员　　B.会计主管人员　　C.记账人员　　D.制单人员

3）在签发支票时，关于“4 100.85”的大写金额下列选项中正确的有（　　）。

A.肆仟壹佰元捌角伍分　　B.肆仟壹佰零捌角伍分整

C.肆仟壹佰元零捌角伍分　　D.肆仟壹佰零零元捌角伍分整

4）下列经济业务中，应填制转账凭证的有（　　）。

A.国家以厂房对企业投资　　B.外商以货币资金对企业投资

C.向银行取得借款并存入银行　　D.销售商品收到商业汇票一张

5）企业销售产品一批，销售价款50 000元，已收款40 000元存入银行，10 000元尚未收到。该笔业务应编制的记账凭证有（　　）。

A.收款凭证　　B.付款凭证　　C.转账凭证　　D.通用凭证

6）按照规定，除（　　）的记账凭证可以不附原始凭证，其他记账凭证必须附有原始凭证。

A.提取现金　　B.结账

C.更改错账　　D.将现金存入银行

7）下列转账业务中，填制记账凭证时可以不附原始凭证的是（　　）。

A.购进材料一批，款未付

B.将本期主营业务收入结转至“本年利润”账户

C.将本期实现的利润结转至“利润分配”账户

D.结转本月完工产品的生产成本

3.混合选择题

1）“与人合作能力（初级）”的“基本要求”是（　　）。

A.理解群体合作目标，有效地接受上级指令，准确、顺利地执行合作计划，调整工作进度、改进工作方式，检查工作效果

B.与内外部门共同制订计划，协调工作中的矛盾关系，并能提出改进意见，按照计划完成工作任务

C.根据变化情况和合作各方需要，调整工作目标，在变化中控制合作进程，预测和评价合作效果，达成合作目标

D.理解群体合作目标，协调工作中的矛盾关系，预测和评价合作效果，达成合作目标

2）“与人合作能力”（初级）的“技术-技能”点是（　　）。

A.理解合作目标、完成合作目标、改善合作效果

B.制订合作计划、完成合作任务、检查合作效果

C.理解合作目标、执行合作计划、检查合作效果

D.调整合作目标、控制合作进程、达到合作目标

3）“与人合作能力”（初级）的“规范与标准”是（　　）。

A.能确定合作的基础和利益共同点，掌握合作目标要点和本单位人事组织结构，明确个人在团队中的职责和任务

B.能接受上级指令，准确、顺利地执行合作计划

C.能与他人协同工作，处理合作过程中的矛盾

D.能通过检查工作进展，改进工作方式，促进合作目标实现

4）“原始凭证的填制‘技术-技能’”的“规范与标准”有（　　）。

A.能正确掌握原始凭证的概念和内容

B.能根据原始凭证的概念和内容对相关的经济业务进行分析、判断

C.能根据分析判断的结果准确地填制相应的原始凭证

D.能及时要求相关的经办人员签字

5）“原始凭证的审核‘技术-技能’”的“规范与标准”有（　　）。

A.熟悉原始凭证的审核要求

B.能根据原始凭证的审核要求准确地分析原始凭证

C.能准确地判断原始凭证的内容正确与否

D.能对所审核的原始凭证的不同结果进行准确的处理

6）“记账凭证的填制与审核‘技术-技能’”的“规范与标准”有（　　）。

A.能正确掌握记账凭证的种类和填制要求

B.能根据对原始凭证的分析编制正确的会计分录

C.能根据所填写的会计分录准确分析、判断应采用的具体会计凭证

D.能在分析判断的基础上正确进行记账凭证的填制

7）撰写《“‘会计凭证填制与审核’技术应用”训练报告》的“规范与标准”有（　　）。

A.能运用较规范的文字如实地描述训练目的、训练步骤、训练感言等

B.训练报告结构、层次较分明

C.能较规范地制作“本期发生额及余额试算平衡表”

D.能用较规范的文字撰写《“‘会计凭证填制与审核’技术应用”训练报告》

4.判断题

1）如果一张原始凭证需填制两张记账凭证，应将原始凭证复印一份，附在某张记账凭证后。（　　）

2）填制会计凭证时，所有以“元”为单位的阿拉伯数字，除单价等情况外，一律填写到角、分；有角无分的，分位应当写“0”或用符号“—”代替。（　　）

3）企业每项经济业务的发生都必须从外部取得原始凭证。（　　）

4）原始凭证上面可以不写明填制日期和接受凭证的单位名称。（　　）

5）有关库存现金、银行存款收支业务的凭证，如果填写错误，不能在凭证上更改，应加盖“作废”戳记，重新填写，以免错收错付。（　　）

6）从外单位取得的原始凭证，必须有填制单位的公章。（　　）

7）原始凭证审核时，对填写内容不完整的凭证，会计人员有权拒绝办理相关业务。（　　）

4.2.3　案例题

记账凭证先盖章，会计人员钻空子

学习微平台

资源4-03

背景与情境：企业的现金应由专职的出纳员保管。现金的收支应由出纳员根据收付款凭证办理，业务办理完毕后由出纳员在相关凭证上签字盖章，这是现金收支业务的正常账务处理程序。

但在大连某实业公司，这个正常的账务处理程序却被打乱了。该实业公司的现金由会计人员保管。现金的收支也由会计人员办理。更为可笑的是：该实业公司的记账凭证也是由出纳员张某先盖好印章放在会计人员那里，这给会计人员提供了可乘之机。该实业公司会计（兼出纳）邵某就是利用这种既管钱又管账的“方便”条件，尤其是借用盖好章的记账凭证，编造虚假支出，贪污公款1.4万余元。

（资料来源　佚名．会计凭证［EB/OL］．［2014-07-06］．http：//www.doc88.com/p-5129897135835.html.）

要求：请根据案例在下列题中填入适当选项。

1）与现金收支有关的记账凭证有（　　）。

A.收款凭证　　B.付款凭证　　C.转账凭证　　D.会计凭证

2）正常的现金收支账务处理程序应当由（　　）来执行。

A.会计　　B.出纳　　C.会计主管　　D.厂长

3）根据上述资料，以下说法中正确的有（　　）。

A.会计可以兼任出纳　　B.会计不能兼任出纳

C.出纳负责现金的保管　　D.出纳负责收付款凭证的办理

4）根据上述资料，一般情况下，现金收支的账务处理程序应经过的步骤有（　　）。

A.出纳盖章、会计签字、填制收付款凭证、出纳办理收支手续

B.会计签字、填制收付款凭证、出纳办理收支手续、出纳盖章

C.填制收付款凭证、会计签字、出纳办理收支手续、出纳盖章

D.会计签字、填制收付款凭证、出纳盖章、出纳办理收支手续

5）根据上述资料，为了防止现金管理中出现的漏洞，应采取如下措施（　　）。

A.会计、出纳可以由一人兼任

B.会计主要负责收付款凭证的填制及审核

C.出纳负责现金收支的办理

D.会计、出纳应互相牵制

4.2.4 实训题

学习微平台

资源 4-04

1.单项选择题

1）根据一张借支单填制记账凭证时，其借方科目应为（　　）。

A.“库存现金”　B.“银行存款”　C.“其他应收款”　D.“管理费用”

2）根据领料凭证汇总表填制记账凭证时，其贷方科目应为（　　）。

A.“生产成本”　B.“原材料”　C.“管理费用”　D.“制造费用”

3）根据制造费用分配表填制记账凭证时，其借方科目应为（　　）。

A.“生产成本”　B.“制造费用”　C.“管理费用”　D.“银行存款”

4）根据制造费用分配表填制记账凭证时，其贷方科目应为（　　）。

A.“生产成本”　B.“制造费用”　C.“管理费用”　D.“银行存款”

5）根据产品入库单填制记账凭证时，其贷方科目应为（　　）。

A.“原材料”　　B.“库存商品”

C.“生产成本”　　D.“主营业务成本”

6）根据一张中国工商银行借款单（借款期为6个月）填制记账凭证时，其借方科目应为（　　）。

A.“银行存款”　B.“短期借款”　C.“长期借款”　D.“实收资本”

7）根据一张中国工商银行借款单（借款期为6个月）填制记账凭证时，其贷方科目应为（　　）。

A.“银行存款”　B.“短期借款”　C.“长期借款”　D.“实收资本”

2.多项选择题

1）下列选项中，不能作为原始凭证的有（　　）。

A.购货合同　B.工资表　C.车间派工单　D.材料请购单

2）结转已销产品的成本，在填制该笔业务事项的记账凭证时，下列正确的

有（　　）。

A.借记“库存商品”科目　　B.贷记“库存商品”科目

C.借记“主营业务成本”科目　　D.贷记“主营业务成本”科目

3）计提短期借款利息，在填制该笔业务事项的记账凭证时，下列选项中正确的有（　　）。

A.借记“银行存款”科目　　B.借记“财务费用”科目

C.贷记“短期借款”科目　　D.贷记“应付利息”科目

4）企业购进一台设备，款项已付，在填制该笔业务的记账凭证时，下列选项中正确的有（　　）。

A.借记“固定资产”科目

B.借记“应交税费——应交增值税（进项税额）”科目

C.贷记“银行存款”科目

D.贷记“累计折旧”科目

5）企业对于一张现金支票存根，在用途栏注明“备用金”，在填制记账凭证时，下列选项中正确的有（　　）。

A.借记“库存现金”科目　　B.贷记“银行存款”科目

C.借记“银行存款”科目　　D.贷记“库存现金”科目

6）企业对于一张转账支票存根，在用途栏注明“购料款”，在填制记账凭证时，下列正确的有（　　）。

A.借记“应收账款”科目　　B.贷记“银行存款”科目

C.借记“应付账款”科目　　D.贷记“主营业务收入”科目

7）企业对于一张现金支票存根，在用途栏注明“发本月工资”，另有一张工资明细表，在填制记账凭证时，应该（　　）。

A.借记“库存现金”科目　　B.贷记“银行存款”科目

C.借记“应付职工薪酬”科目　　D.贷记“库存现金”科目

4.3 主观题

4.3.1 理论题

1）原始凭证的概念和分类如何？（请在下方答题）

2）记账凭证的概念和分类如何？（请在下方答题）

3）会计人员对于审核后的原始凭证应分几种情况处理？（请在下方答题）

4.3.2 实务题

1）甲公司于2023年12月2日向中国工商银行借款，借款期限为6个月，借款金额为100 000元，当日存入银行。根据该业务填制收款凭证。该凭证号数为收款凭证9号。审核人是张三，记账人是李四，制单人是王五。附件有2张。（请在图4-1中答题）

收款凭证

借方科目： 年 月 日 收字第 号

摘要	贷方科目		记账符号	金额
	一级科目	明细科目		
合计				

附件 张

会计主管： 记账： 出纳： 审核： 制单：

图4-1 收款凭证

2）乙公司生产车间于2023年12月8日领用原材料A材料25 200元、B材料17 360元用于制造甲产品，根据该业务填制记账凭证。该凭证号数为转账凭证5号。审核人是张三，记账人是李四，制单人是王五。附件有2张。（请在图4-2中答题）

转账凭证

年　月　日　　　　　　　　　　转字第　号

摘要	会计科目		记账符号	借方金额	贷方金额
	一级科目	明细科目			
合计					

附件　张

会计主管：　　　记账：　　　审核：　　　制单：

图 4-2　转账凭证

4.3.3　案例题

【训练项目】

案例分析 4-1

【相关案例】

违背真实性原则，汽车变烟煤

学习微平台

资源 4-05

背景与情境：2014 年 11 月 9 日，某市审计局财务审计组对市属水泥厂进行年度财务检查，查阅记账凭证时发现：该厂一张记账凭证上的会计分录为借记“燃料及动力”66 400 元，贷记“应收账款”66 400 元。但是，调入的烟煤没有原始发票，也没有入库单，只是在记账凭证下面附了一张由该厂开具给 B 公司的收款收据。经查，B 公司既不耗用也不经营烟煤。

通过调查了解，原来是该厂以购烟煤为名，行购车抵债之实。进一步追问，得知 B 公司以一台吉普车抵还了欠该厂的货款，由于厂长打招呼不要将其列入固定资产，于是就作为烟煤处理。审计组就此责令该市属水泥厂修改会计账务，并对其给予了经济处罚。

（资料来源　佚名. 基础会计学案例［EB/OL］.［2015-04-23］. http：//www.doc88.com/p-80182389325.html.）

问题：

1）进行会计核算、填制会计凭证的基本要求是什么？

2）指出本案例中的错误和不足之处。

3）本案例中相关业务应如何进行会计处理？

分析：同“1.3.3　案例分析”的“分析要求”。

（请在下方答题）

【训练项目】

课程思政4-1

【相关案例】

所谓的“提高效率”

学习微平台

资源4-06

背景与情境：家美公司是我国某市一家外商独资企业，该公司2014年度发生了以下事项：

（1）该公司平时采用英镑记账，期末使用人民币编制财务会计报表。

（2）由于公司董事长兼总经理杰克居住在英国，为提高信息披露效率，经公司董事会研究决定，公司对外报送的财务会计报告由财务经理姜某签字、盖章后报出，不再由董事长杰克签章。

（3）公司从外地购买了一批原材料，收到发票后，公司的经办人员李某发现发票上记载的日期有误，于是对发票的日期进行了更改，并在更改处加盖了自己的印章，作为报销凭证。

（资料来源 佚名. 2015年青岛会计从业资格考试《财经法规》模拟卷案例分析题二[EB/OL].[2015-05-20]. http://www.chinaacc.com/congye/shiti/qingdao/zh1505207464.shtml.）

问题：

（1）试对上述现象进行分析，做出你的思政研判。

（2）通过适当途径进行信息搜集，分析本案例中该公司的哪些做法违背了会计法律法规？

（3）本案例对你有哪些启示？

思政研判要求：同“1.3.3 思政研判”的“思政研判要求”。

（请在下方答题）

模拟训练

【训练项目】

阶段性体验："会计凭证填制与审核"技术应用。

【训练目标】

见主教材第4章"学习目标"中的"实训目标"。

【任务操作规范与标准】

1）专业能力

"技术-技能"Ⅰ

名称：原始凭证的填制

规范与标准：

(1) 能正确掌握原始凭证的概念和内容。

(2) 能根据原始凭证的概念和内容对相关的经济业务进行分析、判断。

(3) 能根据分析、判断的结果准确地填制相应的原始凭证。

"技术-技能"Ⅱ

名称：原始凭证的审核

规范与标准：

(1) 熟悉原始凭证的审核要求。

(2) 能根据原始凭证的审核要求准确地分析原始凭证。

(3) 能准确地判断原始凭证的内容正确与否。

(4) 能对原始凭证的不同审核结果进行准确的处理。

"技术-技能"Ⅲ

名称：记账凭证的填制与审核

规范与标准：

(1) 能正确掌握记账凭证的种类和填制要求。

(2) 能根据对原始凭证的分析编制正确的会计分录。

(3) 能根据所填写的会计分录准确分析、判断应采用的具体会计凭证。

(4) 能在分析、判断的基础上正确进行记账凭证的填制。

(5) 能正确掌握记账凭证的审核要求。

(6) 能根据记账凭证的审核要求对所填制的记账凭证进行准确的审核。

(7) 能对所审核的记账凭证得出准确的结论。

"技术-技能"Ⅳ

名称：《"'会计凭证填制与审核'技术应用"训练报告》撰写

规范与标准：

（1）能全面掌握“训练报告撰写”的相关技术。

（2）能充分应用训练报告撰写技术，有质量、有效率地进行如下操作：

①能正确设计“‘会计凭证填制与审核’技术应用”的训练报告，其结构合理，层次分明。

②较规范地撰写上述训练报告。

③依照网络教学资源包中《学生考核手册》考核表4-19及考核表4-20中的“考核指标”和“考核标准”要求，撰写上述训练报告。

2）职业核心能力——与人合作、解决问题、革新创新（中级）

上述能力领域的“基本要求”、“‘技术-技能’点”和“规范与标准”见本教材附录二中的附表2-2。

3）职业道德——职业作风、职业守则（认同级）

各道德领域的“规范与标准”见本教材附录二中的附表2-3。

【训练任务】

（1）对“‘会计凭证填制与审核’技术应用”专业能力领域各“技术-技能”点实施阶段性基本训练。

（2）对“与人合作”“解决问题”“革新创新”等职业核心能力领域各“技术-技能”点实施“中级”强化训练。

（3）对“职业作风”和“职业守则”等职业道德领域实施“认同级”相关训练。

【训练要求】

（1）训练前学生要了解并熟记本训练的“目标”、“能力与道德领域”、“任务”与“要求”，了解并熟记本教材网络教学资源包中《学生考核手册》考核表4-19、考核表4-20中的“考核指标”与“考核标准”内涵，将其作为本训练的操练点和考核点来准备。

（2）通过“训练步骤”，将“训练任务”所列三种训练整合并落实到本训练的“活动过程”和“成果形式”中。

（3）训练后学生要对本次“‘会计凭证填制与审核’技术应用”的训练活动进行总结，并在此基础上撰写训练报告。

【情境设计】

将学生分成若干训练团队，各团队结合本训练“成果形式”的“训练课业”题目，在子任务中任选（题量以必需、够用为限），进行针对“‘会计凭证填制与审核’技术应用”的训练。各训练团队通过对会计凭证的归类、对日常经济业务的分析、会计凭证的填制与审核等实践活动的参与和体验以及相应“训练报告”的准备、撰写、讨论与交流等实践活动的参与和体验，依照本章“训练要求”完成各自训练任务。

【指导准备】

知识准备：

（1）见前文“4.1预习要览”。

（2）本教材附录一附表1-1的“知识准备”中，与本章“职业核心能力‘强化训练项’”各“技术-技能”点相关的“‘知识准备’参照范围”。

（3）本教材附录二附表2-2、附表2-3中，涉及本章“职业核心能力领域‘强化训练项’”各“‘技术-技能’点”和“职业道德领域‘相关训练项’”的“规范与标准”知识。

操作指导：

（1）教师向学生阐明“训练目的”、“能力与道德领域”和“知识准备”。

（2）教师就“知识准备”中的第（2）、（3）项，对学生进行培训。

（3）教师指导学生就训练资料进行熟悉、分析、判断，并根据分析、判断的结果准确进行原始凭证的填写和分析。

（4）教师指导学生就训练资料对原始凭证的内容进行正确的分析，并写出会计分录。

（5）教师指导学生就训练资料正确地按记账凭证的填制要求进行记账凭证的填制。

（6）教师指导学生撰写《“‘会计凭证填制与审核’技术应用”训练报告》。

【训练时间】

本章课堂教学内容结束后的双休日和课余时间，为期两天。

【训练步骤】

（1）将学生组建成若干个训练团队，每8位同学分成一队，每队确定1～2人负责，并向各团队成员分发空白的原始凭证或记账凭证。

（2）对学生进行会计凭证填制的培训，熟悉训练目的、步骤。

（3）各团队成员熟悉所选训练资料，按要求进行关于“技术-技能”Ⅰ至“技术-技能”Ⅳ的全面操练，撰写《“‘会计凭证填制与审核’技术应用”训练报告》，并与“参考答案与提示”中本组资料的参考答案相对比。

（4）各团队成员在实施上述训练的过程中，融入对“与人合作”、“解决问题”和“革新创新”等职业核心能力的各“技术-技能”点的“中级”强化训练和对“职业作风”“职业守则”等职业道德各“素质点”的“认同级”相关训练，并对训练过程作简要记录与说明。

（5）各团队成员整合上述操练的过程与结果，分别撰写作为最终成果形式的《“‘会计凭证填制与审核’技术应用”训练报告》。

（6）各团队成员的训练报告提交小组讨论并修订后，评出小队优秀训练报告。

（7）班级交流并修订各队优秀训练报告，评出班级优秀训练报告。

（8）教师对班级优秀训练报告进行点评。

（9）将附有“教师点评”的班级优秀训练报告纳入该课程教学资源库，通过校园网课程平台进行展示，并允许学生拷贝借鉴。

【成果形式】

训练课业：《“‘会计凭证填制与审核’技术应用”训练报告》

课业要求：

（1）本课业应包括“关于本组资料的专业训练”（列入“技术-技能”Ⅰ至“技术-技能”Ⅳ的阶段性训练成果）、“关于‘职业核心能力’与‘职业道德’选项的融入性操练”和“关于《“‘会计凭证填制与审核’技术应用”训练报告》的撰写训练”三部分内容。

（2）训练报告的内容、结构与体例参照本任务“模拟训练”课业范例。

（3）各训练团队完成的训练报告须由指导教师、训练团队队长和本人三方签字负责。

“‘会计凭证填制与审核’技术应用”子任务一

【任务背景资料】

根据2023字第034号合同，宏达公司于2023年7月30日售给新明公司（账号是46780，开户银行是中国建设银行新民街办事处）舒意牌工装196件，每件100套，每套61.80元，新明公司已在相关提货单（见表4-1）上签字确认并已提货，提货人为王飞。本公司收到新明公司开出票面金额为1 368 746.40元的有效银行本票一张及其他相关单据若干张。出纳员金照在审核后填列银行存款进账单并将银行本票存入本公司在中国工商银行民生街办事处0001995518账号内。另外，金照开给新明公司增值税专用发票，其中价款为1 211 280元，增值税进项税额为157 466.40元。

表4-1 **提货单**

年 月 日 No.00955

品 名	单 位	数 量	单 价	金 额	备 注

批准人： 开票： 保管员： 提货人：

【要求】

（1）根据上述资料填制提货单、银行存款进账单、增值税专用发票（“技术-技能”Ⅰ训练）。

（2）对已填制的提货单、银行存款进账单和增值税专用发票进行审核（“技术-技能”Ⅱ训练）。

（3）填制银行存款收款凭证并进行审核（“技术-技能”Ⅲ训练）。

（4）通过训练过程的全程参与和体验，在基本完成训练各项“技术-技能”任务的基础上，独立完成《“‘会计凭证填制与审核’技术应用”训练报告》（技术-技能Ⅳ训练）。

（1）“技术-技能”Ⅰ训练：根据背景资料填制下列提货单、银行存款进账

单、增值税专用发票。(请在表4-2、表4-3、图4-3中答题)

表4-2　　**提货单**

年　月　日

品名	单位	数量	单价	金额	备注

表4-3　　**中国工商银行进账单（回单或收账通知）**

进账时间：　　年　月　日

收款人	全称		付款人	全称	
	账号			账号	
	开户银行			开户银行	
人民币（大写）			小写		
票据种类			收款人：开户行盖章		

增值税专用发票

购货单位	名称： 纳税人识别号： 地址、电话： 开户行及账号：			密码区			
货物或应税劳务名称	规格型号	单位	数量	单价	金额	税率	税额
合计							
价税合计（大写）					（小写）		
销货单位	名称： 纳税人识别号： 地址、电话： 开户行及账号：			备注			

收款人：　　　　复核：　　　　开票人：　　　　销售方（章）：

图4-3　增值税专用发票

(2)“技术-技能”Ⅱ训练：对填制的提货单、银行存款进账单、增值税专用发票进行审核。(请在下方答题)

（3）“技术-技能”Ⅲ训练：填制银行存款收款凭证并审核（请在图4-4中答题）

借方科目	

出纳编号

年　月　日　　　　　　凭证编号

摘要	贷方科目		金额										记账符号
	总账科目	明细科目	千	百	十	万	千	百	十	元	角	分	

附单据　张

会计主管（盖章）　记账（盖章）　制单（盖章）　出纳（盖章）　交款人（盖章）

图4-4　银行存款收款凭证

（4）“技术-技能”Ⅳ训练：撰写《“‘会计凭证填制与审核’技术应用”训练报告》。（请在表4-4中答题）

表4-4　**“‘会计凭证填制与审核’技术应用”训练报告**

训练班级：	分队及队长：	团队成员：
指导老师：	训练时间：	训练地点：
训练目的		
训练步骤		
训练结果		
训练感言		
训练团队队长评定意见		
项目指导教师评定意见		

“‘会计凭证填制与审核’技术应用”子任务二

【任务背景资料】

2023年10月15日，厦门南方股份有限公司从银行提取现金160 000元用于发放工资。(凭证编号：081)

【要求】

(1) 根据上述资料填制现金支票存根（如图4-5所示）(“技术-技能”Ⅰ训练)。

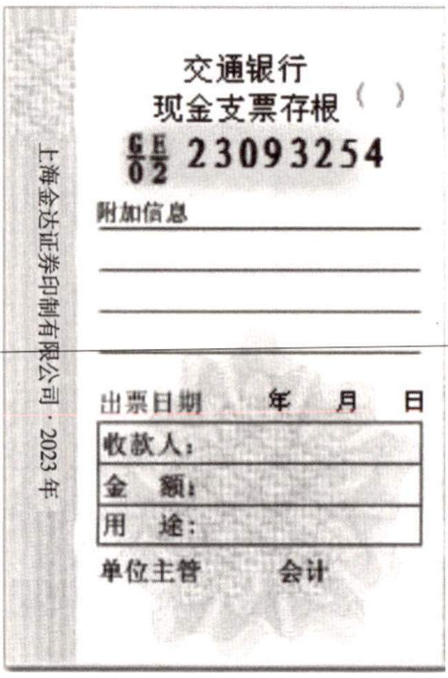
上海金达证券印制有限公司 · 2023年

交通银行
现金支票存根 ( )
GE 02 23093254
附加信息

出票日期 年 月 日
收款人：
金 额：
用 途：
单位主管 会计

图4-5 现金支票存根

(2) 对已填制的现金支票存根进行审核（“技术-技能”Ⅱ训练）。

(3) 对现金支票存根进行分析，填制付款凭证并进行审核（如图4-6所示）（“技术-技能”Ⅲ训练）。

付 款 凭 证

字第 号

贷方科目：＿＿＿＿＿＿ 年 月 日

摘 要	对方科目		借或贷	金额										√
	总账科目	明细科目		千	百	十	万	千	百	十	元	角	分	
														☐
														☐
														☐
														☐
														☐
														☐
合 计														☐

附单据 张

会计主管： 记账： 出纳： 复核： 制单： 收款人：

图4-6 付款凭证

(4) 通过训练过程的全程参与和体验，在基本完成训练各项“技术-技能”任务的基础上，独立完成《“‘会计凭证填制与审核’技术应用”训练报告》

（“技术–技能”Ⅳ训练）。

（1）“技术–技能”Ⅰ训练：根据背景资料填制下列现金支票存根。（请在图4–7中答题）

交通银行
现金支票存根（ ）
GE 02 23093254
附加信息
出票日期 年 月 日
收款人：
金 额：
用 途：
单位主管 会计
上海金达证券印制有限公司·2023年

图4–7 现金支票存根

（2）“技术–技能”Ⅱ训练：对填制的现金支票存根进行审核。（请在下方答题）

（3）“技术–技能”Ⅲ训练：对现金支票存根进行分析填制付款凭证并进行审核。（请在图4–8中答题）

付 款 凭 证

字第 号

贷方科目：________ 年 月 日

摘 要	对方科目		借或贷	金额										√
	总账科目	明细科目		千	百	十	万	千	百	十	元	角	分	
														□
														□
														□
														□
														□
														□
合 计														□

附单据 张

会计主管： 记账： 出纳： 复核： 制单： 收款人：

图4–8 付款凭证

（4）“技术-技能”Ⅳ训练：填写并完成《“‘会计凭证填制与审核’技术应用”训练报告》。（请在表4-5中答题）

表4-5 “‘会计凭证填制与审核’技术应用”训练报告

训练班级：	分队及队长：	团队成员：
指导老师：	训练时间：	训练地点：
训练目的		
训练步骤		
实训练结果		
训练感言		
训练团队队长评定意见		
项目指导教师评定意见		

“模拟训练”课业范例

“‘会计凭证填制与审核’技术应用”训练报告

（报告人：　　　　　　　　　　）

【资料】

（1）2023年2月1日，厦门南方股份有限公司（基本存款账户开户行为中国银行湖里支行，账号为3862319）的出纳员李明填写现金支票一张，金额为1 000元，从银行提取现金以备零用。要求填写一张现金支票（包括正面与背面）。（现金支票存根作为记账的依据）

（2）采购员李兴4月5日出差，预借差旅费1 500元，4月5日填写的借款单如图4-9所示。审核该原始单据，如果填写有误，请填写正确的单据。

借 款 单

2023 年 4 月 5 日　　　　第 13 号

借款部门	生产部门	姓名	李平	事由	采购
借款金额（大写）	零 万 壹 仟 伍 佰 零 拾 零 元 零 角 零 分 ¥ 1 500.00				
部门负责人签署	王立	借款人签章	李兴	注意事项	一、凡借用公款必须使用本单 二、第三联为正式借据由借款人和单位负责人签章 三、出差返回后三天内结算
单位领导批示	杨文	审核意见	同意		

第三联、记账凭证

图 4-9　借款单（一）

（3）厦门化工有限责任公司2023年7月20日，提取现金，以供零星开支。现金支票存根如图4-10所示。

银行 (闽)

现金支票存根

56891001

附加信息

出票日期 2023 年 7 月 20 日

收款人	厦门化工有限责任
金　额	¥2 000.00
用　途	备用金

单位主管　　会计

图 4-10　现金支票存根

（4）南方股份公司2023年5月20日二车间领用维修设备材料（附1张出库单），其记账凭证如图4-11所示。审核该记账凭证，如果有错误请编制正确的记账凭证。

转 账 凭 证

2023 年 5 月 20 日　　　　转 字第 20 号

摘要	总账科目	明细科目	借方金额（亿千百十万千百十元角分）	贷方金额（亿千百十万千百十元角分）	√
车间维修设备、领材料	生产成本	一车间	12800		
	原材料			12800	
合　　计			12800	12800	

附单据　张

会计主管：　　记账：　　出纳：　　复核：　　制单：张良

图 4-11　转账凭证（一）

【要求】

1）根据资料（1）填写一张现金支票（包括正面与背面）（“技术–技能”Ⅰ训练）。

2）根据资料（2）对原始凭证进行审核（“技术–技能”Ⅱ训练）。

3）根据资料（3）填写一张记账凭证（“技术–技能”Ⅲ训练）。

4）根据资料（4）对转账凭证进行审核（“技术–技能”Ⅲ训练）。

5）综合上述训练成果，撰写“训练报告”（“技术–技能”Ⅳ训练）。

【训练课业】

一、关于“本组资料”的专业训练

“技术–技能”Ⅰ训练：原始凭证的填制

现金支票正面如图4–12所示。

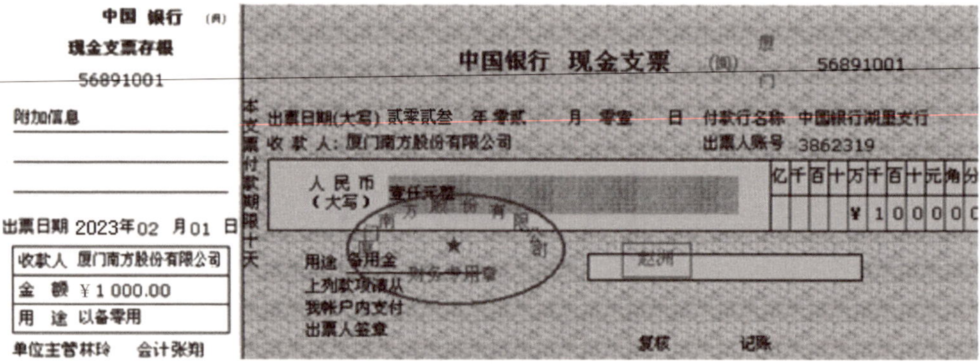

中国银行（闽）
现金支票存根
56891001
附加信息
出票日期 2023年02月01日
收款人 厦门南方股份有限公司
金额 ¥1 000.00
用途 以备零用
单位主管林玲 会计张翔

中国银行 现金支票（闽） 厦门 56891001
本支票付款期限十天
出票日期(大写) 贰零贰叁 年 零贰 月 零壹 日 付款行名称 中国银行湖里支行
收款人：厦门南方股份有限公司 出票人账号 3862319
人民币（大写） 壹仟元整
亿 千 百 十 万 千 百 十 元 角 分
¥ 1 0 0 0 0 0
用途 备用金
上列款项请从
我帐户内支付
出票人签章
厦门南方股份有限公司 财务专用章
赵洲
复核 记账

图4–12　现金支票正面

现金支票背面如图4–13所示。

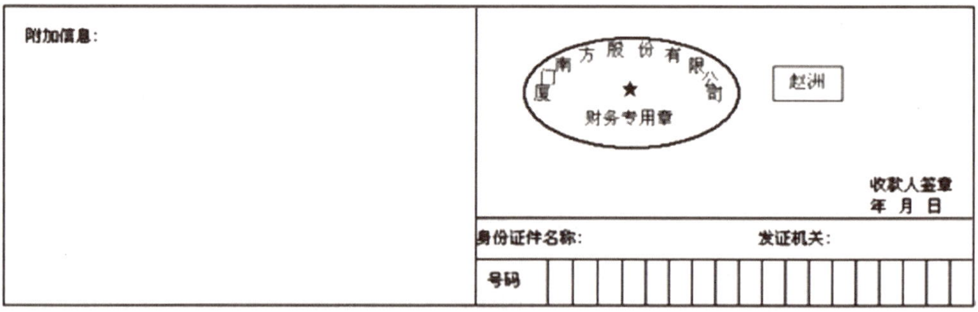

附加信息：
厦门南方股份有限公司 财务专用章
赵洲
收款人签章
年 月 日
身份证件名称： 发证机关：
号码

图4–13　现金支票背面

“技术–技能”Ⅱ训练：原始凭证的审核

通过对资料（2）中借款单的审核，发现错误有二：一是借款部门填错，不是生产部门，应是采购部；二是姓名填错，不是李平，而是李兴。正确的借款单如图4–14所示。

借 款 单

2023 年 4 月 5 日 第 13 号

借款部门	采购部	姓名	李兴	事由	采购
借款金额（大写）	零 万 壹 仟 伍 佰 零 拾 零 元 零 角 零 分 ¥ 1 500.00				
部门负责人签署	王立	借款人签章	李兴	注意事项	一、凡借用公款必须使用本单 二、第三联为正式借据由借款人和单位负责人签章 三、出差返回后三天内结算
单位领导批示	杨文	审核意见	同意		

第三联：记账凭证

图 4-14 借款单（二）

“技术-技能”Ⅲ训练：记账凭证的填制与审核

（1）记账凭证（付款凭证）的填制

根据现金支票存根进行分析，为付款性质，属于到银行提取现金的业务。其会计分录为：

借：库存现金 2 000

贷：银行存款 2 000

应填制如图 4-15 所示付款凭证。

付 款 凭 证

银付 字号 3 号

贷方科目：银行存款　　2023 年 7 月 20 日

摘要	对方科目 总账科目	对方科目 明细科目	借或贷	千	百	十	万	千	百	十	元	角	分	√
提取备用金	库存现金		借					2	0	0	0	0	0	
合 计							¥	2	0	0	0	0	0	

附单据 1 张

会计主管：郑楷　记账：邱兰　出纳：马峰　复核：王燕　制单：王海　收款人：

图 4-15 付款凭证

（2）记账凭证的审核

对资料（4）的记账凭证进行审核，该业务为生产车间领用维修设备的原材料，价值为 128 元。该记账凭证显示其会计分录为：

借：生产成本 128

贷：原材料 128

显然借方科目有错，应是“制造费用”科目，明细科目应该为“二车间”，正确的转账凭证如图4-16所示。

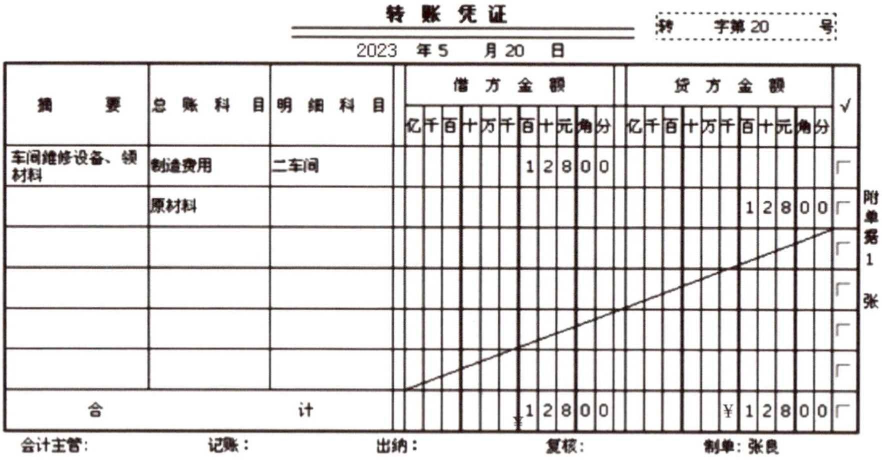

转账凭证

转 字第20 号

2023 年5 月20 日

摘要	总账科目	明细科目	借方金额（亿千百十万千百十元角分）	贷方金额（亿千百十万千百十元角分）	√
车间维修设备、领材料	制造费用	二车间	12800		
	原材料			12800	
合		计	¥12800	¥12800	

附单据1张

会计主管： 记账： 出纳： 复核： 制单：张良

图4-16 转账凭证（二）

（资料来源 佚名．山东大学会计实习报告［EB/OL］．［2014-04-11］．http：//www.docin.com/p-524911641.html.引文有删减）

二、关于“职业核心能力”与“职业道德”选项的融入性操练

训练前，我们对列入本章“模拟训练”【指导准备】中“知识准备”的那些知识进行了必要预习，接受了指导老师的全部“操作指导”。通过参加“知识准备”第（2）、（3）项的培训，使我们了解了本章“专业能力”涉及的各项“技术-技能”、“职业核心能力”和“职业道德”选项的“规范与标准”，降低了训练过程中对相关操作规范的盲目性。

在训练中，我们在实施“训练资料”的专业操练和“训练报告”的准备、撰写、讨论与交流的同时，有意识地融入了“与人合作”、“解决问题”和“革新创新”等“职业核心能力”强化训练和“职业作风”和“职业守则”等“职业道德”的相关训练。

三、关于《“‘会计凭证填制与审核’技术应用”训练报告》的撰写训练（见表4-6）

表4-6 **“‘会计凭证填制与审核’技术应用”训练报告**

训练班级：2304103	分队及队长：01 肖梦婷	团队成员：张佳乐230410301
指导老师：罗老师	训练时间：2023.11.19	训练地点：模拟训练室
训练目的	熟悉会计凭证的概念，掌握原始凭证的填制与审核，记账凭证的填制与审核	
训练步骤	①由训练团队根据企业相关资料正确地填制各种原始凭证（这里由于篇幅限制，只练习了现金支票的填制）。②以小队为单位，对企业发生的日常经济业务以已经填制完成的原始凭证为载体，对原始凭证进行分析与审核，找出问题，并进行更正（这里由于篇幅限制，只练习了借款单的审核）。③这一步包括两项内容：一是会计凭证的编制，即各成员将业务所附背景单据进行分析，分析业务的内容，特别是分析业务所涉及的会计分录应如何正确地书写，并将大家已确定的会计分录填制到记账凭证中（本资料由于篇幅限制，只进行了付款凭证的编制）；二是记账凭证的审核，即团队成员面对已完成的记账凭证，对其进行审核分析，找出问题并更正。④由各团队成员根据所编制的原始凭证和记账凭证撰写作为最终成果形式的《“‘会计凭证填制与审核’技术应用”训练报告》	

续表

训练结果	编制企业2023年度原始凭证对应的各记账凭证（见附件）
训练感言	通过本训练，熟悉了会计凭证的概念、种类，掌握了原始凭证的填制方法与审核要求，明确了记账凭证的填制方法与审核要求，进一步理解了经济业务会计处理的专门核算方法之一——记账凭证与会计分录的关系。感悟到会计工作要仔细、严谨、要善于与人沟通、与人合作。本次训练有助于理解掌握主教材第4章的基本概念、理论，有助于动手能力的提高
不足与今后改进	对原始凭证的分析总有一些不到位、不准确的地方，因此感到写记账凭证有困难。今后会在原始凭证的分析上多下功夫
训练团队队长评定意见	略
项目指导教师评定意见	略

参考答案与提示

"4.2 客观题"参考答案见"随堂测二维码资源"

学习微平台

资源 4-07

"4.3 主观题"参考答案

4.3.1 理论题

4.3.2 实务题

学习微平台

资源 4-08

4.3.3 案例题

"模拟训练子任务一"参考答案与提示

学习微平台

资源 4-09

"'会计凭证填制与审核'技术应用"训练报告

一、关于"本组资料"的专业训练

"技术-技能"Ⅰ训练：原始凭证的填制（见表4-7、表4-8和图4-17）

表4-7 提货单

2023年7月30日 No.00955

品　名	单　位	数　量	单　价	金　额	备　注
工装	件	196（100套/件）	61.80元/套	1 211 280.00元	

批准人： 开票： 保管员： 提货人：王飞

"技术-技能"Ⅱ训练：原始凭证的审核（参照"模拟训练课业范例"的相关部分）

"技术-技能"Ⅲ训练：记账凭证的填制与审核（参照"模拟训练课业范例"的相关部分）

银行存款的收款凭证（会计分录代替）是：

表4-8 **中国工商银行进账单（回单或收账通知）** 1

进账时间：2023年7月30日

收款人	全称	宏达公司	付款人	全称	新明公司
	账号	0001995518		账号	46780
	开户银行	工行民生街办事处		开户银行	建行新民街办事处
人民币（大写）	壹佰叁拾陆万捌仟柒佰肆拾陆元肆角整				（小写）¥1 368 746.40
票据种类	银行本票		收款人：开户行盖章		

此联是收款人开户行交给收款人的回单或收账通知

借：银行存款 1 368 746.40

贷：主营业务收入——工装 1 211 280

应交税费——应交增值税（销项税额） 157 466.40

增值税专用发票

购货单位	名称：新明公司 纳税人识别号： 地址、电话： 开户行及账号：建行新民街办事处46780				密码区		
货物或应税劳务名称	规格型号	单位	数量	单价	金额	税率	税额
工装		件	196	6 180.00	1 211 280.00	13%	157 466.40
合计					1 211 280.00		157 466.40
价税合计（大写）	壹佰叁拾陆万捌仟柒佰肆拾陆元肆角整				（小写）¥1 368 746.40		
销货单位	名称：宏达公司 纳税人识别号： 地址、电话： 开户行及账号：工行民生街办事处0001995518				备注		

收款人： 复核： 开票人： 销售方（章）：

图4-17 增值税专用发票

二、关于“职业核心能力”与“职业道德”选项的融入性操练

（参照“模拟训练”课业范例的“二”部分）

三、关于《“‘会计凭证填制与审核’技术应用”训练报告》的撰写训练

（参照“模拟训练”课业范例的“三”部分）

“模拟训练子任务二”参考答案与提示

“‘会计凭证填制与审核’技术应用”训练报告

一、关于“本组资料”的专业训练

“技术-技能”Ⅰ训练：原始凭证的填制如图4-18和图4-19所示。

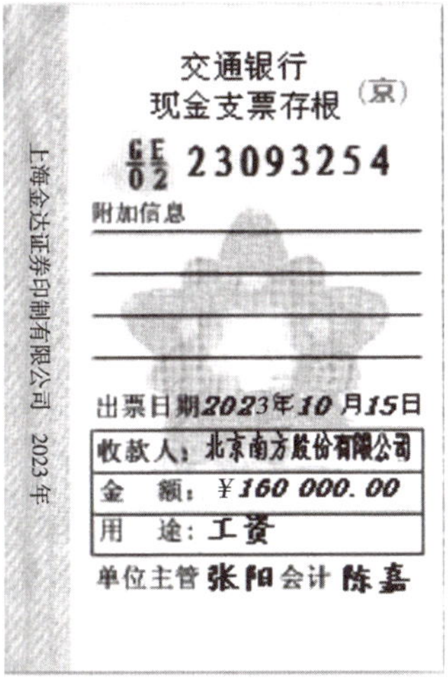
交通银行
现金支票存根（京）
GE 02 23093254
附加信息
出票日期 2023年10月15日
收款人：北京南方股份有限公司
金　额：¥160 000.00
用　途：工资
单位主管 张阳 会计 陈嘉
上海金达证券印制有限公司 2023年

图4-18 支票存根

付款凭证

银付 字第 081 号

贷方科目：银行存款　　2023年10月15日

摘要	对方科目：总账科目	对方科目：明细科目	借或贷	千	百	十	万	千	百	十	元	角	分	√
提取现金发工资	库存现金		借			1	6	0	0	0	0	0	0	□
														□
														□
														□
														□
														□
合计					¥	1	6	0	0	0	0	0	0	□

附单据1张

会计主管：　记账：　出纳：　复核：　制单：王海　收款人：

图4-19 付款凭证

“技术-技能”Ⅱ训练：原始凭证的审核（参照“模拟训练”课业范例中相关部分）

“技术-技能”Ⅲ训练：记账凭证的填制与审核（参照“模拟训练”课业范例中相关部分）

二、关于“职业核心能力”与“职业道德”选项的融入性操练

（参照“模拟训练”课业范例的“二”部分）

三、关于《会计凭证填制与审核实训报告》的撰写训练

（参照“模拟训练”课业范例的“三”部分）

工作任务五
“会计账簿开设与登记”技术应用

任务目标

- 能够熟练地对会计账簿进行归类
- 能够熟练地登记会计账簿
- 能够熟练地完成对账、结账与错账更正工作
- 能够独立完成《“‘会计账簿开设与登记’技术应用”训练报告》的撰写

知识准备

请绘制与本任务相关的知识点思维导图，复习相关知识，做好完成本任务所必需的知识准备。

5.1 预习要览

5.1.1 内容提要

1.内容概要

会计账簿，是指由一定格式的账页组成的，以经过审核的会计凭证为依据，全面、系统、连续地记录各项经济业务的簿籍。登记账簿是会计核算的专门方法之一。会计账簿和会计凭证都是记录经济业务的会计资料，但二者的记录方式不同。会计凭证的数量繁多，对经济业务的记录是零星、分散的，而会计账簿对经济业务的记录是分类、序时、全面、连续的，能够把分散在会计凭证中的大量核算资料加以集中，为经营管理提供系统、完整的核算资料。各单位应当按照国家统一的会计制度的规定和会计业务的需要设置会计账簿。

设置会计账簿是编制会计报表的基础，是连接会计账簿与会计报表的中心环节，在会计核算中具有重要意义，具体表现为：可以记载、储存会计信息；可以分类汇总会计信息。账簿记录又是编制会计报表的主要依据，账簿真实与否直接影响会计报表的质量。

账簿按照用途可以分为序时账簿、分类账簿、联合账簿与备查账簿。账簿按其外表形式分类，可以分为订本式账簿、活页式账簿和卡片式账簿；按账页格式的不同，账簿可以分为两栏式、三栏式、多栏式和数量金额式四种。其中，分类账簿按其反映内容详略程度的不同，又可以分为总分类账（简称“总账”）和明细分类账（简称“明细账”）。

总分类账是按照总分类账户分类登记全部经济业务的账簿，一般采用订本式和三栏式，不同的会计账务处理程序其登记有不同的依据。明细分类账是按照明细分类账户详细记录某一经济业务的账簿，也是编制会计报表的依据之一。单位在设置总分类账的基础上，还应根据管理的需要，按照总账科目设置若干必要的明细分类账，作为总分类账的必要补充。明细分类账一般采用活页式和数量金额式，不同的明细分类账其登记方法也有所不同。总分类账和明细分类账之间的关系是统驭与被统驭的关系，因此必须进行平行登记。库存现金日记账和银行存款

日记账这两种特种日记账的格式大体相同，采用订本式和三栏式。

各种账簿都应具备三项基本内容：封面、扉页和账页。

登记会计账簿的规则有：为了保证账簿记录的准确、整洁，应当根据审核无误的会计凭证登记会计账簿；账簿登记完毕后，要在记账凭证上签名或者盖章，并在记账凭证的“过账”栏内注明账簿页数或者画“√”，表示已经过账完毕，避免重记、漏记；账簿中书写的文字和数字上面要留有适当的空格，不要写满格，一般应占格距的1/2；为了保证账簿记录的持久性，防止涂改，登记账簿必须使用蓝黑墨水或碳素墨水并用钢笔书写，不得使用圆珠笔或者铅笔书写；在登记各种账簿时，应当按页次顺序连续登记，不得隔页、跳行；凡需要结出余额的账户，结出余额后，应当在“借或贷”栏内注明“借”或“贷”字样，以示余额的方向；对于没有余额的账户，应在“借或贷”栏内写“平”字，并在“余额”栏内用“0”表示。库存现金日记账和银行存款日记账必须逐日结出余额。每一账页登记完毕结转下页时，应当结出本页合计数及余额，写在本页的最后一行和下页的第一行有关栏内，分别在摘要栏注明“过次页”和“承前页”字样；也可以将本页合计数及余额只写在下页第一行有关栏内，并在摘要栏内注明“承前页”字样，以保证账簿记录的连续性，便于对账和结账。对需要结出本月发生额的账户，结计“过次页”的本页合计数应当为自本月初起至本页末止的发生额合计数；对需要结出本年累计发生额的账户，结计“过次页”的本页合计数应当为自年初起至本页末止的累计数；对既不需要结出本月发生额也不需要结出本年累计发生额的账户，可以只将每页末的余额结转次页。实行会计电算化的单位，总账和明细账应当定期打印。发生收款和付款业务的，在输入收款凭证和付款凭证的当天必须打印出库存现金日记账和银行存款日记账，并与库存现金核对无误。

对账，就是核对账目，是对账簿记录所进行的核对工作。在实际工作中，在填制凭证、记账、过账、算账、结账和计算的过程中，难免会发生差错，出现账款、账实不符的情况。因而，在结账前后，要通过对账，将有关账簿记录进行核对，确保会计核算资料的正确性和完整性，为编制会计报表提供真实可靠的数据资料。对账的内容一般包括账证核对、账账核对、账实核对三个方面。账证核对，是指将账簿记录与有关会计凭证相核对，查看会计账簿记录与原始凭证、记账凭证的时间、凭证字号、内容、金额是否一致，记账方向是否相符。账账核对，是指核对不同的账簿记录是否相符。账实核对，是指将各项财产物资、债权债务等的账面余额与实有数额相核对。

记账过程中由于各种原因使账簿发生的错误，不能用刮擦、挖补和涂抹等方法进行更正，而应根据记账错误的性质按正确、规范的方法进行更正。错账的更正方法一般有：划线更正法、红字更正法和补充登记法。

结账是一项将账簿记录定期结算清楚的账务工作。在月末、季末或年末，为了编制会计报表，需要进行结账。结账的内容通常包括：结算收入和费用类账户，并据以计算确定本期利润；结算资产、负债和所有者权益类账户，分别结出本期发生额合计和余额。

结账至少有月结、年结两种，视不同账户的需要其结账方法也有所不同。

2. 主要概念和观念

1）主要概念

会计账簿 序时账簿 分类账簿 备查账簿 订本式账簿 活页式账簿 卡片式账簿 对账 账证核对 账账核对 账实核对 结账

2）主要观念

会计账簿的概念和种类 会计账簿的内容、启用与记账规则 会计账簿的格式和登记方法 对账 错账更正 结账

5.1.2 重点与难点

1. 重点理论

会计账簿的概念和种类 会计账簿的内容 会计账簿的格式 对账的类型 错账的类型 结账的类型

2. 重点实务

会计账簿登记的规则 会计账簿格式的选择 错账更正的方法 对账的方法 结账的方法 会计账簿中红字的运用

3. 重点操作

总分类账的开设与登记 明细分类账的开设与登记 日记账的开设与登记 错账的更正

4. 难点

总分类账的登记 错账的更正

5.1.3 主要公式

账账核对公式

1）总分类账簿余额核对公式

总分类账户中借方期末余额合计数=总分类账户中贷方期末余额合计数

2）总分类账簿与所属明细分类账簿余额核对公式

①总分类账借方（贷方）期初余额=所属明细分类账借方（贷方）期初余额之和

②总分类账借方（贷方）本期发生额=所属明细分类账借方（贷方）本期发生额之和

③总分类账借方（贷方）期末余额=所属明细分类账借方（贷方）期末余额之和

3）总分类账簿与序时账簿余额核对公式

库存现金日记账和银行存款日记账期末余额=有关总分类账户的期末余额

5.2 客观题

5.2.1 理论题

学习微平台

资源5-01

1. 单项选择题

1）在我国，库存现金日记账和银行存款日记账要选用（ ）。

A.活页式账簿 B.订本式账簿

C.卡片式账簿 D.自己认为合适的账簿

2）下列做法不正确的是（ ）。

A.库存现金日记账采用三栏式账簿

B.产成品明细账采用数量金额式账簿

C.生产成本明细账采用三栏式账簿

D.制造费用明细账采用多栏式账簿

3）在记账的过程中，发现记账凭证所列账户对应关系错误并已记入账簿时，应用（ ）进行更正。

A.划线更正法 B.补充登记法 C.红字登记法 D.涂改法

4）结账的基础是（ ）。

A.期末账项调整 B.账证核对

C.全部经济业务登记入账 D.核对账目

5）银行存款日记账的登记方法是（ ）。

A.每日汇总登记 B.定期汇总登记

C.逐日逐笔登记 D.月末一次登记

6）目前实际工作中使用的库存现金日记账、银行存款日记账属于（ ）。

A.特种日记账 B.普通日记账 C.专栏日记账 D.分录簿

7）结账前，发现账簿记录的金额少记，而记账凭证无误，应采用（ ）更正。

A.划线更正法 B.补充登记法 C.红字更正法 D.核对账单法

2.多项选择题

1）下列项目中，可以采用数量金额式账簿的有（ ）。

A.银行存款日记账 B.应收账款明细分类账

C.库存商品明细分类账 D.原材料明细分类账

2）下列属于会计账簿基本内容的有（ ）。

A.封面 B.扉页 C.账页 D.账页格式

3）下列关于账簿运用的说法中正确的有（ ）。

A.库存现金及银行存款日记账必须用订本账

B.总账用订本账

C.明细账用活页账

D.备查账用卡片账

4）下列各项中，属于登记库存现金日记账应注意事项的有（ ）。

A.库存现金日记账根据“上日余额+本日收入-本日支出=本日余额”的公式，逐日结出库存现金余额

B.库存现金日记账由出纳人员根据与库存现金收付有关的记账凭证，按时间顺序逐日逐笔进行登记

C.逐日结出的库存现金余额要与库存现金实存数核对，以检查每日库存现金

收付是否有误

D.从银行提取现金的收入数，应根据银行存款付款凭证登记

5）下列关于订本账的表述中，正确的有（　　）。

A.订本账的优点是能避免账页散失和防止抽换账页

B.其缺点是不能准确为各账户预留账页

C.这种账簿一般适用于总分类账、库存现金日记账、银行存款日记账

D.各种明细分类账都应采用订本账

6）下列账户的明细分类账账页格式应采用借方多栏式的有（　　）账户。

A.“材料采购”　　B.“生产成本”

C.“制造费用”　　D.“营业外支出”

7）明细分类账的账页格式主要有（　　）。

A.三栏式　　B.多栏式　　C.数量金额式　　D.横线登记式

3.判断题

1）总分类账户和明细分类账户的主要区别是登记的原始依据和详略程度不同。（　　）

2）补充登记法适用于记账后，发现记账凭证应借、应贷的账户对应关系正确，但所记金额小于应记金额的情况。（　　）

3）对账是对账簿记录进行的核对工作，它仅包括本企业同外企业相关账簿相核对。（　　）

4）订本式账簿是指在记完账后，把记过账的账页装订成册的账簿。（　　）

5）备查账簿的登记应以审核无误的会计凭证为依据。（　　）

6）分类账簿是指对全部经济业务按照收款业务、付款业务和转账业务进行分类登记的账簿。（　　）

7）三栏式账簿是指具有日期、摘要、金额三个栏目格式的账簿。（　　）

5.2.2 实务题

学习微平台

资源5-02

1.单项选择题

1）企业用银行存款支付展览费5 700元，会计人员编制的付款凭证为借记“销售费用”科目7 500元，贷记“银行存款”科目7 500元，并已登记入账。对当年发生的该项记账错误应采用的更正方法是（　　）。

A.红字更正法　　B.重编正确的付款凭证

C.划线更正法　　D.补充登记法

2）登记账簿的依据是（　　）。

A.原始凭证　　B.记账凭证

C.会计凭证　　D.审核无误的会计凭证

3）下列关于会计账簿登记要求的表述中，正确的是（　　）。

A.特殊记账使用红墨水钢笔

B.文字或数字的书写必须占满格

C.发生的空行、空页一定要补充书写

D.书写可以使用蓝黑墨水钢笔、圆珠笔或铅笔

4）登记明细账的依据是（　　）。

A.汇总记账凭证　　B.记账凭证或原始凭证

C.原始凭证　　D.汇总原始凭证

5）下列各项中，适用于查找在记账过程中只登记了会计分录的借方或贷方，漏记了另一方，从而导致试算平衡中借方合计与贷方合计不等的错误的方法是（　　）。

A.尾数法　　B.差数法　　C.除2法　　D.除9法

6）库存现金日记账的登记依据可能是（　　）。

A.转账凭证　　B.原始凭证

C.银行存款收款凭证　　D.银行存款付款凭证

7）下列各项中，属于账实核对的是（　　）。

A.银行存款日记账与银行对账单核对

B.银行存款日记账与银行存款总账核对

C.银行存款日记账与银行存款付款凭证核对

D.银行存款日记账与银行存款余额调节表核对

2.多项选择题

1）期末结账时，对没有余额的账户应当（　　）。

A.在“借”或“贷”余额方向栏内写“平”字

B.在余额栏元位内写“0”字

C.在“借”或“贷”余额方向栏内写“0”字

D.在余额栏内写“平”字

2）在会计账簿中，可以用红色墨水记账的有（　　）。

A.更正会计科目和金额同时错误的记账凭证

B.登记减少数

C.未印有余额方向的，在余额栏内登记减少数

D.更正会计科目正确但金额多记的记账凭证

3）三栏式库存现金日记账“收入”栏登记的依据有（　　）。

A.库存现金收款凭证　　B.库存现金付款凭证

C.银行存款收款凭证　　D.银行存款付款凭证

4）下列关于会计账簿登记的说法中，正确的有（　　）。

A.库存现金日记账必须逐日结出余额

B.凡需要结算余额的账户，结出余额后，应在“借”或者“贷”等栏内写“借”或者“贷”等字样

C.银行存款日记账必须逐周结出余额

D.没有余额的账户，应在“借”或“贷”栏内写“平”字，并在“余额”栏内用“0”表示

5）结账工作的主要内容包括（　　）。
A.核对有关账目
B.将本期发生的经济业务全部登记入账
C.按权责发生制原则调整和结转有关账项
D.对有关业务核算中出现的差错予以更正
6）多栏式明细账适用于（　　）。
A.材料采购明细分类核算　　B.其他应收款明细分类核算
C.营业外支出明细分类核算　　D.生产成本明细分类核算
7）收回货款1 800元存入银行，记账凭证中误将金额填为18 000元，并已入账。错账的更正方法有（　　）。
A.用红字更正法更正
B.用蓝字借记“银行存款”账户1 800元，贷记“应收账款”账户1 800元
C.用红字借记“银行存款”账户18 000元，贷记“应收账款”账户18 000元
D.用红字借记“银行存款”账户16 200元，贷记“应收账款”账户16 200元
3.混合选择题
1）“解决问题”（初级）的“规范与标准”是（　　）。
A.能用几种常用的办法理解问题，确立目标，提出对策或方案
B.能准备、制订和实施被他人认可并具有一定可行性的计划
C.能寻找方法，实施检查，鉴定结果，提出改进措施
D.能描述问题，确定目标，提出并选择较佳方案
2）“革新创新能力”（初级）的“技术-技能”点有（　　）。
A.评估实施创新方案　　B.揭示不足、提出改进措施
C.做出创新方案　　D.评估创新方案
3）“革新创新能力”（初级）的基本要求有（　　）。
A.能综合运用多种创新方法，运用各种思维形式
B.具备有关思维障碍形成的知识，并在此基础上具有对可行性进行预测和撰写评估报告的知识
C.具备可持续创新的知识和原理、市场预测知识
D.具备思维和创造性思维的一般知识和对创新成果进行认定和撰写可行性报告的知识
4）“账簿开设‘技术-技能’”的“规范与标准”有（　　）。
A.能正确掌握会计账簿的概念、类型与内容
B.能根据会计账簿的内容对账簿的开设与类型有所分析、判断
C.能根据分析、判断的结果对不同类型的会计账簿进行启用与开设
D.能正确分析经济业务
5）“总分类账的登记‘技术-技能’”的“规范与标准”有（　　）。
A.掌握总分类账的格式、登记依据、记账规则
B.熟悉记账凭证账务处理程序下总分类账的登记过程与要领

C.能根据所掌握的登记总分类账簿的要领进行总分类账的登记

D.对错账进行更正

6）“明细分类账的登记‘技术-技能’”的“规范与标准”有（　　）。

A.掌握明细分类账的格式、登记依据、记账规则

B.熟悉总分类账与明细分类账的平行登记的要点

C.能根据相应经济业务进行分析，判断所适用的明细分类账格式

D.能根据所掌握的记账规则对相应经济业务进行明细分类账的登记

7）“错账更正‘技术-技能’”的“规范与标准”有（　　）。

A.掌握错账更正方法的适用范围、更正步骤

B.对相应经济业务进行分析，判断其错误类型

C.能根据分析、判断结果对相关会计资料进行更正

D.能进行试算平衡

4.判断题

1）明细账一般是逐笔登记的，也可以定期汇总登记。（　　）

2）明细账既可以根据原始凭证或原始凭证汇总表登记，也可以根据记账凭证登记。（　　）

3）通过同时登记，可以使总分类账户与其所属明细分类账户保持统驭关系和对应关系，便于核对和检查，纠正错误和遗漏。（　　）

4）登记账簿时，发生空行、空页，一定要补充书写，不得注销。（　　）

5）使用活页式账页，应按账户顺序编号，并定期装订成册。已装订成册的活页账，应按实际使用的账页顺序编写页数。（　　）

6）结账是指按规定把一定时期内所发生的经济业务登记入账，并进行账实核对，以保证账簿资料正确性的会计方法。（　　）

7）出纳员应在库存现金日记账每笔业务登记完毕时，即结出余额，并与库存现金进行核对。（　　）

5.2.3　案例题

财政例行检查，会计账簿露了馅

学习微平台

资源5-03

背景与情境：2023年3月，某市财政部门对该市一所市属学校2022年度的财务收支情况进行例行检查。检查人员在审阅该学校会计报表和会计账簿等会计资料时发现“其他应收款”账户2022年年末余额较年初余额有大幅上升。检查人员接着调阅了2022年度与“其他应收款”账户相关的会计凭证，发现其在2022年度借方发生额中，有3笔其他应收款金额，共计20万元，在记账凭证后未附原始凭证。

检查人员经询问校方得知，这20万元系“为解决曾向学校提供过资金赞助的某乡镇企业甲公司的临时资金周转困难，向甲公司临时借出的20万元资金，学校并未向该企业收取利息”。检查人员又对甲公司进行了调查。经过查阅有关资料，得知甲公司与该学校签订了有息贷款协议，甲公司至2022年年底已以现

金方式向该学校支付了利息1.5万元。

检查人员以上述对甲公司检查的结果为基础，对该学校有关人员进行了质询，在上述事实面前，有关人员不得不承认该学校将其向甲公司收取的借款利息存入学校的小金库的事实。

（资料来源　佚名．会计法律制度案例分析［EB/OL］.［2011-12-30］. http：//www.docin.com/p-317515507.html.）

要求：请根据案例在下列题中填入适当选项。

1）本案中查账人员是从（　　）发现该所市属学校存在小金库问题的。

A.会计凭证　B.会计账簿　C.会计报表　D.原始凭证

2）我国的会计监督体系包括（　　）。

A.以政府财政部门为主体的政府监督　B.单位内部监督

C.以注册会计师为主体的社会监督　D.社会公众监督

3）政府监督的内容包括（　　）。

A.该单位是否依法设置账簿

B.该单位的会计资料是否真实、完整

C.该单位的会计核算是否符合法定要求

D.该单位从事会计工作的人员是否拥有初级会计师证

4）本案中财政部门检查了（　　）。

A.该单位是否依法设置账簿

B.该单位的会计资料是否真实、完整

C.该单位的会计核算是否符合法定要求

D.该单位从事会计工作的人员是否拥有初级会计师证

5）你认为本案中学校向甲公司收取的利息应（　　）。

A.计入主营业务收入　B.计入其他业务收入

C.冲减财务费用　D.冲减管理费用

5.2.4　实训题

学习微平台

资源5-04

1.单项选择题

1）下列关于需结出本年累计发生额的账户平时月末结账划线正确的是（　　）。

A.划一条单红线　B.划两条双红线

C.划三条单红线　D.划四条双红线

2）账簿中书写的文字和数字一般应占格距的（　　）。

A.1/3　B.1/2　C.2/3　D.3/4

3）在启用会计账簿时，应当在账簿封面上写明（　　）。

A.单位负责人名字　B.单位、账簿名称

C.会计主管名字　D.记账人员名字

4）下列账簿中，一般采用活页账形式的是（　　）。

A.日记账　　B.总分类账　　C.明细分类账　　D.备查账

5）填制记账凭证时无误，根据记账凭证登记账簿时，将50 000元误记为5 000元，更正时应采用的方法是（　　）。

A.划线更正法　　B.红字更正法　　C.补充登记法　　D.更换账页法

6）在采用划线更正法时，下列做法中不正确的是（　　）。

A.用红线将错误数字全部划销

B.由记账人员或相关人员在更正处盖章以示负责

C.用蓝线将错误数字全部划销

D.只划去文字错误的部分

7）需要结计本年累计发生额的某些明细账户，每月结账时，应在本月合计行下结计自年初起至本月末止的累计发生额，登记在月份发生额下面，在摘要栏内注明（　　）字样，并在下面（　　）。

A.本年累计；通栏划双红线　　B.结转下年；通栏划单红线

C.本年累计；通栏划单红线　　D.结转下年；通栏划双红线

2.多项选择题

1）下列有关明细分类账户的说法中，正确的有（　　）。

A.也称一级账户　　B.是进行明细分类核算的依据

C.是进行总分类核算的依据　　D.提供更加详细具体的指标

2）下列情形中可以用红色墨水记账的有（　　）。

A.按照红字冲账的记账凭证，冲销错误记录

B.在不设借贷栏的多栏式账页中，登记减少数

C.在三栏式账户的余额栏前，如未印明余额方向的，在余额栏内登记负数余额

D.银行的复写账簿

3）实际工作中，成本费用类明细科目采用多栏式明细账的具体设置格式有（　　）。

A.只按借方发生额设置专栏，贷方发生额在借方直接用红字冲销

B.在借方设专栏，贷方设一个总的金额栏，再设一个余额栏

C.只按贷方发生额设置专栏，借方发生额在贷方直接用红字冲销

D.在贷方设专栏，借方设一个总的金额栏，再设一个余额栏

4）结账方式包括（　　）。

A.收入、费用类明细账，每月要结出本月发生额和余额

B.库存现金、银行存款日记账每月结账时，要结出本月发生额和余额

C.不需按月结计本期发生额的账户，每次只需登记本期发生额

D.总账账户平时只需结出月末余额

5）必须逐日结出余额的账簿有（　　）。

A.库存现金总账　　B.债权债务类明细账

C.库存现金日记账　　D.银行存款日记账

6）账证核对内容一般包括（　　）。

A. 日记账与收、付款凭证相核对　　B. 总账与记账凭证相核对

C. 明细账与记账凭证相核对　　D. 明细账与原始凭证相核对

7）结账的程序包括（　　）。

A. 将损益类科目转入"本年利润"科目，结平所有损益类科目

B. 将本期发生的经济业务事项全部登记入账

C. 结出资产类、负债类和所有者权益类科目的本期发生额和余额，并结转至下期

D. 结出资产类、负债类和所有者权益类科目月初至本页末止的发生额合计和余额，并过次页

5.3 主观题

5.3.1 理论题

1）对账的主要内容是什么？（请在下方答题）

2）会计账簿按用途如何进行分类？（请在下方答题）

3）三种错账更正方法的适用范围是什么？（请在下方答题）

5.3.2 实务题

1）用公式说明总分类账户与所属的明细分类账户相关金额之间的钩稽关系。（请在下方答题）

2）请根据资料登记甲公司20×1年4月原材料总分类账（见表5-1）。原材料期初余额为50 000元，4月2日购进原材料验收入库，金额为25 000元（转账凭证1号）。4月5日生产车间领用原材料价值30 000元（转账凭证2号）。

表5-1　　原材料总分类账

科目＿＿＿＿＿＿

年		记账凭证号数	摘要	对方科目	借方										贷方										借或贷	余额									
月	日				千	百	十	万	千	百	十	元	角	分	千	百	十	万	千	百	十	元	角	分		千	百	十	万	千	百	十	元	角	分

5.3.3　案例题

【训练项目】

案例分析 5-1

【相关案例】

收入、费用确认分析

学习微平台

资源 5-05

背景与情境： 通发股份有限公司的张敏，在出纳、材料会计等岗位上经过几年的磨炼之后，又接手了会计稽核工作。在近半年的稽核工作实践中，张敏由自恃清高到虚心学习，业务能力和职业素养有了很大的提高。张敏在对通发股份有限公司 2023 年 12 月份的有关凭单的审核中，发现了如下一些记录：

（1）通发股份有限公司在新产品发布会上发布了一款新研制的产品，该产品将在三个月后投产。在会上收到了两个客户订单及客户预交的订货款 600 000 元，会计分录为：

借：银行存款	600 000	
应收账款	102 000	
贷：主营业务收入		600 000
应交税费		102 000

（2）财务处新购进两台电脑，总价 16 000 元，会计分录为：

借：管理费用	16 000	
贷：银行存款		16 000

（3）公司新安装一台设备，发生工人工资费用 26 000 元，会计分录为：

借：生产成本	26 000	
贷：应付职工薪酬		26 000

在会计主管人员的支持下，张敏与相关业务处理人员进行了座谈。在座谈会上，相关人员对上述账务处理的理由陈述如下：

对于业务（1），相关人员认为，这样处理的原因有二：一是这 600 000 元终究是由于销售产品而引起的，作为销售收入来处理并无太大的不当之处；二是这样处理有利于国家税收。

对于业务（2），相关人员认为，电脑使用率很高，同时也是高淘汰率的产品，他自己在三年前购买了一台计算机，由于住处电压问题，买回的第二天即被击毁。无奈之下，他又重新购买了一台，但当时价格不菲的配置，现已贬值太多，因此作为当期费用处理是可以的。

对于业务（3），相关人员认为，由于是本企业的生产工人进行的设备安装，将这些生产工人的工资按惯例计入生产成本无可厚非。

（资料来源　佚名. 会计事项载体与存储：会计账簿［EB/OL］.［2023-05-22］. http://www.shangxueba.com/ask/6531488.html.）

问题：

1）请分别指出上述三项业务的错误之处。

2）分别就三项业务的会计分录进行改正。

3）分别做出三项业务的正确会计分录。

分析：同“1.3.3　案例分析”的“分析要求”。

（请在下方答题）

【训练项目】

课程思政 5-1

【相关案例】

会计人员与会计职业道德

学习微平台

资源 5-06

背景与情境：郭某毕业于某大学，自从参加工作以来一直从事办公室文秘工作，恪守职责，兢兢业业，深受公司领导和同事们的好评。由于单位会计部门人手奇缺，公司领导要求郭某担任财务部门的出纳工作，领导认为，出纳并不是会计岗位，郭某工作能力强，很快就能适应。

郭某从事出纳工作半年后，因工作努力，钻研业务，积极提出合理化建议，多次被公司评为先进会计工作者。郭某的丈夫在一家私有电子企业任总经理，在其丈夫的多次请求下，郭某将在工作中接触到的公司新产品研发计划及相关会计资料复印件提供给其丈夫，给公司造成了一定的损失，但尚未构成犯罪。公司认为她不宜继续担任会计工作。

（资料来源　佚名. 上海市2009年上半年会计从业资格统一考试《财经法规与会计职业道德》真题［EB/OL］.［2009-10-13］. http：//www. qnr. cn/caihui/congye/zhenti/ztcj/200910/221810_6.html.）

问题：

（1）试对该公司的做法进行分析，做出你的思政研判。

（2）通过适当途径进行信息搜集，分析该公司的哪些做法违背了会计法律规范。

（3）本案例对你有哪些启示？

思政研判要求：同“1.3.3 思政研判”的“思政研判要求”。

（请在下方答题）

模拟训练

【训练项目】

阶段性体验：“会计账簿开设与登记”技术应用。

【训练目标】

见主教材第5章“学习目标”中的“实训目标”。

【任务操作规范与标准】

1）专业能力

“技术-技能”Ⅰ

名称：账簿开设规范与标准

（1）能正确掌握会计账簿的概念、类型与内容。

（2）能根据会计账簿的内容对账簿的开设与类型有所分析、判断。

（3）能根据分析、判断的结果对不同类型的会计账簿进行启用与开设。

“技术–技能”Ⅱ

名称：总分类账的设置与登记

规范与标准：

（1）掌握总分类账的格式、登记依据、记账规则。

（2）熟悉记账凭证账务处理程序下总分类账的设置与登记过程要领。

（3）能根据所掌握的登记总分类账簿要领进行总分类账的登记。

“技术–技能”Ⅲ

名称：明细分类账的设置与登记

规范与标准：

（1）掌握明细分类账的格式、登记依据、记账规则。

（2）熟悉总分类账与明细分类账的平行登记的要点。

（3）能根据相应经济业务进行分析，判断所适用的明细分类账格式。

（4）能根据所掌握的记账规则根据相应经济业务进行明细分类账的设置与登记。

（5）能根据平行登记要领对总分类账与明细分类账进行核对，保证达到三个平衡：

总分类账借方（贷方）期初余额=所属明细分类借方（贷方）账期初余额之和

总分类账借方（贷方）本期发生额=所属明细分类账借方（贷方）本期发生额之和

总分类账借方（贷方）期末余额=所属明细分类借方（贷方）账期末余额之和

“技术–技能”Ⅳ

名称：错账更正

规范与标准：

（1）掌握错账更正方法的适用范围、更正步骤。

（2）对相应经济业务进行分析，判断其错误类型。

（3）能根据分析、判断结果对相关会计资料进行更正。

“技术–技能”Ⅴ

名称：《“‘会计账簿开设与登记’技术应用”训练报告》撰写

规范与标准：

（1）能全面掌握“训练报告撰写”的相关技术。

（2）能充分应用训练报告撰写技术，有质量、有效率地进行如下操作：

①正确设计关于“‘会计账簿开设与登记’技术应用”的训练报告，其结构合理、层次分明。

②较规范地撰写上述训练报告。

③依照网络教学资源包中《学生考核手册》考核表5–21和考核表5–22中的“考核指标”和“考核标准”要求，撰写上述训练报告。

2）职业核心能力——与人合作、解决问题、革新创新（中级）

上述能力领域的“基本要求”、“‘技术–技能’点”和“规范与标准”见本教材附录二中的附表2–2。

3）职业道德——职业态度、职业守则（认同级）

各道德领域的“规范与标准”见本教材附录二中的附表2-3。

【训练任务】

（1）对“‘会计账簿开设与登记’技术应用”专业能力领域各“技术-技能”点实施阶段性基本训练。

（2）对“与人合作”、“解决问题”和“革新创新”等职业核心能力领域各“技术-技能”点实施“中级”强化训练。

（3）对“职业态度”和“职业守则”等职业道德领域实施“认同级”相关训练。

【训练要求】

（1）训练前学生要了解并熟记本训练的“目标”、“能力与道德领域”、“任务”与“要求”，了解并熟记本教材网络教学资源包中《学生考核手册》考核表5-21和考核表5-22的“考核指标”与“考核标准”内涵，将其作为本训练的操练点和考核点来准备。

（2）通过“训练步骤”，将“训练任务”所列三种训练整合并落实到本训练的“活动过程”和“成果形式”中。

（3）训练后学生要对本次“‘会计账簿开设与登记’技术应用”的训练活动进行总结，并在此基础上撰写训练报告。

【情境设计】

将学生组建成若干训练团队。各团队结合本训练“成果形式”的“训练课业”题目，在子任务中任选（题量以必需、够用为限），进行针对“‘会计账簿开设与登记’技术应用”的训练。各团队通过对所选资料中会计账簿的开设与登记技能、总分类账的设置与登记技能、明细分类账的设置与登记技能、错账更正技能，以及相应“训练报告”的准备、撰写、讨论与交流等实践活动的参与和体验，依照本章“训练要求”完成各自训练任务。

【指导准备】

知识准备：

（1）见前文“5.1预习要览”。

（2）本教材附录一附表1-1的“知识准备”中，与本章“职业核心能力‘强化训练项’”各“技术-技能”点相关的“‘知识准备’参照范围”。

（3）本教材附录二附表2-2和附表2-3中，涉及本章“职业核心能力领域‘强化训练项’”各“技术-技能”点和“职业道德领域‘相关训练项’”的“规范与标准”知识。

操作指导：

（1）教师向学生阐明“训练目的”、“能力与道德领域”和“知识准备”。

（2）教师就“知识准备”中的第（2）、（3）项，对学生进行培训。

（3）教师指导学生就训练项目企业期初资产和权益的相关情况资料进行熟悉、分析、判断，根据分析、判断的结果准确地进行会计要素的归类并进行会计账簿的开设。

（4）教师指导学生对训练项目企业发生的日常经济业务进行正确的会计分析

和会计核算，并填制在会计凭证中。

（5）教师指导学生就训练项目企业进行正确的总分类账与明细分类账登记。

（6）教师指导学生撰写《“‘会计账簿开设与登记’技术应用”训练报告》。

【训练时间】

本章课堂教学内容结束后的双休日和课余时间，为期两天。

【训练步骤】

（1）将学生组建若干个训练团队，每8位同学分成一队，每队确定1～2人负责，并向各队成员分发空白的会计账簿。

（2）对学生进行会计账簿登记的培训，熟悉训练目的、步骤。

（3）各团队成员熟悉所选训练资料，按要求进行关于“技术-技能”Ⅰ至“技术-技能”Ⅴ的全面操练，制作“‘会计账簿开设与登记’技术应用”训练报告，并与“参考答案与提示”中本组资料的参考答案相对比。

（4）各团队成员在实施上述训练的过程中，融入对“与人合作”、“解决问题”和“革新创新”等职业核心能力的各“技术-技能”点的“中级”强化训练和对“职业态度”“职业守则”等职业道德各“素质点”的“认同级”相关训练，并对训练过程作简要记录与说明。

（5）各团队成员整合上述操练的过程与结果，分别撰写作为最终成果形式的《“‘会计账簿开设与登记’技术应用”训练报告》。

（6）各团队成员的训练报告提交小组讨论并修订后，评出小队优秀训练报告。

（7）班级交流并修订各队优秀训练报告，评出班级优秀训练报告。

（8）教师对班级优秀训练报告进行点评。

（9）将附有“教师点评”的班级优秀训练报告纳入该课程教学资源库，通过校园网课程平台进行展示，并允许学生拷贝借鉴。

【成果形式】

训练课业：《“‘会计账簿开设与登记’技术应用”训练报告》

课业要求：

（1）本课业应包括“关于本组资料的专业训练”（列入“技术-技能”Ⅰ至“技术-技能”Ⅳ的阶段性训练成果）、“关于‘职业核心能力’与‘职业道德’选项的融入性操练”和“关于《“‘会计账簿开设与登记’技术应用”训练报告》的撰写训练”三部分内容。

（2）训练报告的内容、结构与体例参照本任务“模拟训练”课业范例。

（3）各训练团队完成的训练报告须由指导教师、训练团队队长和本人三方签字负责。

“‘会计账簿开设与登记’技术应用”子任务一

【任务背景资料】

某企业2023年10月份发生与产品生产有关的业务如下：

（1）甲产品期初在产品成本5 000元，乙产品期初无在产品。

（2）本月发生生产费用如下：甲产品直接材料费用25 000元，直接人工费用12 000元；乙产品直接材料费用13 000元，直接人工费用6 000元。制造费用总额为14 000元。

（3）本月甲产品的生产工时为8 000工时，乙产品的生产工时为6 000工时。

（4）甲产品100件全部完工，乙产品50件未完工。

（5）按甲、乙产品生产工时分配制造费用（写出计算过程）。

【要求】

（1）根据上述资料正确地确定所需设置采用的相关总账和明细账（“技术-技能”Ⅰ训练）。

（2）根据上述资料正确地登记总账（“技术-技能”Ⅱ训练）。

（3）根据上述资料正确地登记明细账（“技术-技能”Ⅲ训练）。

（4）通过训练过程的全程参与和体验，在基本完成训练各项“技术-技能”任务的基础上，独立完成“‘会计账簿开设与登记’技术应用”训练报告（“技术-技能”Ⅴ训练）。

（1）“技术-技能”Ⅰ训练：确定需要设置的总账和明细账名称以及选用的格式。(请在下方答题)

（2）“技术-技能”Ⅱ训练：登记总分类账。(自己确定并画出相应格式账簿)。(请在下方答题)

（3）“技术-技能”Ⅲ训练：登记明细分类账。（自己确定并画出相应格式账簿）。（请在下方答题）

（4）“技术-技能”Ⅳ训练：填写并完成《“‘会计账簿开设与登记’技术应用”训练报告》。（请在表5-2中答题）

表5-2 **“‘会计账簿开设与登记’技术应用”训练报告**

训练班级：	分队及队长：	团队成员：
指导老师：	训练时间：	训练地点：
训练目的		
训练步骤		
训练结果		
企业财务状况说明		
训练感言		
训练团队队长评定意见		
项目指导教师评定意见		

“‘会计账簿开设与登记’技术应用”子任务二

【任务背景资料】

2023年10月，M公司发生的错账及登账情况如下：

（1）按照购货合同的规定，以银行存款75 000元向强达工厂预付材料款。在过账时，“预付账款”账户记录为57 000元。

（2）用现金支付车间管理人员工资800元。

（3）计提行政管理用设备折旧6 000元。

（4）结转已验收入库材料的实际采购成本46 000元。

各笔业务的会计凭证做出并入账后见表5-3至表5-10。

表5-3　　**总分类账**

会计科目：预付账款　　单位：元

2023年		凭证号	摘要	借方	贷方	借或贷	余额
月	日						
10		1#	预付材料款	57 000		借	57 000

表5-4　　**总分类账**

会计科目：银行存款　　单位：元

2023年		凭证号	摘要	借方	贷方	借或贷	余额
月	日						
10		1#	预付材料款		75 000	贷	75 000

表5-5　　**总分类账**

会计科目：制造费用　　单位：元

2023年		凭证号	摘要	借方	贷方	借或贷	余额
月	日						
10		2#	支付车间管理人员工资	800		借	800

表5-6　　**总分类账**

会计科目：库存现金　　单位：元

2023年		凭证号	摘要	借方	贷方	借或贷	余额
月	日						
10		2#	支付车间管理人员工资		800	贷	800

表 5-7 **总分类账**

会计科目：管理费用　　单位：元

2023年		凭证号	摘要	借方	贷方	借或贷	余额
月	日						
10		3#	计提行政管理用设备折旧	60 000		借	60 000

表 5-8 **总分类账**

会计科目：累计折旧　　单位：元

2023年		凭证号	摘要	借方	贷方	借或贷	余额
月	日						
10		3#	计提行政管理用设备折旧		60 000	贷	60 000

表 5-9 **总分类账**

会计科目：原材料　　单位：元

2023年		凭证号	摘要	借方	贷方	借或贷	余额
月	日						
10		4#	结转入库材料成本	4 600		借	4 600

表 5-10 **总分类账**

会计科目：在途物资　　单位：元

2023年		凭证号	摘要	借方	贷方	借或贷	余额
月	日						
10		4#	结转入库材料成本		4 600	贷	4 600

【要求】

（1）根据上述资料对各项错账进行更正（“技术-技能”Ⅳ训练）。

（2）通过训练过程的全程参与和体验，在基本完成训练各项技能任务的基础上，独立完成“‘会计账簿开设与登记’技术应用”训练报告（“技术-技能”Ⅴ训练）。

（1）“技术-技能”Ⅳ训练：错账的更正

①号会计凭证中的错误是（　　），应使用（　　）方法，更改如下。请自行设计账簿格式并登记账簿。（在下方答题）

②号会计凭证中的错误是（　　），应用（　　）方法，更改如下。请自行设计账簿格式并登记账簿。

（在下方答题）

③号会计凭证中的错误是（　　），应使用（　　）方法，更改如下。请自行设计账簿格式并登记账簿。

（在下方答题）

④号会计凭证中的错误是（　　），应使用（　　）方法，更改如下。请自行设计账簿格式并登记账簿。（在下方答题）

（2）“技术-技能”V训练：填写并完成《“‘会计账簿开设与登记’技术应用”训练报告》。（请在表5-11中答题）

表5-11　“‘会计账簿开设与登记’技术应用”训练报告

训练班级：	分队及队长：	团队成员：
指导老师：	训练时间：	训练地点：
训练目的		
训练步骤		
训练结果		
训练感言		
训练团队队长评定意见		
项目指导教师评定意见		

"模拟训练"课业范例

"'会计账簿开设与登记'技术应用"训练报告

（报告人： ）

【资料】

（1）厦门南方股份公司2023年10月1日开始建账，请填写"账簿启用及登记表"（厂长：赵洲；会计主管：林玲；记账：刘海；复核：王燕；制单：刘海；出纳：李明）。

（2）根据记账凭证登记"银行存款"总账。2023年10月1日"银行存款"总账期初余额为借方300 000元。本月发生业务如下（由于篇幅限制，各业务均以通用记账凭证表示，下同）：

①2日，购买固定资产价值4 500元，款项已付。

②7日，向红星公司和鲁能公司分别偿付货款50 000元和20 000元。

③10日，银行承兑汇票到期，票据面值80 000元。

④11日，销售A商品价款40 000元，增值税税率为13%，价税款45 200元均已收到。

⑤12日，销售B商品价款60 000元，增值税税率为13%，价税款67 800元均已收到。

⑥13日，偿还短期借款60 000元。

⑦15日，从银行提取现金500元备用。

⑧19日，提取现金50 000元，备发工资。

（3）2023年10月1日"原材料——甲材料"账户期初借方余额为120 000元、数量为600件，单价为200元/件。根据相关资料登记"原材料——甲材料"明细账（提示：甲材料所有的进价和出库单价都是200元/件）。本月发生业务如下：

①2日，购进甲材料200件，增值税税率为13%，价税款45 200元已支付。

②4日，购进甲材料400件，增值税税率为13%，价税款90 400元未支付。

③5日，购进甲材料600件，增值税税率为13%，价税款135 600元未支付。

④15日，生产领用甲材料800件。

（4）2023年10月1日，车间生产乙产品领用直径5mm圆钢3 500元。会计人员根据领料单填制记账凭证（如图5-1所示）如下：

通用第22号

借：制造费用　　3 500

　贷：原材料——原料及主要材料　　3 500

会计人员审核时，没有发现问题并据以登记入账。

通用记账凭证　　字第 22 号

2023 年 10 月 1 日

摘要	总账科目	明细科目	借方金额											贷方金额											√
			亿	千	百	十	万	千	百	十	元	角	分	亿	千	百	十	万	千	百	十	元	角	分	
领用原材料	制造费用							3	5	0	0	0	0												
	原材料	原料及主要材料																	3	5	0	0	0	0	
合计							¥	3	5	0	0	0	0					¥	3	5	0	0	0	0	

附单据 1 张

会计主管：林玲　　记账：刘海　　出纳：李明　　复核：王燕　　制单：刘海

图 5-1　通用记账凭证

【要求】

1）根据上述资料（1）进行会计账簿（总分类账）的启用（“技术-技能”Ⅰ训练）；

2）根据上述资料（2）进行总分类账的登记（“技术-技能”Ⅱ训练）；

3）根据上述资料（3）进行明细分类账的登记（“技术-技能”Ⅲ训练）；

4）根据上述资料（4）进行错账更正（“技术-技能”Ⅳ训练）。

5）综合上述训练成果，撰写“训练报告”（“技术-技能”Ⅴ训练）。

【训练课业】

一、关于“本组资料”的专业训练

“技术-技能”Ⅰ训练：会计账簿的启用（如图 5-2 所示）

账簿启用及经管人员一览表

机构名称	厦门南方股份公司	印鉴
账簿名称	总分类账　　（第一　册）	厦门南方股份有限公司 ★ 财务专用章
账簿编号	01	
账簿与页数	本账簿共计 100 页（本账簿页数 检点人盖章）	
启用日期	2023 年 10 月 1 日	

经管人员	负责人		会计主管		复核		记账	
	姓名	盖章	姓名	盖章	姓名	盖章	姓名	盖章
	赵洲	赵洲	林玲	林玲	王燕	王燕	刘海	刘海

接交记录	经管人员		接管				交出			
	职别	姓名	年	月	日	盖章	年	月	日	盖章
备注										

图 5-2　账簿启用及经管人员一览表

“技术–技能”Ⅱ训练：总分类账的设置与登记（如图5–3所示）

总 账

科目： 银行存款

2023年 月	日	凭证 字	号	摘要	借方（亿千百十万千百十元角分）	√	贷方（亿千百十万千百十元角分）	√	借或贷	余额（亿千百十万千百十元角分）	√
10	1			上月结转					借	300000000	
10	2	通用	2	购买固定资产			4500000		借	295500000	
10	7	通用	6	偿付货款			70000000		借	225500000	
10	10	通用	8	银行承兑汇票到期			80000000		借	145500000	
10	11	通用	12	销售A商品	45200000				借	190700000	
10	12	通用	15	销售B商品	67800000				借	258500000	
10	13	通用	17	偿还短期借款			60000000		借	198500000	
10	15	通用	19	提现备用			500000		借	198000000	
10	19	通用	22	提现备发工资			50000000		借	148000000	
10	31			本月合计	113000000		265000000		借	148000000	

图5–3 总账

“技术–技能”Ⅲ训练：明细分类账的设置与登记（见表5–12）

表5–12 原材料明细分类账

类别： 计划单价：

品名或规格：甲材料 储备定额：

存放地点： 计量单位：件

2023年 月	日	凭证号	摘要	收入 数量	单价	金额	发出 数量	单价	金额	结存 数量	单价	金额
10	1		期初余额							600	200	120 000
10	2		购进甲材料	200	200	40 000				800	200	160 000
10	4		购进甲材料	400	200	80 000				1 200	200	240 000
10	5		购进甲材料	600	200	120 000				1 800	200	360 000
10	15		领用甲材料				800	200	160 000	1 000	200	200 000
10	31		本月合计	1 200	200	240 000	800	200	160 000	1 000	200	200 000

“技术–技能”Ⅳ训练：错账更正（如图5–4和图5–5所示）

通用记账凭证

字第 38 号

2023 年10 月31 日

摘　要	总账科目	明细科目	借方金额											贷方金额											√
			亿	千	百	十	万	千	百	十	元	角	分	亿	千	百	十	万	千	百	十	元	角	分	
冲销2023年10月1日	制造费用							3	5	0	0	0	0												
	原材料	原材及主要材料																	3	5	0	0	0	0	
合　计							¥	3	5	0	0	0	0					¥	3	5	0	0	0	0	

附单据 0 张

会计主管:　记账：　出纳：　复核:　制单:刘海

图 5-4　通用记账凭证（一）

补充说明：上述凭证中的金额为红字。

通用记账凭证

字第 39 号

2023 年10 月31 日

摘　要	总账科目	明细科目	借方金额											贷方金额											√
			亿	千	百	十	万	千	百	十	元	角	分	亿	千	百	十	万	千	百	十	元	角	分	
更正2023年10月1日	生产成本	乙产品						3	5	0	0	0	0												
	原材料	原料及主要材料																	3	5	0	0	0	0	
合　计							¥	3	5	0	0	0	0					¥	3	5	0	0	0	0	

附单据 0 张

会计主管:　记账：　出纳：　复核:　制单: 刘海

图 5-5　通用记账凭证（二）

（资料来源　佚名．会计账簿登记［EB/OL］．［2023-09-07］．http：//www.docin.com/p-255532218.html.有删改）

二、关于“职业核心能力”与“职业道德”选项的融入性操练

训练前，我们对列入本章“训练题”【指导准备】中“知识准备”的那些知识进行了必要预习，接受了指导老师的全部“操作指导”。通过参加“知识准备”第（2）、（3）项的培训，我们了解了本章“专业能力”涉及的各项“技术-技能”、“职业核心能力”和“职业道德”选项的“规范与标准”，降低了训练过程中对相关操作规范的盲目性。

在训练中，我们在实施“训练资料”的专业操练和“训练报告”的准备、撰写、讨论与交流的同时，有意识地融入了“与人合作”、“解决问题”和“革新创新”等“职业核心能力”强化训练和“职业态度”“职业守则”等“职业道德”

的相关训练。

三、关于《“‘会计账簿开设与登记’技术应用”训练报告》的撰写训练（见表5-13）

表5-13 “‘会计账簿开设与登记’技术应用”训练报告

<table>
<tr><td>项目训练班级：2304103</td><td>分队及队长：01 肖梦婷</td><td>团队成员：张佳乐 230410301</td></tr>
<tr><td>指导老师：罗老师</td><td>训练时间：2023.11.26</td><td>训练地点：模拟训练室</td></tr>
<tr><td>训练目的</td><td colspan="2">熟悉会计账簿的概念、格式与记账规则，掌握会计账簿的启用、设置与登记，错账更正方法与适用范围</td></tr>
<tr><td>训练步骤</td><td colspan="2">①由训练团队根据企业相关资料进行会计账簿的启用（这里由于篇幅限制，只进行了总分类账的启用练习）。②以小队为单位，以企业发生的日常经济业务为依据，以已经填制完成的记账凭证为载体，对记账凭证进行过账，登记总分类账（这里由于篇幅限制，只练习了银行存款总分类账）。③这一步包括两个内容：一是明细分类账的编制，即由成员自己对业务所附背景单据进行分析，分析业务的内容，特别是分析业务所涉及的明细分类账应采用的格式，并将大家已确定的记账凭证登记到相关的明细账中（本资料由于篇幅限制，只进行了数量金额式明细账的编制），二是总分类账与明细分类账的平行登记。由于前面工作任务二中已学，这里从略。④以小队为单位，根据所提供的会计科目有错误的并已过账的会计凭证，确认错误之处，并用相应的方法进行修改（这里由于篇幅限制，只进行了会计科目错误的红字更正法的练习）。⑤由各团队成员自己根据所编制的总分类账和明细分类账以及对错账更正过程的体验撰写作为最终成果形式的《“‘会计账簿开设与登记’技术应用”训练报告》</td></tr>
<tr><td>训练结果</td><td colspan="2">编制企业2023年度总分类账及明细分类账（见附件）</td></tr>
<tr><td>训练感言</td><td colspan="2">通过本训练，熟悉了会计账簿的概念、种类、格式和记账规则，掌握了总分类账的设置与填制方法，以及明细分类账的设置与填制方法，进一步理解了会计处理的专门核算方法之一的会计账簿的登记以及记账凭证与会计账簿的关系，熟悉错账的更正方法。感悟到会计工作要仔细、严谨、要善于与人沟通、与人合作。本次训练有助于理解掌握主教材第5章的基本概念、理论，有助于动手能力的提高</td></tr>
<tr><td>不足与今后改进</td><td colspan="2">略</td></tr>
<tr><td>训练团队队长评定意见</td><td colspan="2">略</td></tr>
<tr><td>项目指导教师评定意见</td><td colspan="2">略</td></tr>
</table>

参考答案与提示

“5.2 客观题”参考答案见“随堂测二维码资源”

“5.3 主观题”参考答案

学习微平台

资源5-07

5.3.1 理论题

5.3.2 实务题

5.3.3 案例题

“模拟训练子任务一”参考答案与提示

“‘会计账簿开设与登记’技术应用”训练报告

学习微平台

资源 5-08

学习微平台

资源 5-09

一、关于“本组资料”的专业训练

“技术-技能”Ⅰ训练：会计账簿的确定

根据资料需要设置三栏式的“生产成本”总账一个；数量金额式的“生产成本——甲产品”和“生产成本——乙产品”明细账各一个（格式分别见表5-14至表5-16）。

“技术-技能”Ⅱ训练：总分类账的设置与登记（参照“模拟训练课业范例”的相关部分）

表5-14　　　　**总分类账**　　　　第　页

会计科目：生产成本　　　　单位：元

2023年		凭证号	摘要	借方	贷方	借或贷	余额
月	日						
10	1		月初余额			借	5 000
			领用材料	38 000		借	43 000
			人员工资	18 000		借	61 000
			发生制造费用	14 000		借	75 000
			结转完工产品成本		50 000（注）	借	25 000
	31		本月合计	70 000	50 000	借	25 000

（注）这里要说明的是：本账中“结转完工产品成本”这一步的金额50 000元来自“技术-技能”Ⅲ训练中，即完成“生产成本——甲产品”明细账的设置与登记，计算出完工甲产品的成本为50 000元，然后再将其登记到总分类账“生产成本”账中。

“技术-技能”Ⅲ训练：明细分类账的设置与登记（参照“模拟训练课业范例”的相关部分）

制造费用分配过程如下：

甲产品分配制造费用=14 000÷（8 000+6 000）×8 000=8 000（元）

乙产品分配制造费用=14 000−8 000=6 000（元）

表5-15　　　　**明细分类账**　　　　第　页

会计科目：生产成本——甲产品　　　　单位：元

2023年		凭证号	摘要	借方			贷方	借或贷	余额
月	日			直接材料	直接人工	制造费用			
10	1		期初余额					借	5 000
			领用材料	25 000				借	30 000
			人工费用		12 000			借	42 000
			分配制造费用			8 000		借	50 000
	31		产品全部完工				50 000	平	0
	31		本月合计	25 000	12 000	8 000	50 000	平	0

表 5-16　　明细分类账　　第　页

会计科目：生产成本——乙产品　　单位：元

2023年		凭证号	摘要	借方			借或贷	余额
月	日			直接材料	直接人工	制造费用		
10			领用材料	13 000			借	13 000
			人工费用		6 000		借	19 000
			分配制造费用			6 000	借	25 000
	31		本月合计	13 000	6 000	6 000	借	25 000

二、关于“职业核心能力”与“职业道德”选项的融入性操练

（参照“模拟训练”课业范例的“二”部分）

三、关于《“‘会计账簿开设与登记’技术应用”训练报告》的撰写训练

（参照“模拟训练”课业范例的“三”部分）

“模拟训练子任务二”参考答案与提示

一、关于“本组资料”的专业训练

“技术-技能”Ⅳ训练：错账的更正

（1）在结账前，如果发现登记账簿的文字或数字有误，而据以登账的记账凭证正确，可采用划线更正法。更改为表 5-17 至表 5-25。

表 5-17　　总分类账

会计科目：预付账款　　单位：元

2023年		凭证号	摘要	借方	贷方	借或贷	余额
月	日						
10		1#	预付材料款	75 000 ~~57 000~~		借	75 000 ~~57000~~

表 5-18　　总分类账

会计科目：银行存款　　单位：元

2023年		凭证号	摘要	借方	贷方	借或贷	余额
月	日						
10		1#	预付材料款		75 000	贷	75 000

（2）支付车间管理人员工资的会计科目错误，应使用红字更正法。

借：制造费用　　800

贷：库存现金 800

借：应付职工薪酬 800

贷：库存现金 800

表 5-19 **总分类账**

会计科目：制造费用 单位：元

2023年		凭证号	摘要	借方	贷方	借或贷	余额
月	日						
10		2#	支付车间管理人员工资	800		借	800
		5#	冲销 2#凭证	800		平	0

表 5-20 **总分类账**

会计科目：库存现金 单位：元

2023年		凭证号	摘要	借方	贷方	借或贷	余额
月	日						
10		2#	支付车间管理人员工资		800	借	800
		5#	冲销 2#凭证		800	平	0
		6#	发放车间管理人员工资		800	贷	800

表 5-21 **总分类账**

会计科目：应付职工薪酬 单位：元

2023年		凭证号	摘要	借方	贷方	借或贷	余额
月	日						
10		6#	发放车间管理人员工资	800		借	800

（3）科目使用正确，金额多记并已入账，应使用红字更正法。

借：管理费用 54 000

贷：累计折旧 54 000

表 5-22 **总分类账**

会计科目：管理费用 单位：元

2023年		凭证号	摘要	借方	贷方	借或贷	余额
月	日						
10		3#	计提行政管理用设备折旧	60 000		借	60 000
		7#	冲销 3#凭证多记金额	54 000		借	6 000

表 5-23　　总分类账

会计科目：累计折旧　　单位：元

2023年		凭证号	摘要	借方	贷方	借或贷	余额
月	日						
10		3#	计提行政管理用设备折旧		60 000	贷	60 000
		7#	冲销3#凭证多记金额		54 000	贷	6 000

（4）属于会计科目使用正确，但金额少记41 400元，可以应用补充登记法。

借：原材料　　41 400

　贷：在途物资　　41 400

表 5-24　　总分类账

会计科目：原材料　　单位：元

2023年		凭证号	摘要	借方	贷方	借或贷	余额
月	日						
10		4#	结转入库材料成本	4 600		借	4 600
		8#	更正4#凭证	41 400		借	46 000

表 5-25　　总分类账　　单位：元

2023年		凭证号	摘要	借方	贷方	借或贷	余额
月	日						
10		4#	结转入库材料成本		4 600	贷	4 600
		8#	更正4#凭证		41 400	贷	46 000

二、关于“职业核心能力”与“职业道德”选项的融入性操练

（参照“模拟训练”课业范例的“二”部分）

三、关于《“‘会计账簿开设与登记’技术应用”训练报告》的撰写训练

（参照“模拟训练”课业范例的“三”部分）

工作任务六
“账务处理程序”技术应用

任务目标

●能够熟练地对账务处理程序进行归类
●能够熟练地运用记账凭证账务处理程序
●能够熟练地运用科目汇总表和汇总记账凭证账务处理程序
●能够独立完成《“‘账务处理程序’技术应用”训练报告》的撰写

知识准备

请绘制与本任务相关的知识点思维导图，复习相关知识，做好完成本任务所必需的知识准备。

6.1 预习要览

6.1.1 内容提要

1.内容概要

账务处理程序，又称会计核算组织程序或会计核算形式，是指在会计核算过程中，以账簿体系为核心，把会计凭证、会计账簿、记账程序和记账方法有机地结合起来的技术组织方式。账务处理程序包括账簿组织、记账程序和记账方法。由于各会计主体的业务性质、规模大小不同，其应当设置的账簿种类、格式和账簿的相互关系，以及与之相适应的记账程序和记账方法也就不完全相同。不同的账簿组织、记账程序和记账方法相互结合在一起，就形成了不同的账务处理程序。

在我国的会计核算单位中实际运用的账务处理程序主要有记账凭证账务处理程序、科目汇总表账务处理程序、汇总记账凭证账务处理程序这三种。它们之间具有许多相同点，根本区别在于登记总分类账的依据和方法不同。

选用适当的账务处理程序，对于科学地组织本单位的会计核算工作具有重要意义。

记账凭证账务处理程序的特点是根据记账凭证逐笔登记总分类账，它是会计核算中最基本的一种账务处理程序，也是其他账务处理程序的基础。在记账凭证账务处理程序下，记账凭证一般采用收款凭证、付款凭证和转账凭证三种格式，分别用以反映单位日常发生的各种收款、付款和转账经济业务。账簿的设置一般包括日记账、总分类账和明细分类账。日记账包括库存现金日记账和银行存款日记账，分别序时记录库存现金、银行存款的收付业务，其格式一般采用三栏式。总分类账应按总分类科目设置，格式可采用三栏式。明细分类账可根据经济管理的需要设置，可以采用三栏式、多栏式或数量金额式。

记账凭证账务处理程序比较简单明了，易于理解，并且由于总分类账是根据记账凭证逐笔登记的，因而在总分类账中能够详细反映各项经济业务的内容，便于使用者了解经济业务的动态变化。但是记账凭证账务处理程序登记总分类账的工作量比较大，因此，这种账务处理程序适用于一些规模小、业务量少、凭证不多的单位。

科目汇总表账务处理程序的特点是根据记账凭证汇总编制科目汇总表，再根据科目汇总表登记总分类账。科目汇总表是会计部门根据一定时期内的全部记账凭证，按各个账户的借、贷方进行归类，计算出每一总分类账户的本期借方发生额和贷方发生额，并填写在科目汇总表的相关栏内。科目汇总表可以每月汇总一次，每月编制一张；也可以每旬汇总一次，每旬编制一张；业务量较多的单位还可以每日汇总一次。在科目汇总表账务处理程序下，记账凭证、库存现金日记账、银行存款日记账、各种总分类账和明细分类账的设置与记账凭证账务处理程序基本相同。

这种账务处理程序可以减少登记总分类账的工作量，而且科目汇总表还起到了试算平衡的作用。但是，科目汇总表不能反映各个科目的对应关系及经济业务的来龙去脉，所以不便于分析经济活动情况，不便查对账目，因此，科目汇总表一般适用业务量较大、记账凭证较多的单位。

汇总记账凭证账务处理程序的主要特点是根据记账凭证编制汇总记账凭证，并以此作为登记总分类账的依据。各种记账凭证、账簿的种类设置、格式与记账凭证账务处理程序基本相同。但总分类账的账页格式须设“对应账户”栏，此外还要设置汇总记账凭证。

汇总记账凭证是根据记账凭证汇总填制的，汇总的期间一般不超过10天，以便登记总分类账。汇总记账凭证可分为汇总收款凭证、汇总付款凭证和汇总转账凭证。其中，汇总转账凭证既可按借方科目设置，又可按贷方科目设置，但在会计实务惯例中一般按贷方科目设置，并按借方科目归类，月末结计出其合计数，分别根据汇总转账凭证应贷账户的贷方及借方记入总账。

汇总记账凭证账务处理程序可以减少登记总账的工作量，为及时地编制会计报表提供方便；汇总记账凭证是按照科目对应关系归类、汇总编制的，能够明确地反映账户之间的对应关系，便于经常分析、检查经济活动的发生情况，但它不考虑经济业务的性质，不利于会计核算工作的分工，而且编制汇总记账凭证的工作量也较大，因此这种账务处理程序适用于规模较大、业务量较多的企业。

2.主要概念和观念

1）主要概念

账务处理程序　账簿组织　记账程序记账方法

2）主要观念

账务处理程序的意义和种类　记账凭证账务处理程序　科目汇总表账务处理程序　汇总记账凭证账务处理程序

6.1.2　重点与难点

1.重点理论

账务处理程序的概念　账务处理程序的作用　账务处理程序的理论依据　账务处理程序的类型　账务处理程序的适用范围

2.重点实务

账务处理程序的账簿组织　账务处理程序步骤　账务处理程序方法

3.重点操作

记账凭证账务处理程序　科目汇总表账务处理程序

4.难点

汇总记账凭证账务处理程序

6.1.3 主要公式

科目汇总表所有科目的本期借方发生额=科目汇总表所有科目的本期贷方发生额

6.2 客观题

6.2.1 理论题

学习微平台

资源6-01

1.单项选择题

1）各种账务处理程序的主要区别是（　　）。

A.填制会计凭证的依据和方法不同　B.登记总账的依据和方法不同

C.编制会计报表的依据和方法不同　D.登记明细账的依据和方法不同

2）一切经济业务都必须根据原始凭证填制记账凭证，然后再根据记账凭证直接逐笔登记总分类账，这种记账程序（或者会计核算组织程序）一般被称为（　　）。

A.科目汇总表账务处理程序　B.多栏式日记账账务处理程序

C.记账凭证账务处理程序　D.汇总记账凭证账务处理程序

3）记账凭证账务处理程序的特点是直接根据各种记账凭证逐笔登记（　　）。

A.总分类账　B.明细分类账

C.库存现金日记账　D.银行存款日记账

4）最基本的账务处理程序是（　　）。

A.日记总账账务处理程序　B.科目汇总表账务处理程序

C.记账凭证账务处理程序　D.多栏式日记账账务处理程序

5）按转账凭证贷方科目设置，汇总一定时期内转账业务的记账凭证称为（　　）。

A.汇总收款凭证　B.汇总付款凭证

C.科目汇总表　D.汇总转账凭证

6）科目汇总表账务处理程序的缺点之一是（　　）。

A.不能试算平衡　B.不能减少登记总账的工作量

C.只适用于经济业务量少的单位　D.不能反映经济业务的来龙去脉

7）科目汇总表账务处理程序的主要特点是（　　）。

A.根据原始凭证填制汇总原始凭证　B.根据汇总原始凭证填制记账凭证

C.根据科目汇总表登记总账　D.根据科目汇总表编制会计报表

2.多项选择题

1）我国会计工作采用的账务处理程序有（　　）。

A.记账凭证账务处理程序　　B.科目汇总表账务处理程序

C.汇总记账凭证账务处理程序　　D.日记总账账务处理程序

2）在汇总记账凭证账务处理程序下，汇总记账凭证一般采用（　　）。

A.一借一贷　　B.一贷多借

C.一借多贷　　D.多借多贷

3）可以减少登记总账工作量的账务处理程序有（　　）。

A.记账凭证账务处理程序　　B.记账凭证汇总表账务处理程序

C.多栏式日记账账务处理程序　　D.汇总记账凭证账务处理程序

4）由于采用的账务处理程序不同，总账的登记依据可以是（　　）。

A.记账凭证　　B.汇总记账凭证

C.科目汇总表　　D.多栏式库存现金日记账

5）汇总记账凭证账务处理程序的优点是（　　）。

A.反映科目的对应关系　　B.编制汇总转账凭证的工作量较小

C.减少了登记总账的工作量　　D.有利于会计核算工作的分工

6）在记账凭证账务处理程序下，应设置（　　）。

A.收款、付款和转账凭证或通用记账凭证

B.科目汇总表或汇总记账凭证

C.库存现金和银行存款日记账

D.总分类账

7）对于汇总记账凭证账务处理程序，下列说法错误的是（　　）。

A.登记总账的工作量大　　B.不能体现账户之间的对应关系

C.明细账与总账无法核对　　D.有利于会计工作的分工

3.判断题

1）科目汇总表账务处理程序不仅可以减少登记总账的工作量，而且能够反映账户之间的对应关系。（　　）

2）账务处理程序是指记账程序。（　　）

3）科目汇总表不仅能起到试算平衡的作用，而且能反映账户的对应关系。（　　）

4）我国经济业务较多的单位，其账务处理程序是记账凭证账务处理程序。（　　）

5）在各种不同的账务处理程序下，登记总分类账的依据和程序都是相同的。（　　）

6）由于汇总记账凭证账务处理程序大大减少了登记总账的工作量，因而这种账务处理程序适用于一切单位。（　　）

7）汇总记账凭证不仅能体现账户之间的对应关系，而且能起到入账前的试算平衡作用。（　　）

6.2.2 实务题

学习微平台
资源 6-02

1.单项选择题

1）会计循环的顺序是（　　）。

A.填制和审核会计凭证—编制会计报表—登记账簿

B.编制会计报表—登记账簿—填制和审核会计凭证

C.填制和审核会计凭证—登记账簿—编制会计报表

D.登记账簿—填制和审核会计凭证—编制会计报表

2）编制科目汇总表时，汇总的范围是（　　）。

A.全部会计科目的借贷方发生额

B.全部会计科目的借贷方余额

C.资产类和负债类会计科目的发生额

D.资产类、负债类及所有者权益类会计科目的发生额

3）适用于经济业务较少，且规模较小的单位的账务处理程序是（　　）。

A.科目汇总表账务处理程序　　B.记账凭证账务处理程序

C.汇总记账凭证账务处理程序　　D.多栏式日记账账务处理程序

4）编制科目汇总表直接依据的凭证是（　　）。

A.原始凭证　　B.汇总原始凭证

C.记账凭证　　D.汇总记账凭证

5）记账凭证账务处理程序的特点是直接根据各种记账凭证登记（　　）。

A.总分类账　　B.明细分类账

C.库存现金日记账　　D.银行存款日记账

6）可以简化总分类账的登记工作，但不能反映账户对应关系的是（　　）。

A.根据记账凭证登记总账　　B.根据记账凭证汇总表登记总账

C.根据汇总记账凭证登记总账　　D.根据明细账登记总账

7）在汇总记账凭证账务处理程序下，登记总分类账的依据是（　　）。

A.汇总原始凭证　B.汇总记账凭证　C.记账凭证　D.原始凭证

2.多项选择题

1）在科目汇总表账务处理程序下，各种明细账登记的依据有（　　）。

A.原始凭证　　B.汇总原始凭证

C.收款凭证　　D.付款凭证

2）科目汇总表账务处理程序的优点是（　　）。

A.减少登记总账的工作量　　B.能够反映科目的对应关系

C.可以根据科目汇总表进行试算平衡　D.简明易懂

3）在科目汇总表账务处理程序下，所有记账凭证中的科目对应关系必须是（　　）。

A.一个借方科目与一个贷方科目相对应

B.一个借方科目与几个贷方科目相对应

C.几个借方科目与一个贷方科目相对应

D.几个借方科目与几个贷方科目相对应

4）不论采用何种账务处理程序，编制财务报表所需资料都来源于（ ）。

A.科目汇总表　B.总分类账　C.明细分类账　D.汇总记账凭证

5）下列有关记账凭证账务处理程序叙述中正确的是（ ）。

A.直接根据各种记账凭证逐笔登记总分类账

B.体现会计核算的基本原理和基本程序，是一种基本的账务处理程序

C.记账凭证只能采用收、付、转三种形式，不能采用通用的格式

D.优点是比较简单明了，易于理解，在总分类账中能具体反映经济业务的内容，便于查账

6）在不同的账务处理程序下，总账的记账依据有（ ）。

A.原始凭证　B.记账凭证

C.汇总记账凭证　D.科目汇总表

7）各种账务处理程序的相同之处有（ ）。

A.库存现金日记账和银行存款日记账的登记

B.各种明细分类账的登记

C.会计报表的编制

D.对账要求

3.混合选择题

1）“革新创新能力”（初级）的“规范与标准”是（ ）。

A.能揭示事物的不足，提出改进意见

B.能在采纳各方意见的基础上，确定创新方案的目标、方法、步骤、难点和对策，指出创新方案需要的资源和条件

C.能进行自我检查，正确对待反馈信息和他人意见，对创新方案及实施做出客观评估并调整

D.能设计并实施创新方案，并坚持创新活动

2）“职业理想”的“技术-技能”点是（ ）。

A.爱岗敬业、诚实守信

B.对职业选择或模拟选择有充分认知和积极倾向与行动

C.对将要从事的职业种类、职业方向与事业成就有向往和追求

D.对职业、职业选择、职业工作等具有正确看法

3）“职业观念”的“规范与标准”是（ ）。

A.在履行职业义务时具有强烈的道德责任感和较高的自我评价能力

B.公正客观、坚持原则

C.具备可持续创新的知识和原理及市场预测知识

D.对职业、职业选择、职业工作、职业道德和会计伦理等具有正确的看法

4）“确定适用账务处理程序‘技术-技能’”的“规范与标准”有（ ）。

A.能正确掌握账务处理程序的概念、种类

B.能准确判断企业的规模大小、业务多少及与账务处理程序的关系
C.能在上述判断的基础上对企业适用的账务处理程序进行选择
D.编制会计报表

5）“记账凭证账务处理程序‘技术-技能’”的“规范与标准”有（　　）。
A.能正确掌握记账凭证账务处理程序的特点、会计凭证与会计账簿种类及格式
B.能正确地确定在该账务处理程序下登记明细账、日记账的依据并进行登记
C.能正确地确定在该账务处理程序下登记总分类账的依据并进行登记
D.编制会计报表

6）“科目汇总表账务处理程序‘技术-技能’”的“规范与标准”有（　　）。
A.能正确掌握科目汇总表账务处理程序的特点、会计凭证与会计账簿的种类及格式
B.能正确地确定在该账务处理程序下登记明细账、日记账的依据并进行登记
C.能正确地确定在该账务处理程序下登记总分类账的依据并进行登记
D.编制会计报表

7）“汇总记账凭证账务处理程序‘技术-技能’”的“规范与标准”有（　　）。
A.能正确掌握汇总记账凭证账务处理程序的特点、会计凭证与会计账簿的种类及格式
B.能正确地确定在该账务处理程序下登记明细账、日记账的依据并进行登记
C.能正确地确定在该账务处理程序下登记总分类账的依据并进行登记
D.编制会计报表

4.判断题

1）科目汇总表汇总了有关科目的借方发生额、贷方发生额和余额。（　　）

2）在记账凭证账务处理程序下，总账可以根据记账凭证逐笔登记，也可以定期汇总登记。（　　）

3）不论哪种账务处理程序，在编制会计报表之前，都要进行对账工作。（　　）

4）在各种账务处理程序中，记账凭证都不能直接用来登记总账和明细账。（　　）

5）在科目汇总表账务处理程序中，每月可以编制多个科目汇总表。（　　）

6）采用科目汇总表账务处理程序，科目对应关系不明显，不能直接通过总分类账查对账目。（　　）

7）科目汇总表账务处理程序与记账凭证账务处理程序一样，都是根据各种记账凭证登记总分类账的。（　　）

学习微平台

资源6-03

6.2.3 案例题

包工包料偷逃增值税款

背景与情境：审计人员在审查N企业2017年的资产负债表时发现，有一笔

待处理流动资产净损失20万元，审查其明细账得知原因是部分库存材料盘亏，但在审查会计凭证时却发现N企业10月15日23#记账凭证，购买装饰材料，编制如下会计分录：

借：原材料 200 000

应交税费——应交增值税 26 000

贷：银行存款 226 000

10月15日25#记账凭证后未附原始凭证，但编制的会计分录是：

借：待处理财产损溢——待处理流动资产损溢 280 000

贷：原材料 200 000

其他应付款 80 000

10月18日编制的会计分录是：

借：管理费用 280 000

贷：待处理财产损溢——待处理流动资产损溢 280 000

问题：上述会计分录的可疑之处在于，N企业因何将8万元的材料损失记入了“其他应付款”账户？审计人员对“其他应付款”明细账进行了审查，发现有一笔应付给C装饰公司的装饰用工费值得怀疑。审计人员实际查看了N企业的会议室，从外观上看是最近装修的，但从账簿、会计凭证中未发现任何记录。于是，审计人员找到C装饰公司于经理询问此事。据于经理反映，他们为N企业装饰会议室不仅出了工，而且还购买了装饰材料。

（资料来源 佚名. 包工包料偷逃增值税款［EB/OL］.［2018-04-06］. http：//www.docin.com/p-630104385.html.）

要求：请根据案例在下列题中填入适当选项。

1）当材料出现盘亏时，如果属于正常损耗，那么应记入（ ）科目。

A.“管理费用” B.“营业外支出”

C.“销售费用” D.“财务费用”

2）“其他应付款”科目反映（ ）内容。

A.存入保证金 B.应付经营租入固定资产租金

C.应付租入包装物租金 D.以售后回租方式融入的资金

3）根据这些证据，说明N企业（ ）。

A.掩饰铺张行为 B.偷漏了增值税

C.虚增了当期费用 D.少缴了所得税

4）购进装饰材料时，N企业应进行的会计处理是（ ）。

A.借：工程物资 200 000

应交税费——应交增值税（进项税额） 17 475

——待抵扣进项税额 12 275

贷：银行存款 226 000

B.借：原材料 226 000

贷：银行存款 226 000

C.借：工程物资　　200 000

　　应交税费——应交增值税　　26 000

　贷：银行存款　　226 000

D.借：工程物资　　200 000

　贷：银行存款　　200 000

5）当领用工程物资并发生用工费时，N企业正确的会计处理有（　　）。

A.借：在建工程28万元　　B.贷：工程物资20万元

C.贷：其他应付款8万元　　D.借：管理费用31.2万元

6.2.4　实训题

学习微平台

资源6-04

1.单项选择题

1）科目汇总表账务处理程序的缺点是（　　）。

A.不利于会计核算分工　　B.反映不出账户的对应关系

C.适用于任何企业　　D.适用于规模大、业务量多的企业

2）可以简化总分类账的登记工作，但不能反映账户对应关系的是（　　）。

A.记账凭证账务处理程序　　B.科目汇总表账务处理程序

C.汇总记账凭证账务处理程序　　D.以上三种都不能

3）科目汇总表账务处理程序的特点是（　　）。

A.根据记账凭证登记总账　　B.根据记账凭证汇总表登记总账

C.根据汇总记账凭证登记总账　　D.根据明细账登记总账

4）各种账务处理程序的主要区别是（　　）。

A.会计凭证格式不同　　B.会计账簿不同

C.登记总账的依据不同　　D.会计报表种类不同

5）下列关于汇总记账凭证账务处理程序的说法中，错误的是（　　）。

A.根据汇总记账凭证登记总分类账

B.根据记账凭证定期编制汇总记账凭证

C.根据原始凭证或汇总原始凭证登记总分类账

D.汇总转账凭证应当按照每一账户的贷方分别设置，并按其对应的借方账户归类汇总

6）不能简化总账登记工作的是（　　）。

A.记账凭证账务处理程序　　B.科目汇总表账务处理程序

C.汇总记账凭证账务处理程序　　D.以上三种都不能

7）下列不属于记账凭证账务处理程序步骤的是（　　）。

A.根据原始凭证、汇总原始凭证和记账凭证，登记各种明细分类账

B.根据各种记账凭证编制有关汇总记账凭证

C.根据原始凭证或汇总原始凭证编制收款凭证、付款凭证和转账凭证

D.根据收款凭证、付款凭证逐笔登记库存现金日记账和银行存款日记账

2.多项选择题

1）科目汇总表账务处理程序的优点是（　　）。

A.减少登记总账的工作量　　B.能够反映科目的对应关系

C.可以根据科目汇总表进行试算平衡　　D.简明易懂

2）我国企业所采用的账务处理程序主要有（　　）。

A.记账凭证账务处理程序　　B.科目汇总表账务处理程序

C.汇总记账凭证账务处理程序　　D.财务软件账务处理程序

3）账务处理程序是把（　　）按照一定的形式和方法结合起来的方式。

A.会计科目　　B.会计凭证

C.会计账簿　　D.会计报表

4）下列关于科目汇总表账务处理程序的说法中，不正确的是（　　）。

A.登记总账的直接依据是记账凭证

B.登记总账的直接依据是科目汇总表

C.编制会计报表的直接依据是科目汇总表

D.与记账凭证账务处理程序相比增加了一道编制汇总记账凭证的程序

5）账务处理程序的意义在于（　　）。

A.有利于会计工作程序规范化，提高会计信息质量

B.有利于保证会计记录的完整性、正确性，增强会计信息的可靠性

C.有利于减少不必要的会计核算环节，以保证会计信息的及时性

D.强化会计监督，有利于财务会计报告使用者科学地做出经济决策

6）汇总记账凭证账务处理程序与科目汇总表账务处理程序的共同点有（　　）。

A.减少登记总账的工作量

B.总账可以比较详细地反映经济业务的发生情况

C.有利于查账

D.均适用于经济业务较多的单位

7）科目汇总表账务处理程序的缺点是（　　）。

A.不能反映各科目的对应关系

B.不便于分析和检查经济业务的来龙去脉

C.不便于查对账目

D.减少登记总账的工作量

6.3 主观题

6.3.1 理论题

1）记账凭证账务处理程序的特点、优缺点和适用范围是什么？

（请在下方答题）

2）科目汇总表账务处理程序的特点、优缺点和适用范围是什么？（请在下方答题）

3）各种账务处理程序的不同点有哪些？相同点是什么？（请在下方答题）

6.3.2 实务题

1）请绘制记账凭证账务处理程序图。（请在下方答题）

2）请绘制科目汇总表账务处理程序图。（请在下方答题）

6.3.3 案例题

【训练项目】

案例分析6-1

【相关案例】

正常使用的设备提前报废——虚减利润

背景与情境： 审计人员在对某企业进行审计时发现，该企业2023年12月份以更新机器设备为名报废了8台正常运转的机器设备。8台设备原值共计1 600 000元，已提折旧700 000元，会计人员按照厂长的指示对8台设备进行了固定资产清理的账务处理。

学习微平台

资源6-05

借：固定资产清理　　900 000

　　累计折旧　　700 000

　贷：固定资产　　1 600 000

借：营业外支出　　900 000

　贷：固定资产清理　　900 000

问题：

1）该企业为什么这样做？

2）该企业应如何进行账务调整？

分析： 同“1.3.3　案例分析”的“分析要求”。

（请在下方答题）

【训练项目】

课程思政6-1

【相关案例】

正确的流程是什么？

学习微平台

资源6-06

背景与情境：甲公司是一家小规模企业，选用记账凭证账务处理程序记账，工作流程按照以下环节进行：①根据原始凭证或汇总原始凭证填制记账凭证；②根据原始凭证或汇总原始凭证、记账凭证登记明细账；③根据明细账和总分类账编制会计报表；④根据收款凭证、付款凭证登记库存现金日记账和银行存款日记账；⑤根据记账凭证登记总分类账；⑥将库存现金日记账、银行存款日记账和明细分类账的余额与有关总分类账的余额核对相符。

（资料来源 佚名. 会计从业资格证考试会计基础模拟试题七［EB/OL］.［2014-04-27］. http：//www.doc88.com/p-1921921488237.hhtml.）问题：

（1）试对上述现象进行分析，做出你的思政研判。

（2）通过适当途径进行信息搜集，分析本案例是否违背了账务处理程序的规定。如果违反了规定，那么正确的流程是什么？

（3）本案例对你有哪些启示？

思政研判要求：同“1.3.3 思政研判”的“思政研判要求”。

（请在下方答题）

模拟训练

【训练项目】

阶段性体验：“账务处理程序”技术应用。

【训练目标】

见主教材第6章“学习目标”中的“实训目标”。

【任务操作规范与标准】

1）专业能力

“技术-技能”Ⅰ

名称：运用记账凭证账务处理程序

规范与标准：

（1）能掌握记账凭证账务处理程序的特点、会计凭证与会计账簿种类及格式。

（2）能确定在该账务处理程序下登记明细账、日记账的依据，并进行登记。

（3）能确定在该账务处理程序下登记总分类账的依据，并进行登记。

“技术-技能”Ⅱ

名称：运用科目汇总表账务处理程序

规范与标准：

（1）能掌握科目汇总表账务处理程序的特点、会计凭证与会计账簿种类及格式。

（2）能确定在该账务处理程序下登记明细账、日记账的依据，并进行登记。

（3）能确定在该账务处理程序下登记总分类账的依据，并进行登记。

“技术-技能”Ⅲ

名称：运用汇总记账凭证账务处理程序

规范与标准：

（1）能掌握汇总记账凭证账务处理程序的特点、会计凭证与会计账簿种类及格式。

（2）能确定在该账务处理程序下登记明细账、日记账的依据，并进行登记。

（3）能确定在该账务处理程序下登记总分类账的依据，并进行登记。

“技术-技能”Ⅳ

名称：《“‘账务处理程序’技术应用”训练报告》撰写

规范与标准：

（1）能全面掌握“训练报告撰写”的相关技术。

（2）能充分应用训练报告撰写技术，有质量、有效率地进行如下操作：

①正确设计关于“‘账务处理程序运用’技术应用”的训练报告，其结构合理、层次分明。

②较规范地撰写上述训练报告。

③依照网络教学资源包中《学生考核手册》考核表6-76和考核表6-77中的“考核指标”和“考核标准”要求，撰写上述训练报告。

2）职业核心能力——数字应用、解决问题、革新创新（中级）

各专业能力领域的“基本要求”、“‘技术-技能’点”和“规范与标准”见本教材“附录二”中的附表2-2。

3）职业道德——职业观念、职业理想、职业态度、职业守则（认同级）

各道德领域的“规范与标准”见本教材“附录二”中的附表2-3。

【训练任务】

（1）对“‘账务处理程序’技术应用”专业能力领域各“技术-技能”点实施阶段性基本训练。

（2）对“数字应用”“解决问题”“革新创新”等职业核心能力领域各“技

术-技能”点实施“中级”强化训练。

（3）对“职业观念”、“职业理想”、“职业态度”和“职业守则”等职业道德领域实施“认同级”相关训练。

【训练要求】

（1）训练前学生要了解并熟记本训练的“目标”、“能力与道德领域”、“任务”与“要求”，了解并熟记本教材网络教学资源包中《学生考核手册》考核表6-76、考核表6-77的“考核指标”与“考核标准”内涵，将其作为本训练的操练点和考核点来准备。

（2）通过“训练步骤”，将“训练任务”所列三种训练整合并落实到本训练的“活动过程”和“成果形式”中。

（3）训练后学生要对本次“‘账务处理程序’技术应用”的训练活动进行总结，在此基础上撰写训练报告。

【情境设计】

将学生组建成若干训练团队，各团队结合本训练“成果形式”的“训练课业”题目，在子任务中任选（题量以必需、够用为限），进行针对“‘账务处理程序’技术应用”的训练。各团队通过对所选企业账务处理程序的种类选择，对经济业务的分析和处理，明细分类账、日记账及总分类账登记以及相应“训练报告”的准备、撰写、讨论与交流等实践活动的参与和体验，依照本章“训练要求”完成各自的训练任务。

【指导准备】

知识准备：

（1）见前文“6.1预习要览”。

（2）本教材“附录一”的附表1-1中，涉及与本章“职业核心能力‘强化训练项’”各“技术-技能”点相关的“‘知识准备’参照范围”。

（3）见本教材“附录二”的附表2-2、附表2-3中，涉及本章“职业核心能力领域‘强化训练项’”各“技术-技能”点和“职业道德领域‘相关训练项’”的“规范与标准”知识。

操作指导：

（1）教师向学生阐明“训练目的”、“能力与道德领域”和“知识准备”。

（2）教师就“知识准备”中的第（2）、（3）项，对学生进行培训。

（3）教师指导学生就训练资料进行了解、分析和判断，并根据分析和判断的结果准确进行账务处理程序的选择。

（4）教师指导学生就训练资料对资产、权益的影响情况及其结果进行正确的分析，并填制记账凭证。

（5）教师指导学生正确编制“训练资料”中企业总分类账、明细分类账和日记账。

（6）教师指导学生撰写《“‘账务处理程序’技术应用”训练报告》。

【训练时间】

本章课堂教学内容结束后的双休日和课余时间，为期两天。

【训练步骤】

（1）将学生组建成若干个训练团队，每8位同学分成一队，每队确定1～2人负责，并向各队成员分发空白的原始凭证或记账凭证、会计账簿。

（2）对学生进行账务处理程序的应用培训，使其熟悉训练目的、步骤。

（3）指导各训练团队熟悉所选训练资料按要求进行关于“技术-技能”Ⅰ至“技术-技能”Ⅳ的全面操练，制作“‘账务处理程序’技术应用”训练报告，并与“参考答案与提示”进行对比。

（4）各团队成员在实施上述训练的过程中，融入对“数字应用”、“解决问题”和“革新创新”等职业核心能力的各“技术-技能”点的“中级”强化训练和对“职业观念”、“职业理想”、“职业态度”和“职业守则”等职业道德各“素质点”的“认同级”相关训练，并对训练过程作简要记录与说明。

（5）各团队成员整合上述操练的过程与结果，分别撰写作为最终成果形式的《“‘账务处理程序’技术应用”训练报告》。

（6）各团队成员的训练报告提交小组讨论并修订后，评出小组优秀训练报告。

（7）班级交流并修订各团队优秀训练报告，评出班级优秀训练报告。

（8）教师对班级优秀训练报告进行点评。

（9）将附有“教师点评”的班级优秀训练报告纳入该课程教学资源库，通过校园网课程平台进行展示，并允许学生拷贝借鉴。

【成果形式】

训练课业：《“‘账务处理程序’技术应用”训练报告》。

课业要求：

（1）本课业应包括“关于本组资料的专业训练”（列入“技术-技能”Ⅰ至“技术-技能”Ⅳ的阶段性训练成果）、“关于‘职业核心能力’与‘职业道德’选项的融入性操练”和“关于《“‘账务处理程序’技术应用”训练报告》的撰写训练”三部分内容。

（2）训练报告的内容、结构与体例参照本任务“模拟训练”课业范例。

（3）各训练团队完成的训练报告须由指导教师、训练团队队长和本人三方签字负责。

“‘账务处理程序’技术应用”子任务一

【任务背景资料】

企业2023年10月1日有关账户期初余额见表6-1。

表 6-1 **期初余额表** 单位：元

账户名称	借方余额	账户名称	贷方余额
库存现金	2 200	累计折旧	100 000
银行存款	74 296	短期借款	80 000
原材料	91 200	其他应付款	30 800
库存商品	65 000	应付职工薪酬	200 000
预付账款	100	应付利息	300
固定资产	800 000	长期借款	200 000
应交税费	15 504	实收资本	400 000
生产成本	62 800	盈余公积	100 000
合计	1 111 100	合计	1 111 100

2023年10月份发生下列经济业务：

(1) 收到投资者投入企业的股款150 000元，存入银行。

(2) 某单位投入企业全新运输汽车一辆，经投资各方确认价值为260 000元。

(3) 企业向银行借入临时借款50 000元，期限为2个月。

(4) 因购置生产设备需要向银行借入33 900元，借款期为2年。该项生产设备价款30 000元，增值税税率为13%。该设备已投入使用。

(5) 因基建工程需要，购置建筑材料120 000元（含增值税），向银行借入长期借款支付价款。

(6) 向外地某单位购入甲材料4 000千克，每千克8元；购入乙材料2 000千克，每千克4元；增值税税率为13%。材料已验收入库，货款以商业汇票付讫。

(7) 向本地某单位购入丙材料5 000千克，每千克10元，增值税税率为13%。材料已验收入库，货款以银行存款支付。

(8) 支付甲、乙、丙三种材料的装卸费2 200元，其中，以银行存款支付1 800元，以现金支付400元，装卸费按材料重量比例分配。

(9) 商业汇票到期，以银行存款归还外地某工厂材料款45 200元。

(10) 从仓库领用甲、乙、丙材料各一批，价值55 000元，用以生产A、B两种产品和其他一般耗用（见表6-2）。

表 6-2 **材料耗用表**

项目	甲材料		乙材料		丙材料		合计	
	数量（千克）	金额（元）	数量（千克）	金额（元）	数量（千克）	金额（元）	数量（千克）	金额（元）
制造A产品耗用	1 000	8 000	600	2 400	2 000	20 000	3 600	30 400
制造B产品耗用	1 000	8 000	300	1 200	1 000	10 000	2 300	19 200
小计	2 000	16 000	900	3 600	3 000	30 000	5 900	49 600
车间一般耗用	500	4 000			100	1 000	600	5 000
管理部门领用			100	400			100	400
合计	2 500	20 000	1 000	4 000	3 100	31 000	6 600	55 000

（11）结算本月份应付职工工资24 000元。其中：制造A产品工人工资15 000元，制造B产品工人工资5 000元，车间管理人员工资1 800元，厂部管理人员工资2 200元。

（12）从银行存款中提取现金24 000元，准备用以发放职工工资。

（13）以现金24 000元发放职工工资。

（14）以银行存款支付行政管理部门办公费、水电费1 600元。

（15）以银行存款1 200元预付6个月的书报杂志订阅费。

（16）摊销本月应由行政管理部门负担的书报杂志订阅费200元。

（17）预提应由本月负担的短期借款利息600元。

（18）按照规定的固定资产折旧率，计提本月固定资产折旧12 000元，其中车间固定资产折旧8 000元，行政管理部门固定资产折旧4 000元。

（19）本月发生车间办公费3 600元，行政管理部门设备的修理费2 000元，共计5 600元，款项未付。

（20）将本月发生的制造费用18 400元转入生产成本（按生产工人工资比例分配）。

（21）本月A产品100台全部制造完工，并已验收入库，按其实际生产成本59 200元转账。

（22）向本市某工厂出售A产品100台，每台售价920元，产品已发出，货款尚未收到，增值税税率为13%。

（23）上述A产品应缴纳的消费税为9 200元。

（24）以银行存款支付A产品包装费用148元。

（25）结转本月已销A产品100台的实际成本59 200元。

（26）以现金支付销售部门业务费300元。

（27）出售一批材料，价值3 500元，增值税税率为13%，增值税销项税额为455元。款已收到，存入银行。

（28）结转出售材料的实际成本3 000元。

（29）以现金支付自办职工子弟学校经费450元。

（30）没收逾期未退的包装物押金150元。

（31）计算并结转本期利润总额。

（32）按利润总额计算所得税费用并进行结转，所得税税率为25%。

（33）用银行存款归还临时借款50 000元。

（34）经上级批准，出售一台机器，原值40 000元，已提折旧10 000元，价款已收到。

（35）以固定资产向其他单位换入长期股权投资，原值60 000元，已提折旧20 000元。

（36）企业购入面值1 000元的一年期债券10张，年利率为5%，以银行存款支付10 000元。

（37）以现金400元购入医药用品，支付职工困难补助费500元。

（38）以银行存款缴纳消费税9 200元。

【要求】

（1）根据上述资料运用记账凭证账务处理程序登记库存现金总账、银行存款总账、原材料总账、短期借款总账、长期借款总账（“技术-技能”Ⅰ训练）。

（2）根据上述资料运用科目汇总表账务处理程序登记库存现金总账、银行存款总账、原材料总账、短期借款总账、长期借款总账（“技术-技能”Ⅱ训练）。

（3）根据上述资料运用汇总记账凭证账务处理程序登记库存现金总账、银行存款总账、长期借款总账（“技术-技能”Ⅲ训练）。

（4）通过训练过程的全程参与和体验，在基本完成训练各项技能任务的基础上，独立形成《“‘账务处理程序’技术应用”训练报告》（“技术-技能”Ⅳ训练）。

（请在下方答题）

（1）“技术-技能”Ⅰ训练：运用记账凭证账务处理程序。

步骤一：分析业务，填制记账凭证如下。（会计分录代替）

步骤二：登记库存现金、银行存款、原材料、短期借款、长期借款总账（见表 6-3 至表 6-7）。

表 6-3 **总分类账** 第 1 页

会计科目：库存现金 单位：元

年		凭证号	摘要	借方	贷方	借或贷	余额
月	日						

表 6-4 **总分类账** 第 2 页

会计科目：银行存款 单位：元

年		凭证号	摘要	借方	贷方	借或贷	余额
月	日						

表 6-5　　总分类账　　第 3 页

会计科目：原材料　　单位：元

年		凭证号	摘　要	借方	贷方	借或贷	余额
月	日						

表 6-6　　总分类账　　第 4 页

会计科目：短期借款　　单位：元

年		凭证号	摘　要	借方	贷方	借或贷	余额
月	日						

表 6-7　　总分类账　　第 5 页

会计科目：长期借款　　单位：元

年		凭证号	摘　要	借方	贷方	借或贷	余额
月	日						

（2）“技术-技能”Ⅱ训练：运用科目汇总表账务处理程序（请在下方答题）。

步骤一：分析业务，编制凭证如下。

步骤二：编制科目汇总表（见表6-8）。

表6-8

科目汇总表

年　月

单位：元

会计科目	借方发生额	贷方发生额

续表

会计科目	借方发生额	贷方发生额

步骤三：根据科目汇总表登记库存现金总账、银行存款总账、原材料总账、短期借款总账、长期借款总账（见表 6-9 至表 6-13）。

表 6-9　　**总分类账**　　第 1 页

会计科目：库存现金　　单位：元

年		凭证号	摘　要	借方	贷方	借或贷	余额
月	日						

表 6-10　　**总分类账**　　第 2 页

会计科目：银行存款　　单位：元

年		凭证号	摘　要	借方	贷方	借或贷	余额
月	日						

表 6-11 **总分类账** 第 3 页

会计科目：原材料 单位：元

年		凭证号	摘　要	借方	贷方	借或贷	余额
月	日						

表 6-12 **总分类账** 第 4 页

会计科目：短期借款 单位：元

年		凭证号	摘　要	借方	贷方	借或贷	余额
月	日						

表 6-13 **总分类账** 第 5 页

会计科目：长期借款 单位：元

年		凭证号	摘　要	借方	贷方	借或贷	余额
月	日						

(3)"技术-技能"Ⅲ训练：运用汇总记账凭证账务处理程序（请在下方答题）。

步骤一：分析业务，编制凭证如下。

步骤二：按月编制汇总库存现金收款凭证、汇总银行存款收款凭证、汇总库存现金付款凭证、汇总银行存款付款凭证和汇总转账凭证（见表 6-14 至表 6-18）。

表 6-14 **汇总收款凭证** 汇收字第 1 号

年　月　日— 月　日

借方科目：库存现金 单位：元

贷方科目	金　额	总账页数	
		借方	贷方
合计			

附注：收款凭证自　　号至　　号共　张

会计主管：　　记账：　　复核：　　制单：

表 6-15

汇总收款凭证

汇收字第 2 号

年 月 日— 月 日

借方科目：银行存款

单位：元

贷方科目	金 额	总账页数	
		借方	贷方
合计			

附注：收款凭证自　　号至　　号共　　张

会计主管：　　记账：　　复核：　　制单：

表 6-16

汇总付款凭证

汇付字第 1 号

年 月 日— 月 日

贷方科目：库存现金

单位：元

借方科目	金 额	总账页数	
		借方	贷方
合计			

附注：付款凭证自　　号至　　号共　　张

会计主管：　　记账：　　复核：　　制单：

表 6-17

汇总付款凭证

汇付字第2号

年 月 日— 月 日

贷方科目：银行存款

单位：元

借方科目	金 额	总账页数	
		借方	贷方
合计			

附注：付款凭证自 号至 号共 张

会计主管： 记账： 复核： 制单：

表 6-18

汇总转账凭证

汇转字第1号

年 月 日— 月 日

贷方科目：

单位：元

借方科目	金 额	总账页数	
		借方	贷方
合计			

附注：转账凭证自 号至 号共 张

会计主管： 记账： 复核： 制单：

步骤三：根据汇总记账凭证登记库存现金总账、银行存款总账、原材料总账、短期借款总账、长期借款总账（见表 6-19 至表 6-21）。

表 6-19

总分类账

第1页

会计科目：库存现金

单位：元

年		凭证号	摘 要	借方	贷方	借或贷	余额
月	日						

表 6-20　　**总分类账**　　第 2 页

会计科目：银行存款　　单位：元

年		凭证号	摘　　要	借方	贷方	借或贷	余额
月	日						

表 6-21　　**总分类账**　　第 3 页

会计科目：长期借款　　单位：元

年		凭证号	摘　　要	借方	贷方	借或贷	余额
月	日						

（4）“技术-技能”Ⅳ训练：撰写《“‘账务处理程序’技术应用”训练报告》（请在表 6-22 中答题）。

表 6-22　　**“‘账务处理程序’技术应用”训练报告**

训练班级：	分队及队长：	团队成员：
指导老师：	训练时间：	训练地点：
训练目的		
训练步骤		
训练结果		
训练感言		
训练团队队长评定意见		
项目指导教师评定意见		

“‘账务处理程序’技术应用”子任务二

【任务背景资料】

某企业于2023年12月发生如下业务，收款凭证、付款凭证、转账凭证如图6-1～图6-14所示。

收　款　凭　证

银收 字第　1　号

借方科目：银行存款　　　　2023年12月1日

摘　要	对方科目		借或贷	金额										√
	总账科目	明细科目		千	百	十	万	千	百	十	元	角	分	
收到大明公司欠的货款	应收账款	大明公司	贷				5	0	0	0	0	0	0	□
														□
														□
														□
														□
														□
合　计						¥	5	0	0	0	0	0	0	□

附单据1张

会计主管：　记账：　出纳：　复核：　制单：陈光　收款人：

图6-1　银行存款收款凭证（1）

收　款　凭　证

银收 字第　2　号

借方科目：银行存款　　　　2023年12月8日

摘　要	对方科目		借或贷	金额										√
	总账科目	明细科目		千	百	十	万	千	百	十	元	角	分	
收到货款	应收账款	北京职业中专学校	贷				4	5	2	0	0	0	0	□
														□
														□
														□
														□
														□
合　计						¥	4	5	2	0	0	0	0	□

附单据1张

会计主管：　记账：　出纳：　复核：　制单：陈光　收款人：

图6-2　银行存款收款凭证（2）

收 款 凭 证

现收 字第 1 号

借方科目：库存现金　　　　2023年12月20日

摘要	对方科目·总账科目	对方科目·明细科目	借或贷	千	百	十	万	千	百	十	元	角	分	√
收到职工还款	其他应收款	张刚	贷							8	0	0	0	□
														□
														□
														□
														□
														□
合　　计									¥	8	0	0	0	□

附单据 1 张

会计主管：　记账：　出纳：　复核：　制单：陈光　收款人：

图 6-3　库存现金收款凭证

付 款 凭 证

银付 字第 1 号

贷方科目：银行存款　　　　2023年12月2日

摘要	对方科目·总账科目	对方科目·明细科目	借或贷	千	百	十	万	千	百	十	元	角	分	√
支付欠北京百货的货款	应付账款	北京百货有限公司	借				3	0	0	0	0	0	0	□
														□
														□
														□
														□
														□
合　　计						¥	3	0	0	0	0	0	0	□

附单据 1 张

会计主管：　记账：　出纳：　复核：　制单：陈光　收款人：

图 6-4　银行存款付款凭证（1）

付 款 凭 证

现付 字第 1 号

贷方科目：库存现金　　　　2023年12月3日

摘要	对方科目·总账科目	对方科目·明细科目	借或贷	千	百	十	万	千	百	十	元	角	分	√
购买办公用品	管理费用	办公费	借						4	5	0	0	0	□
														□
														□
														□
														□
														□
合　　计								¥	4	5	0	0	0	□

附单据 1 张

会计主管：　记账：　出纳：　复核：　制单：陈光　收款人：

图 6-5　库存现金付款凭证（1）

付 款 凭 证

银付 字第 2 号

贷方科目：银行存款　　　　2023 年 12 月 30 日

摘要	对方科目		借或贷	金额										√
	总账科目	明细科目		千	百	十	万	千	百	十	元	角	分	
提取现金备发工资	库存现金		借				1	0	0	0	0	0	0	□
														□
														□
														□
														□
														□
合计						¥	1	0	0	0	0	0	0	□

附单据 1 张

会计主管：　记账：　出纳：　复核：　制单：陈光　收款人：

图 6-6　银行存款付款凭证（2）

付 款 凭 证

现付 字第 2 号

贷方科目：库存现金　　　　2023 年 12 月 30 日

摘要	对方科目		借或贷	金额										√
	总账科目	明细科目		千	百	十	万	千	百	十	元	角	分	
支付工资	应付职工薪酬	工资	借				1	0	0	0	0	0	0	□
														□
														□
														□
														□
														□
合计						¥	1	0	0	0	0	0	0	□

附单据 1 张

会计主管：　记账：　出纳：　复核：　制单：陈光　收款人：

图 6-7　库存现金付款凭证（2）

转 账 凭 证

转字第 1 号

2023 年 12 月 6 日

摘要	总账科目	明细科目	借方金额											贷方金额											√
			亿	千	百	十	万	千	百	十	元	角	分	亿	千	百	十	万	千	百	十	元	角	分	
销售商品款未收	应收账款	北京职业中专学校					4	5	2	0	0	0	0												□
	主营业务收入																	4	0	0	0	0	0	0	□
	应交税费	应交增值税（销项税额）																	5	2	0	0	0	0	□
																									□
																									□
																									□
合计						¥	4	5	2	0	0	0	0				¥	4	5	2	0	0	0	0	□

附单据 1 张

会计主管：　记账：　出纳：　复核：　制单：陈光

图 6-8　转账凭证（1）

转 账 凭 证

转字第 2 号

2023年12月30日

摘要	总账科目	明细科目	借方金额											贷方金额											√
			亿	千	百	十	万	千	百	十	元	角	分	亿	千	百	十	万	千	百	十	元	角	分	
计提本月职工工资薪酬	生产成本	计数器						5	7	0	0	0	0												
	销售费用	工资及福利费						3	4	2	0	0	0												
	管理费用	工资及福利费						2	2	8	0	0	0												
	应付职工薪酬	工资																1	0	0	0	0	0	0	
	应付职工薪酬	福利费																	1	4	0	0	0	0	
合		计				¥	1	1	4	0	0	0	0				¥	1	1	4	0	0	0	0	

附单据 1 张

会计主管： 记账： 出纳： 复核： 制单：陈光

图6-9 转账凭证（2）

转 账 凭 证

转字第 3 号

2023年12月31日

摘要	总账科目	明细科目	借方金额											贷方金额											√
			亿	千	百	十	万	千	百	十	元	角	分	亿	千	百	十	万	千	百	十	元	角	分	
结转销售产品成本	主营业务成本						1	0	0	0	0	0	0												
	库存商品	计数器																1	0	0	0	0	0	0	
合		计				¥	1	0	0	0	0	0	0				¥	1	0	0	0	0	0	0	

附单据 1 张

会计主管： 记账： 出纳： 复核： 制单：陈光

图6-10 转账凭证（3）

转 账 凭 证

转字第 4 号

2023年12月31日

摘要	总账科目	明细科目	借方金额											贷方金额											√
			亿	千	百	十	万	千	百	十	元	角	分	亿	千	百	十	万	千	百	十	元	角	分	
计提消费税	税金及附加							3	6	0	0	0	0												
	应交税费	应交消费税																	3	6	0	0	0	0	
合		计					¥	3	6	0	0	0	0					¥	3	6	0	0	0	0	

附单据 1 张

会计主管： 记账： 出纳： 复核： 制单：陈光

图6-11 转账凭证（4）

转 账 凭 证

转字第 5 号

2023年12月31日

摘要	总账科目	明细科目	借方金额（亿千百十万千百十元角分）	贷方金额（亿千百十万千百十元角分）	√
结转主营业务收入	主营业务收入		4000000		☐
	本年利润			4000000	☐
					☐
					☐
					☐
					☐
合		计	¥4000000	¥4000000	☐

附单据 1 张

会计主管： 记账： 出纳： 复核： 制单：陈光

图6-12 转账凭证（5）

转 账 凭 证

转字第 6 号

2023年12月31日

摘要	总账科目	明细科目	借方金额（亿千百十万千百十元角分）	贷方金额（亿千百十万千百十元角分）	√
结转营业成本及税金	本年利润		1360000		☐
	主营业务成本			1000000	☐
	税金及附加			360000	☐
					☐
					☐
					☐
合		计	¥1360000	¥1360000	☐

附单据 1 张

会计主管： 记账： 出纳： 复核： 制单：陈光

图6-13 转账凭证（6）

转 账 凭 证

转字第 7 号

2023年12月31日

摘要	总账科目	明细科目	借方金额（亿千百十万千百十元角分）	贷方金额（亿千百十万千百十元角分）	√
结转费用账户	本年利润		615000		☐
	管理费用			273000	☐
	销售费用			342000	☐
					☐
					☐
					☐
合		计	¥615000	¥615000	☐

附单据 1 张

会计主管： 记账： 出纳： 复核： 制单：陈光

图6-14 转账凭证（7）

【要求】

（1）根据上述资料运用科目汇总表账务处理程序分别登记本企业12月1日—31日科目汇总表（“技术-技能”Ⅰ训练）。

（2）根据上述资料运用汇总记账凭证账务处理程序登记汇总银行存款付款凭证、汇总库存现金付款凭证、汇总本年利润转账凭证、汇总应交税费转账凭证、汇总银行存款收款凭证和汇总库存现金收款凭证（“技术-技能”Ⅱ训练）。

（3）通过训练过程的全程参与和体验，在基本完成训练各项“技术-技能”任务的基础上，独立形成《“‘账务处理程序’技术应用”训练报告》（“技术-技能”Ⅲ训练）。

（1）“技术-技能”Ⅰ训练：编制科目汇总表（见表6-23）。

表6-23

科目汇总表

年　月

单位：元

会计科目	借方发生额	贷方发生额

（2）“技术-技能”Ⅱ训练：运用汇总记账凭证账务处理程序登记汇总库存现金收款凭证、汇总银行存款收款凭证、汇总库存现金付款凭证、汇总银行存款付款凭证、汇总本年利润转账凭证和汇总应交税费转账凭证（见表6-24至表6-29）。

表 6-24 **汇总收款凭证** 汇收字第 1 号

年 月 日— 月 日

借方科目：库存现金 单位：元

贷方科目	金 额	总账页数	
		借方	贷方
合计			

附注：收款凭证自 号至 号共 张

会计主管： 记账： 复核： 制单：

表 6-25 **汇总收款凭证** 汇收字第 2 号

年 月 日— 月 日

借方科目：银行存款 单位：元

贷方科目	金 额	总账页数	
		借方	贷方
合计			

附注：收款凭证自 号至 号共 张

会计主管： 记账： 复核： 制单：

表 6-26 **汇总付款凭证** 汇付字第 1 号

年 月 日— 月 日

贷方科目：库存现金 单位：元

借方科目	金 额	总账页数	
		借方	贷方
合计			

附注：付款凭证自 号至 号共 张

会计主管： 记账： 复核： 制单：

表 6-27　　　　**汇总付款凭证**　　　　汇付字第 2 号

年　月　日—　月　日

贷方科目：银行存款　　　　单位：元

借方科目	金　额	总账页数	
		借方	贷方
合计			

附注：付款凭证自　　号至　　号共　张

会计主管：　　　记账：　　　复核：　　　制单：

表 6-28　　　　**汇总转账凭证**　　　　汇转字第 1 号

年　月　日—　月　日

贷方科目：　　　　单位：元

借方科目	金　额	总账页数	
		借方	贷方
合计			

附注：转账凭证自　　号至　　号共　张

会计主管：　　　记账：　　　复核：　　　制单：

表 6-29　　　　**汇总转账凭证**　　　　汇转字第 2 号

年　月　日—　月　日

贷方科目：　　　　单位：元

借方科目	金　额	总账页数	
		借方	贷方
合计			

附注：转账凭证自　　号至　　号共　张

会计主管：　　　记账：　　　复核：　　　制单：

(3)“技术-技能”Ⅲ训练：撰写并完成《“‘账务处理程序’技术应用”训练报告》(请在表6-30中答题)。

表6-30 “‘账务处理程序’技术应用”训练报告

训练班级：	分队及队长：	团队成员：
指导教师：	训练时间：	训练地点：
训练目的		
训练步骤		
训练结果		
训练感言		
训练团队队长 评定意见		
项目指导教师 评定意见		

“模拟训练”课业范例

“‘账务处理程序’技术应用”训练报告

(报告人：)

【资料】

某企业采用汇总记账凭证账务处理程序，有关资料与教材【同步案例6-1】相同，年份改为2023年。

【要求】

（1）根据以上经济业务编制通用记账凭证（不考虑增值税）。

（2）根据收、付款凭证逐日逐笔登记库存现金日记账、银行存款日记账。

（3）根据原始凭证、记账凭证登记原材料、生产成本明细账。

（4）根据记账凭证编制汇总记账凭证。

（5）根据汇总记账凭证登记银行存款总分类账和原材料总分类账。（“技术-技能”Ⅲ训练）

（6）综合上述训练成果，撰写“训练报告”。（“技术-技能”Ⅳ训练）

【训练课业】

一、关于“本组资料”的专业训练

“技术-技能”Ⅲ训练：汇总记账凭证处理程序的正确运用。

企业可根据记账凭证定期（如5天或10天，视业务量大小而定）汇总编制汇总记账凭证，本题采用全月汇总，主要内容有：

根据收款凭证、付款凭证和转账凭证编制汇总收款凭证、汇总付款凭证和汇总转账凭证，见表6-31至表6-48。

表6-31 **汇总收款凭证** 汇收字第1号

2023年10月1日—10月31日

借方科目：银行存款 单位：元

贷方科目	金　额	总账页数	
		借方	贷方
主营业务收入	240 000		
合计	240 000		

表6-32 **汇总付款凭证** 汇付字第1号

2023年10月1日—10月31日

贷方科目：银行存款 单位：元

借方科目	金　额	总账页数	
		借方	贷方
原材料	40 000		
应付利息	12 000		
库存现金	60 000		
生产成本	6 500		
制造费用	1 500		
销售费用	3 000		
合计	123 000		

表 6-33 **汇总付款凭证** 汇付字第 2 号

2023 年 10 月 1 日—10 月 31 日

贷方科目：库存现金 单位：元

借方科目	金 额	总账页数	
		借方	贷方
管理费用	2 000		
应付职工薪酬	60 000		
合计	62 000		

表 6-34 **汇总转账凭证** 汇转字第 1 号

2023 年 10 月 1 日—10 月 31 日

贷方科目：应付账款 单位：元

借方科目	金 额	总账页数	
		借方	贷方
原材料	60 000		
合计	60 000		

表 6-35 **汇总转账凭证** 汇转字第 2 号

2023 年 10 月 1 日—10 月 31 日

贷方科目：原材料 单位：元

借方科目	金 额	总账页数	
		借方	贷方
生产成本	115 500		
管理费用	4 000		
合计	119 500		

表 6-36 **汇总转账凭证** 汇转字第 3 号

2023 年 10 月 1 日—10 月 31 日

贷方科目：主营业务收入 单位：元

借方科目	金 额	总账页数	
		借方	贷方
应收账款	40 000		
合计	40 000		

表 6-37 **汇总转账凭证** 汇转字第 4 号

2023 年 10 月 1 日—10 月 31 日

贷方科目：应付职工薪酬 单位：元

借方科目	金额	总账页数	
		借方	贷方
生产成本	35 000		
制造费用	10 000		
管理费用	15 000		
合计	60 000		

表 6-38 **汇总转账凭证** 汇转字第 5 号

2023 年 10 月 1 日—10 月 31 日

贷方科目：累计折旧 单位：元

借方科目	金额	总账页数	
		借方	贷方
管理费用	1 000		
合计	1 000		

表 6-39 **汇总转账凭证** 汇转字第 6 号

2023 年 10 月 1 日—10 月 31 日

贷方科目：制造费用 单位：元

借方科目	金额	总账页数	
		借方	贷方
生产成本	11 500		
合计	11 500		

表 6-40 **汇总转账凭证** 汇转字第 7 号

2023 年 10 月 1 日—10 月 31 日

贷方科目：生产成本 单位：元

借方科目	金额	总账页数	
		借方	贷方
库存商品	336 000		
合计	336 000		

表 6-41 **汇总转账凭证** 汇转字第 8 号

2023 年 10 月 1 日—10 月 31 日

贷方科目：应交税费 单位：元

借方科目	金额	总账页数	
		借方	贷方
税金及附加	28 000		
所得税费用	6 750		
合计	34 750		

表 6-42 **汇总转账凭证** 汇转字第 9 号

2023 年 10 月 1 日—10 月 31 日

贷方科目：库存商品 单位：元

借方科目	金额	总账页数	
		借方	贷方
主营业务成本	200 000		
合计	200 000		

表 6-43 **汇总转账凭证** 汇转字第 10 号

2023 年 10 月 1 日—10 月 31 日

贷方科目：本年利润 单位：元

借方科目	金额	总账页数	
		借方	贷方
主营业务收入	280 000		
合计	280 000		

表 6-44 **汇总转账凭证** 汇转字第 11 号

2023 年 10 月 1 日—10 月 31 日

贷方科目：主营业务成本 单位：元

借方科目	金额	总账页数	
		借方	贷方
本年利润	200 000		
合计	200 000		

表 6-45 **汇总转账凭证** 汇转字第 12 号

2023 年 10 月 1 日—10 月 31 日

贷方科目：税金及附加 单位：元

借方科目	金额	总账页数	
		借方	贷方
本年利润	28 000		
合计	28 000		

表 6-46　　**汇总转账凭证**　　汇转字第 13 号

2023 年 10 月 1 日—10 月 31 日

贷方科目：管理费用　　单位：元

借方科目	金　额	总账页数	
		借方	贷方
本年利润	22 000		
合计	22 000		

表 6-47　　**汇总转账凭证**　　汇转字第 14 号

2023 年 10 月 1 日—10 月 31 日

贷方科目：销售费用　　单位：元

借方科目	金　额	总账页数	
		借方	贷方
本年利润	3 000		
合计	3 000		

表 6-48　　**汇总转账凭证**　　汇转字第 15 号

2023 年 10 月 1 日—10 月 31 日

贷方科目：所得税费用　　单位：元

借方科目	金　额	总账页数	
		借方	贷方
本年利润	6 750		
合计	6 750		

登记银行存款总分类账和原材料总分类账，具体情况见表 6-49 和表 6-50。

表 6-49　　**总分类账**　　第 1 页

会计科目：银行存款　　单位：元

2023 年		凭证号	摘要	借方	贷方	借或贷	余额
月	日						
10	1		期初余额			借	400 000
	31		汇付字第 1 号		123 000	借	277 000
	31		汇收字第 1 号	240 000		借	517 000

表 6-50　　**总分类账**　　第 2 页

会计科目：原材料　　单位：元

2023 年		凭证号	摘要	借方	贷方	借或贷	余额
月	日						
10	1		期初余额			借	900 000
	31		汇付字第 1 号	40 000		借	940 000
	31		汇转字第 1 号	60 000		借	1 000 000
	31		汇转字第 2 号		119 500	借	880 500

二、关于“职业核心能力”与“职业道德”选项的融入性操练

训练前，我们对列入本章“训练题”【指导准备】中“知识准备”的那些知识进行了必要预习，接受了指导老师的全部“操作指导”。通过参加“知识准备”第（2）、（3）项的培训，我们了解了本章“专业能力”涉及的各项“技术-技能”、“职业核心能力”和“职业道德”选项的“规范与标准”，从而降低了在训练过程中对相关操作规范的盲目性。

在训练过程中，我们在实施“训练资料”的专业操练和“训练报告”的准备、撰写、讨论与交流的同时，有意识地融入了“数字应用”、“解决问题”和“革新创新”等“职业核心能力”强化训练以及“职业观念”、“职业理想”、“职业态度”和“职业守则”等“职业道德”的相关训练。

三、关于《“‘账务处理程序’技术应用”训练报告》的撰写训练（见表6-51）

表6-51 **“‘账务处理程序’技术应用”训练报告**

项目训练班级：2304103	分队及队长：01 肖梦婷	团队成员：张佳乐230410301
指导老师：罗老师	训练时间：2023.12.10	训练地点：模拟训练室
训练目的	熟悉账务处理程序的概念及与企业规模大小的关系，掌握汇总记账凭证账务处理程序的一般步骤	
训练步骤	①由训练团队根据企业相关资料确定账务处理程序的选择（这里由于篇幅限制，只进行了汇总记账凭证账务处理程序的练习）。②以小队为单位，以企业发生的日常经济业务为依据，填制会计凭证（本资料由于篇幅限制，使用了与教材相同的例子，这里略）。③以已经填制完成的记账凭证为载体，对记账凭证进行过账，登记明细分类账（这里由于篇幅限制，使用了与主教材相同的例子，这里略）。④这一步是关键的一步，采用按月汇总的形式登记以贷方科目为主的汇总记账凭证，并以汇总记账凭证为依据登记总分类账（这里由于篇幅限制，只进行了两个总分类账的登记）。⑤由各团队成员自己根据所登记的总分类账和明细分类账撰写作为最终成果形式的《“‘账务处理程序’技术应用”训练报告》	
训练结果	编制企业2023年度总分类账及明细分类账（见附件）	
训练感言	通过本实训，熟悉了账务处理程序的概念、种类、特点，掌握了汇总记账凭证的格式与编制方法，以及根据汇总记账凭证登记总分类账的方法；进一步理解了账务处理程序——汇总记账凭证账务处理程序的应用，以及它与记账凭证账务处理程序、科目汇总表账务处理程序的区别与联系；感悟到了会计工作要仔细、严谨，要善于与人沟通、与人合作。本次训练有助于理解、掌握主教材第6章的基本概念、理论，有助于动手能力的提高	
训练团队队长评定意见	略	
项目指导教师评定意见	略	

学习微平台

资源 6-07

学习微平台

资源 6-08

学习微平台

资源 6-09

参考答案与提示

"6.2 客观题"参考答案见"随堂测二维码资源"

"6.3 主观题"参考答案

6.3.1 理论题

6.3.2 实务题

6.3.3 案例题

"模拟训练子任务一"参考答案与提示

"'账务处理程序'技术应用"训练报告

一、关于"本组资料"的专业训练

"技术-技能"Ⅰ训练：运用记账凭证账务处理程序。

步骤一：分析业务，填制记账凭证（会计分录）如下：

(1) 借：银行存款	150 000	
贷：实收资本		150 000
(2) 借：固定资产	260 000	
贷：实收资本		260 000
(3) 借：银行存款	50 000	
贷：短期借款		50 000
(4) 借：银行存款	33 900	
贷：长期借款		33 900
借：固定资产	30 000	
应交税费——应交增值税（进项税额）	3 900	
贷：银行存款		33 900
(5) 借：工程物资	120 000	
贷：长期借款		120 000
(6) 借：原材料——甲材料	32 000	
——乙材料	8 000	
应交税费——应交增值税（进项税额）	5 200	
贷：应付票据		45 200
(7) 借：原材料——丙材料	50 000	
应交税费——应交增值税（进项税额）	6 500	
贷：银行存款		56 500
(8) 借：原材料——甲材料	800	
——乙材料	400	
——丙材料	1 000	
贷：银行存款		1 800
库存现金		400
(9) 借：应付票据	45 200	

贷：银行存款 45 200

（10）借：生产成本——A产品 30 400

——B产品 19 200

制造费用 5 000

管理费用 400

贷：原材料——甲材料 20 000

——乙材料 4 000

——丙材料 31 000

（11）借：生产成本——A产品 15 000

——B产品 5 000

制造费用 1 800

管理费用 2 200

贷：应付职工薪酬 24 000

（12）借：库存现金 24 000

贷：银行存款 24 000

（13）借：应付职工薪酬 24 000

贷：库存现金 24 000

（14）借：管理费用 1 600

贷：银行存款 1 600

（15）借：预付账款 1 200

贷：银行存款 1 200

（16）借：管理费用 200

贷：预付账款 200

（17）借：财务费用 600

贷：应付利息 600

（18）借：制造费用——折旧费 8 000

管理费用——折旧费 4 000

贷：累计折旧 12 000

（19）借：制造费用——办公费 3 600

管理费用——办公费 2 000

贷：应付账款 5 600

（20）本月发生的制造费用=5 000+1 800+8 000+3 600=18 400（元）

A产品应分配的制造费用=18 400÷（15 000+5 000）×15 000=13 800（元）

B产品应分配的制造费用=18 400−13 800=4 600（元）

借：生产成本——A产品 13 800

——B产品 4 600

贷：制造费用 18 400

（21）A产品的实际生产成本=30 400+15 000+13 800=59 200（元）

借：库存商品——A产品 59 200
　贷：生产成本——A产品 59 200

（22）借：应收账款 103 960
　　贷：主营业务收入——A产品 92 000
　　　应交税费——应交增值税（销项税额） 11 960

（23）借：税金及附加 9 200
　　贷：应交税费——应交消费税 9 200

（24）借：销售费用——包装费 148
　　贷：银行存款 148

（25）借：主营业务成本——A产品 59 200
　　贷：库存商品——A产品 59 200

（26）借：销售费用 300
　　贷：库存现金 300

（27）借：银行存款 3 955
　　贷：其他业务收入 3 500
　　　应交税费——应交增值税（销项税额） 455

（28）借：其他业务成本 3 000
　　贷：原材料 3 000

（29）借：营业外支出 450
　　贷：库存现金 450

（30）借：其他应付款 150
　　贷：营业外收入 150

（31）借：本年利润 83 298
　　贷：主营业务成本 59 200
　　　其他业务成本 3 000
　　　管理费用 10 400
　　　销售费用 448
　　　财务费用 600
　　　营业外支出 450
　　　税金及附加 9 200

借：主营业务收入 92 000
　其他业务收入 3 500
　营业外收入 150
　贷：本年利润 95 650

（32）利润总额=95 650−83 298=12 352（元）

所得税费用=12 352×25%=3 088（元）

借：所得税费用 3 088
　贷：应交税费——应交所得税 3 088

借：本年利润　　3 088
　贷：所得税费用　　3 088
（33）借：短期借款　　50 000
　　贷：银行存款　　50 000
（34）借：固定资产清理　　30 000
　　　　累计折旧　　10 000
　　贷：固定资产　　40 000
借：银行存款　　30 000
　贷：固定资产清理　　30 000
（35）借：固定资产清理　　40 000
　　　　累计折旧　　20 000
　　贷：固定资产　　60 000
借：长期股权投资　　40 000
　贷：固定资产清理　　40 000
（36）借：持有至到期投资　　10 000
　　贷：银行存款　　10 000
（37）借：应付职工薪酬　　900
　　贷：库存现金　　900
（38）借：应交税费——应交消费税　　9 200
　　贷：银行存款　　9 200

步骤二：开设有关总分类账，并运用记账凭证账务处理程序登记相关总账（见表6-52至表6-56）。

表6-52　**总分类账**　第1页

会计科目：库存现金　单位：元

2023年		凭证号	摘要	借方	贷方	借或贷	余额
月	日						
10	1		期初余额			借	2 200
		8#	支付装卸费		400	借	1 800
		12#	提取现金	24 000		借	25 800
		13#	发放工资		24 000	借	1 800
		26#	支付业务费		300	借	1 500
		29#	职工子弟学校经费		450	借	1 050
		37#	购进药品等		900	借	150
	31		本月合计	24 000	26 050	借	150

表 6-53　　　　总分类账　　　　第 2 页

会计科目：银行存款　　　　单位：元

2023年		凭证号	摘要	借方	贷方	借或贷	余额
月	日						
10	1		期初余额			借	74 296
		1#	收到投资款	150 000		借	224 296
		3#	向银行借款	50 000		借	274 296
		4#	向银行借款	33 900		借	308 196
		4#	购进固定资产		33 900	借	274 296
		7#	购入材料		56 500	借	217 796
		8#	支付装卸费		1 800	借	215 996
		9#	偿还材料款		45 200	借	170 796
		12#	提取现金		24 000	借	146 796
		14#	支付办公费、水电费		1 600	借	145 196
		15#	支付报刊费		1 200	借	143 996
		24#	支付包装费		148	借	143 848
		27#	材料销售款	3 955		借	147 803
		33#	归还借款		50 000	借	97 803
		34#	出售机器	30 000		借	127 803
		36#	购进债券		10 000	借	117 803
		38#	缴纳税款		9 200	借	108 603
	31		本月合计	267 855	233 548	借	108 603

表 6-54　　　　总分类账　　　　第 3 页

会计科目：原材料　　　　单位：元

2023年		凭证号	摘要	借方	贷方	借或贷	余额
月	日						
10	1		期初余额			借	91 200
		6#	购入材料	40 000		借	131 200
		7#	购入材料	50 000		借	181 200
		8#	支付装卸费	2 200		借	183 400
		10#	领用材料		55 000	借	128 400
		28#	销售材料		3 000	借	125 400
	31		本月合计	92 200	58 000	借	125 400

表 6-55 **总分类账** 第 4 页

会计科目：短期借款 单位：元

2023年		凭证号	摘要	借方	贷方	借或贷	余额
月	日						
10	1		期初余额			贷	80 000
		3#	向银行借款		50 000	贷	130 000
		33#	归还借款	50 000		贷	80 000
	31		本月合计	50 000	50 000	贷	80 000

表 6-56 **总分类账** 第 5 页

会计科目：长期借款 单位：元

2023年		凭证号	摘要	借方	贷方	借或贷	余额
月	日						
10	1		期初余额			贷	200 000
		4#	向银行借款		33 900	贷	233 900
		5#	向银行借款		120 000	贷	353 900
	31		本月合计		153 900	贷	353 900

“技术-技能” Ⅱ训练：运用科目汇总表账务处理程序。

步骤一：分析业务，填制记账凭证（会计分录），与“技术-技能” Ⅰ训练相同，这里从略。

步骤二：根据以上业务编制科目汇总表，见表 6-57。

表 6-57 **科目汇总表**

2023年10月 单位：元

会计科目	借方发生额	贷方发生额
库存现金	24 000	26 050
银行存款	267 855	233 548
库存商品	59 200	59 200
应收账款	103 960	
应付账款		5 600
实收资本		410 000
短期借款	50 000	50 000
长期借款		153 900

续表

会计科目	借方发生额	贷方发生额
固定资产	290 000	100 000
工程物资	120 000	
原材料	92 200	58 000
应交税费	24 800	24 703
应付票据	45 200	45 200
生产成本	88 000	59 200
制造费用	18 400	18 400
管理费用	10 400	10 400
应付职工薪酬	24 900	24 000
预付账款	1 200	200
财务费用	600	600
应付利息		600
累计折旧	30 000	12 000
主营业务收入	92 000	92 000
税金及附加	9 200	9 200
销售费用	448	448
主营业务成本	59 200	59 200
其他业务收入	3 500	3 500
其他业务成本	3 000	3 000
营业外支出	450	450
其他应付款	150	
营业外收入	150	150
本年利润	86 386	95 650
所得税费用	3 088	3 088
固定资产清理	70 000	70 000
长期股权投资	40 000	
持有至到期投资	10 000	
合计	1 628 287	1 628 287

步骤三：根据科目汇总表登记相关总分类账（见表6-58至表6-62）。

表6-58 **总分类账** 第1页

会计科目：库存现金 单位：元

2023年		凭证号	摘要	借方	贷方	借或贷	余额
月	日						
10	1		期初余额			借	2 200
	31		科汇1号	24 000	26 050	借	150
	31		本月合计	24 000	26 050	借	150

表6-59 **总分类账** 第2页

会计科目：银行存款 单位：元

2023年		凭证号	摘要	借方	贷方	借或贷	余额
月	日						
10	1		期初余额			借	74 296
	31		科汇1号	267 855	233 548	借	108 603
	31		本月合计	267 855	233 548	借	108 603

表6-60 **总分类账** 第3页

会计科目：原材料 单位：元

2023年		凭证号	摘要	借方	贷方	借或贷	余额
月	日						
10	1		期初余额			借	91 200
	31		科汇1号	92 200	58 000	借	125 400
	31		本月合计	92 200	58 000	借	125 400

表6-61 **总分类账** 第4页

会计科目：短期借款 单位：元

2023年		凭证号	摘要	借方	贷方	借或贷	余额
月	日						
10	1		期初余额			贷	80 000
	31		科汇1号	50 000	50 000	贷	80 000
	31		本月合计	50 000	50 000	贷	80 000

表6-62 **总分类账** 第5页

会计科目：长期借款 单位：元

2023年		凭证号	摘要	借方	贷方	借或贷	余额
月	日						
10	1		期初余额			贷	200 000
	31		科汇1号		153 900	贷	353 900
	31		本月合计		153 900	贷	353 900

“技术-技能”Ⅲ训练：运用汇总记账凭证账务处理程序。

步骤一：分析业务，填制记账凭证（会计分录），与“技术-技能”Ⅰ训练相同，这里从略。

步骤二：根据以上业务按月编制汇总记账凭证见表6-63至表6-67。

表6-63　　汇总收款凭证　　汇收字第1号

借方科目：库存现金　　2023年10月1日—10月31日　　单位：元

贷方科目	金　额	总账页数	
		借方	贷方

附注：收款凭证自　　号至　　号　共　　张

会计主管：　　记账：　　复核：　　制单：

表6-64　　汇总收款凭证　　汇收字第2号

借方科目：银行存款　　2023年10月1日—10月31日　　单位：元

贷方科目	金　额	总账页数	
		借方	贷方
实收资本	150 000		
短期借款	50 000		
长期借款	33 900		
其他业务收入	3 500		
应交税费	455		
固定资产清理	30 000		
合计	267 855		

附注：收款凭证自　　号至　　号　共　　张

会计主管：　　记账：　　复核：　　制单：

表6-65　　汇总付款凭证　　汇付字第1号

贷方科目：库存现金　　2023年10月1日—10月31日　　单位：元

借方科目	金　额	总账页数	
		借方	贷方
原材料	400		
应付职工薪酬	24 000+900=24 900		
销售费用	300		
营业外支出	450		
合计	26 050		

附注：付款凭证自　　号至　　号　共　　张

会计主管：　　记账：　　复核：　　制单：

表 6-66 **汇总付款凭证** 汇付字第 2 号

贷方科目：银行存款 2023 年 10 月 1 日—10 月 31 日 单位：元

借方科目	金 额	总账页数	
		借方	贷方
固定资产	30 000		
应交税费	3 900+6 500+9 200=19 600		
原材料	50 000+1 800=51 800		
应付票据	45 200		
库存现金	24 000		
管理费用	1 600		
预付账款	1 200		
销售费用	148		
短期借款	50 000		
持有至到期投资	10 000		
合计	233 548		

附注：付款凭证自 号至 号 共 张

会计主管： 记账： 复核： 制单：

表 6-67 **汇总转账凭证** 汇转字第 1 号

贷方科目：长期借款 2023 年 10 月 1 日—10 月 31 日 单位：元

借方科目	金 额	总账页数	
		借方	贷方
工程物资	120 000		
小计	120 000		

附注：转账凭证自 号至 号 共 张

会计主管： 记账： 复核： 制单：

步骤三：根据汇总记账凭证登记相关总分类账（见表 6-68 至表 6-70）。

表 6-68 **总分类账** 第 1 页

会计科目：库存现金 单位：元

2023 年		凭证号	摘要	借方	贷方	借或贷	余额
月	日						
10	1		期初余额			借	2 200
	31		汇付字第 2 号	24 000		借	26 200
			汇付字第 1 号		26 050	贷	150
	31		本月合计	24 000	26 050	借	150

表 6-69　　总分类账　　第 2 页

会计科目：银行存款　　单位：元

2023年		凭证号	摘要	借方	贷方	借或贷	余额
月	日						
10	1		期初余额			借	74 296
	31		汇收字第 2 号	267 855		借	342 151
			汇付字第 2 号		233 548	贷	108 603
	31		本月合计	267 855	233 548	借	108 603

表 6-70　　总分类账　　第 3 页

会计科目：长期借款　　单位：元

2020年		凭证号	摘要	借方	贷方	借或贷	余额
月	日						
10	1		期初余额			贷	200 000
	31		汇转字第 1 号		120 000	贷	320 000
	31		汇收字第 2 号		33 900	贷	353 900
	31		本月合计		153 900	贷	353 900

二、关于“职业核心能力”与“职业道德”选项的融入性操练

（参照“模拟训练”课业范例的“二”部分）

三、关于“‘账务处理程序’技术应用”训练报告的撰写训练

（参照“模拟训练”课业范例的“三”部分）

“模拟训练子任务二”参考答案与提示

“‘账务处理程序’技术应用”训练报告

一、关于“本组资料”和专业训练

“技术-技能”Ⅰ训练：运用科目汇总表账务处理程序。

根据相关资料编制本企业科目汇总表见表 6-71。

表 6-71　　科目汇总表

2023 年 12 月 1 日—12 月 31 日　　单位：元

会计科目	借方金额	贷方金额
库存现金	10 080	10 450
银行存款	95 200	40 000
应收账款	45 200	95 200
应付账款	30 000	
应交税费		8 800

续表

会计科目	借方金额	贷方金额
主营业务收入	40 000	40 000
管理费用	2 730	2 730
其他应收款		80
生产成本	5 700	
销售费用	3 420	3 420
应付职工薪酬	10 000	11 400
主营业务成本	10 000	10 000
库存商品		10 000
税金及附加	3 600	3 600
本年利润	19 750	40 000
合计	275 680	275 680

“技术-技能”Ⅱ训练：运用汇总记账凭证账务处理程序。

内容一：根据相关资料编制汇总银行存款付款凭证如图6-15所示。

汇总付款凭证

汇付字第2号

贷方账户:银行存款　　2023年12月　　单位：元

借方账户	金额				总账页数	
	1—10日	11—20日	21—31日	合　计	借　方	贷　方
应付账款	30 000			30 000		
库存现金			10 000	10 000		

附件
(1)自　1日至　10日　银付凭证共　1张
(2)自　11日至　20日　银付凭证共　张
(3)自　21日至　31日　银付凭证共　1张

图6-15　汇总银行存款付款凭证

内容二：根据相关资料编制汇总库存现金付款凭证如图6-16所示。

汇总付款凭证

汇付字第 1号

贷方账户:库存现金　　2023年12月　　单位：元

借方账户	金　额				总账页数	
	1—10日	11—20日	21—31日	合　计	借　方	贷　方
管理费用	450			450		
应付职工薪酬			10 000	10 000		

附件
(1)自　1日至　10日　现付凭证共　1张
(2)自　11日至　20日　现付凭证共　张
(3)自　21日至　31日　现付凭证共　1张

图6-16　汇总库存现金付款凭证

内容三：根据相关资料编制汇总本年利润转账凭证如图6-17所示。

汇 总 转 账 凭 证

汇转字第1号

贷方账户:本年利润　　2023年12月　　单位：元

借方账户	金　额				总账页数	
	1—10日	11—20日	21—31日	合　计	借　方	贷　方
主营业务收入			40 000	40 000		

附件
(1)自　1日至　10日　转账凭证共　张
(2)自　11日至　20日　转账凭证共　张
(3)自　21日至　31日　转账凭证共　6张

图6-17　汇总本年利润转账凭证

内容四：根据相关资料编制汇总应交税费转账凭证如图6-18所示。

汇 总 转 账 凭 证

汇转字第 2 号

贷方账户:应交税费　　2023年12月　　单位：元

借方账户	金额				总账页数	
	1—10日	11—20日	21—31日	合 计	借 方	贷 方
应收账款	45 200			45 200		
税金及附加			3 600	3 600		

附件
(1)自 1 日至 10 日 转账 凭证共 1张
(2)自 11 日至 20 日 转账 凭证共 张
(3)自 21 日至 31 日 转账 凭证共 6张

图 6-18 汇总应交税费转账凭证

内容五：根据相关资料编制汇总银行存款收款凭证如图 6-19 所示。

汇总收款凭证

汇收字第 2 号

借方账户:银行存款　　2023年12月　　单位：元

贷方账户	金额				总账页数	
	1—10日	11—20日	21—31日	合 计	借 方	贷 方
应收账款	95 200			95 200		

附件
(1)自 1 日至 10 日 银收 凭证共 2张
(2)自 11 日至 20 日 银收 凭证共 张
(3)自 21 日至 31 日 银收 凭证共 张

图 6-19 汇总银行存款收款凭证

内容六：根据相关资料编制汇总库存现金收款凭证如图 6-20 所示。

汇总收款凭证

汇收字第6号

借方账户:库存现金　　2023年12月　　单位：元

贷方账户	金额				总账页数	
	1—10日	11—20日	21—31日	合计	借方	贷方
其他应收款		80.00		80.00		

附件
(1)自 1日至 10日 现收凭证共 张
(2)自 11日至 20日 现收凭证共 1张
(3)自 21日至 31日 现收凭证共 张

图6-20 汇总库存现金收款凭证

二、关于“职业核心能力”与“职业道德”选项的融入性操练

（参照“模拟训练”课业范例的“二”部分）

三、关于《“‘账务处理程序’技术应用”训练报告》的撰写训练

（参照“模拟训练”课业范例的“三”部分）

工作任务七
“财产清查”技术应用

任务目标

- 能够熟练地区分不同类别财产清查的方法和程序
- 能够按财产清查的方法和程序对不同财产进行清查
- 能够熟练地对财产清查结果进行相关账务处理
- 能够独立完成《“‘财产清查’技术应用”训练报告》撰写

知识准备

请绘制与本任务相关的知识点思维导图，复习相关知识，做好完成本任务所必需的知识准备。

7.1 预习要览

7.1.1 内容提要

1.内容概要

财产清查，是指通过对库存现金、银行存款等货币资金，存货、固定资产等实物资产和应收账款等往来款项的盘点或核对，确定其实有数，核对账存数与实有数是否相符的一种专门方法。

从理论上讲，账簿记载的各项财产的结存数与实有数应当一致。由于存在一些客观及主观因素，导致账簿记录并不能完全反映客观实际，账实不符的情况会经常发生。为了保证会计资料的真实可靠，应对各项财产进行定期或不定期的盘点和核对，发现账实不符应查清详细情况，并查清不符的原因，及时采取措施。财产清查可充分发挥会计工作在经济活动中的监督作用，对会计核算和经营管理具有重要意义。

财产清查是会计核算的一种专门方法。(1) 按照清查的对象和范围分类，财产清查可分为全面清查和局部清查。(2) 按照清查的时间分类，财产清查可以分为定期清查和不定期清查。(3) 按照清查的执行单位分类，财产清查可以分为内部清查和外部清查。

财产清查一般包括准备工作、清查工作和报告工作三个过程。

库存现金的清查采用实地盘点法，通过实地盘点确定库存现金的实有数，然后与库存现金日记账的账面余额核对，确定账实是否相符。

银行存款的清查采用账目核对法，即将企业出纳人员登记的银行存款日记账与银行对账单进行核对。在同银行核对账目之前，应将企业的银行存款业务全部记入银行存款日记账。银行存款的清查一般在月末进行。

实物清查的常用方法：(1) 实地盘点法。(2) 技术推算盘点法。

财产清查结果的处理程序。首先，核准盘盈、盘亏、毁损和损失的数额，查明性质与原因，明确责任，提出处理意见，报相关人员批准。调整账簿记录，做到账实相符。然后，根据批准情况，进行会计处理。

由于财产清查结果的账务处理需分成两步，报批前已经调整了账簿记录，报批后才能针对盈亏原因做出相应处理，因此，必须有一个过渡性的账户“待处理财产损溢”进行报批前后的相关记录。

库存现金盘盈的账务处理，批准前应记入“库存现金”科目的借方和“待处理财产损溢——待处理流动资产损溢”科目的贷方。待查明原因、报经批准后分别按情况进行处理。应支付给有关人员或单位的库存现金，转入“其他应付款”科目；无法查明原因的库存现金，转入“营业外收入”科目。

库存现金盘亏的账务处理，批准前应记入“库存现金”科目的贷方和“待处理财产损溢——待处理流动资产损溢”科目的借方。待查明原因、报经批准后分别按情况进行处理。由责任人赔偿的库存现金，转入“其他应收款”科目；无法查明原因的库存现金，转入“管理费用”科目。

存货清查盘盈的账务处理，在报经批准前借记有关存货科目，贷记“待处理财产损溢”科目；在报经批准后冲销“管理费用”科目。

存货清查盘亏的账务处理，在报经批准前应借记“待处理财产损溢——待处理流动资产损溢”科目，贷记有关存货科目；在报经批准后，对于入库的残料价值，借记“原材料”等科目；对于应由保险公司或过失人支付的赔款，借记“其他应收款”科目；剩余净损失，属于一般经营损失的部分，借记“管理费用”科目，属于非常损失的部分，借记“营业外支出”科目。

固定资产盘盈的账务处理，固定资产盘盈不计入当期损益，而是作为以前期间的会计差错，记入“以前年度损益调整”科目。

固定资产盘亏的账务处理，批准前按盘亏固定资产的账面价值借记“待处理财产损溢——待处理固定资产损溢”科目，按已计提的累计折旧借记“累计折旧”科目，按固定资产原价贷记“固定资产”科目。报经批准后，按可收回的保险公司赔偿或过失人赔偿，借记“其他应收款”科目，按净损失借记“营业外支出”科目，贷记“待处理财产损溢——待处理固定资产损溢”科目。

无法收回债权的账务处理，在财产清查中确认已经无法收回的应收款项应在上报有关部门批准后予以核销。

无法偿还债务的账务处理，确实无法偿还的应付款项，按规定程序经批准后转作营业外收入。

2. 主要概念和观念

1）主要概念

财产清查　盘盈　盘亏　未达账项　实地盘存制　永续盘存制

2）主要观念

实地盘点法　账目核对法　前期差错更正

7.1.2　重点与难点

1. 重点理论

财产清查的意义　财产清查的种类和程序　财产清查的方法

2.重点实务

库存现金盘点表　银行存款余额调节表　账存实存对比表

3.重点操作

存货清查　存货盘盈的账务处理　存货盘亏的账务处理　撰写《“‘存货清查’技术应用”训练报告》

4.难点

财产清查的会计处理

7.1.3　主要公式

1）银行存款余额、银行对账单和未达账项关系公式

企业银行存款日记账余额 + 银行已收而企业未收的款项 − 银行已付而企业未付的款项 = 银行对账单余额 + 企业已收而银行未收的款项 − 企业已付而银行未付的款项

2）实地盘存制本期发出存货数量计算公式

本期发出存货数量=期初结存数量+本期入库数量−期末结存数量

3）实地盘存制本期发出存货金额计算公式

本期发出存货金额=期初结存金额+本期入库金额−期末结存金额

7.2　客观题

7.2.1　理论题

学习微平台

资源7-01

1.单项选择题

1）财产清查一般不包括对（　　）的清查。

A.银行存款　B.应收账款　C.应付账款　D.应付职工薪酬

2）下列说法中正确的是（　　）。

A.库存现金应每日清点一次

B.银行存款每月至少同银行核对两次

C.贵重物品应每日盘点一次

D.债权债务每年至少核对两至三次

3）企业在遭受自然灾害后，对其受损的财产物资进行清查，属于（　　）。

A.局部清查和定期清查　B.全面清查和定期清查

C.局部清查和不定期清查　D.全面清查和不定期清查

4）进行年终决算，编制年度会计报表前，要对财产进行一次（　　）。

A.全面清查　B.局部清查　C.临时清查　D.外部清查

5）原材料的清查方法是（　　）。

A.实地盘点法　B.账目核对法　C.永续盘存法　D.函证法

6）财产清查准备工作一般包括（　　）。

A.组织准备　B.现场清点

C.盘存单的填制　　D.账存实存对比表的填制

7）可能因未达账项造成账实不符的是（　　）。

A.库存现金　　B.原材料　　C.固定资产　　D.应收账款

2.多项选择题

1）在财产清查的过程中，应编制并据以调整账面记录的原始凭证有（　　）。

A.库存现金盘点报告单　　B.银行存款余额调节表

C.财产物资清查盘存单　　D.账存实存对比表

2）下列项目中，属于不定期并且全面清查的有（　　）。

A.单位合并时　　B.年终决算之前

C.企业股份改制前　　D.发生自然灾害时

3）造成账实不符的原因主要有（　　）。

A.财产物资的自然损耗　　B.财产物资的收发计量错误

C.财产物资的毁损　　D.会计账簿漏记

4）财产清查的内容包括（　　）。

A.库存现金　　B.固定资产　　C.应收账款　　D.应付账款

5）在银行存款对账中，未达账项包括（　　）。

A.银行已收款入账，企业未收款未入账

B.企业已付款入账，银行也已付款入账

C.企业已付款入账，银行未付款未入账

D.银行已付款入账，企业未付款未入账

6）对于盘亏、毁损的存货，经批准后进行账务处理时，可能涉及的借方账户有（　　）。

A.“其他应收款”　B.“营业外支出”　C.“管理费用”　D.“原材料”

7）全面清查的对象一般包括（　　）。

A.固定资产、存货以及实物资产　　B.货币资金、有价证券和银行存款等

C.应收账款等各种往来结算款项　　D.实收资本等所有者权益

3.判断题

1）全面清查既可以是定期清查，又可以是不定期清查。（　　）

2）财产清查的范围是存放在本企业的各项财产物资。（　　）

3）“待处理财产损溢”账户是资产类账户。（　　）

4）由于未达账项的存在，财产物资的账存数与实存数一定不相符。（　　）

5）企业每年应至少进行一次全面清查。（　　）

6）财产清查一般由会计人员进行，财产保管人员可不参与。（　　）

7）财产清查只要账实相符，就无须进行账务处理。（　　）

7.2.2　实务题

学习微平台

资源 7-02

1.单项选择题

1）库存现金的清查方法是（　　）。

A.实地盘点法　B.技术推算法　C.账目核对法　D.抽样盘点法

2）银行存款的清查方法是（　　）。

A.实地盘存法　B.技术推算法　C.账目核对法　D.抽样盘点法

3）存货清查现场要填写（　　）。

A.存货盘点表　B.账存实存对比表

C.存货清查结果分析表　D.存货清查结果处理意见表

4）账存实存对比表是（　　）。

A.收款凭证　B.付款凭证　C.转账凭证　D.原始凭证

5）固定资产盘亏，经批准处理前，不使用（　　）账户。

A.“固定资产”　B.“累计折旧”

C.“待处理财产损溢”　D.“营业外支出”

6）固定资产盘盈时，不使用（　　）账户。

A.“固定资产”　B.“累计折旧”

C.“待处理财产损溢”　D.“以前年度损益调整”

7）财产清查结果账务处理完毕后，会计期末“待处理财产损溢”账户为（　　）。

A.借方余额　B.贷方余额

C.借方或贷方余额　D.无余额

2.多项选择题

1）财产清查前就要做好的业务准备包括（　　）。

A.会计部门在清查之前将所有经济业务全部入账，并保证账证相符、账账相符

B.财产物资管理部门整理所保管的各项财产物资

C.要准备好各种计量准确的度量衡器具及有关清查用的登记表册

D.对于银行存款清查，应该取得对账单

2）银行存款清查处理的可能情况有（　　）。

A.企业账务登记有误，调整账簿记录

B.银行记录有误，调整银行记录

C.由未达账项引起的单位日记账和银行对账单不一致，调整单位日记账

D.由未达账项引起的单位日记账和银行对账单不一致，调整银行对账单

3）库存现金清查结果是账实不符，账务处理用到的会计科目可能有（　　）。

A.“银行存款”　B.“其他应收款”

C.“营业外收入”　D.“待处理财产损溢”

4）原材料盘盈，账务处理用到的会计科目可能有（　　）。

A.“管理费用”　B.“待处理财产损溢”

C.“其他应收款”　D.“营业外支出”

5）原材料盘亏，账务处理用到的会计科目可能有（　　）。

A.“管理费用”　B.“待处理财产损溢”

C.“其他应收款”　D.“营业外支出”

6）库存现金盘点时，要检查（ ）。

A.账实是否相符

B.是否超过现金库存限额

C.有无白条抵库

D.是否挪用库存现金

7）财产清查结果账务处理，可能计入营业外收入的有（ ）。

A.库存现金盘盈

B.无法支付的应付账款

C.原材料盘盈

D.固定资产盘盈

3.混合选择题

1）“与人交流能力”（初级）的“基本要求”是（ ）。

A.在有限的资源条件下，能根据工作岗位的需要，解决复杂的问题

B.在更广泛的工作范围内，灵活运用这些能力以适应工作岗位各方面的需要

C.具备进入工作岗位最基本的与人交流的能力，在常规条件下能运用这些能力适应既定工作的需要

D.在工作岗位上表现出更强的解决问题的能力，在多种资源条件下，能根据工作需要解决综合性问题

2）“解决问题能力”（初级）包括的“技术-技能”点是（ ）。

A.分析问题、提出问题，实施计划、解决问题，验证方案、改进计划

B.分析问题、提出方案，实施计划、解决问题，验证方案、改进方案

C.分析问题、提出对策，实施方案、解决问题，验证方案、改进计划

D.分析问题、提出方案，实施方案、解决问题，验证方案、改进计划

3）“‘财产清查’技术应用”这一“专业能力领域”包括的“技术-技能”点有（ ）。

A.库存现金盘点单编制

B.往来款项对账

C.银行存款余额调节表编制

D.撰写企业《“‘财产清查’技术应用”训练报告》

4）“银行存款余额调节表编制‘技术-技能’”的“规范与标准”有（ ）。

A.熟悉未达账项的含义

B.能正确掌握银行未达账项的概念

C.能正确掌握企业未达账项的概念

D.能根据分析、判断的结果填制银行存款余额调节表

5）“财产清查结果账务处理‘技术-技能’”的“规范与标准”有（ ）。

A.熟悉财产清查结果账务处理科目设置

B.熟悉财产清查批准前的账务处理

C.熟悉财产清查批准后的账务处理

D.熟悉“待处理财产损溢”账户转销的账务处理

6）“存货盘点方案编制‘技术-技能’”的“规范与标准”有（ ）。

A.能正确地建立存货清查小组

B.能正确地组织清查人员学习有关政策规定和相关业务知识

C.能正确地安排各部门进行业务准备

D.能正确地确定清查对象范围

7）“撰写企业《“‘存货清查’技术应用”训练报告》‘技术-技能’”的“规范与标准”有（　　）。

A.能合理设计存货盘点方案

B.能较规范地制作存货盘点方案

C.能规范撰写《“‘存货清查’技术应用”训练报告》

D.由训练团队队长、训练指导教师评定

4.判断题

1）如果不存在未达账项，那么银行存款日记账余额一定与银行对账单余额相符。（　　）

2）对于未达账项应编制银行存款余额调节表调节，同时将未达账项填制记账凭证。（　　）

3）自然灾害所造成的原材料毁损，均应计入营业外支出。（　　）

4）企业在银行的存款的可使用数应是银行对账单上列明的余额。（　　）

5）原材料的定额内损耗，经批准处理后，应计入管理费用。（　　）

6）固定资产盘盈经批准转销时计入营业外收入，固定资产盘亏经批准转销时计入营业外支出。（　　）

7）企业对于无法收回的应收账款经批准后转入营业外支出。（　　）

7.2.3 案例题

银行存款余额调节表的编制训练

学习微平台

资源7-03

背景与情境：天顺公司2023年6月30日的银行存款日记账余额为30 000元，银行对账单上的余额为32 000元，经过逐笔核对发现有下列未达账项：

企业于6月29日收到转账支票5 000元，银行尚未入账。

企业于6月30日开出转账支票6 000元。因持票人尚未到银行办理转账手续，银行尚未入账。

银行于6月21日记入企业存款户存款利息1 500元，但企业尚未入账。

银行于6月28日从企业存款中代付本月电费500元，企业未收到付款通知未入账。

请帮天顺公司编制银行存款余额调节表，使调节后的企业账面存款余额与对账单存款余额一致，具体情况见表7-1。

表7-1　银行存款余额调节表

单位名称：天顺公司　　2023年6月30日　　单位：元

项目	金额	项目	金额
企业账面的存款余额	30 000	银行对账单余额	32 000
加：银行已收企业未收的款项		加：企业已收银行未收的款项	
减：银行已付企业未付的款项		减：企业已付银行未付的款项	
调节后的存款余额		调节后的存款余额	

要求： 请根据案例在下列题中填入适当选项。

1）银行存款清查的方法是（　　）。

A.实地盘点法　　B.账目核对法　　C.技术推算法　　D.数学统计法

2）企业的未达账项有（　　）。

A.银行已收企业未收的款项　　B.银行已付企业未付的款项

C.企业已收银行未收的款项　　D.企业已付银行未付的款项

3）银行已收企业未收款项和银行已付企业未付款项分别为（　　）元。

A.1 500　　B.6 000　　C.500　　D.3 100

4）企业已收银行未收款项和企业已付银行未付款项分别为（　　）元。

A.1 500　　B.5 000　　C.6 000　　D.500

5）调节后的存款余额为（　　）元。

A.3 100　　B.6 000　　C.5 000　　D.3 300

7.2.4　实训题

1.单项选择题

学习微平台

资源 7-04

1）“待处理财产损溢”账户借方登记（　　）。

A.发生的盘亏　　B.发生的盘盈

C.盘亏报批后的核销　　D.期末未转销的盘盈

2）在永续盘存制下，根据（　　）计算确定本期发出存货数量。

A.期初存货结存数量　　B.本期存货入库数量

C.期末存货结存数量　　D.账面记载的本期存货发出数量

3）原材料盘盈一般是由计量不准造成的，在进行会计处理时，经批准后应计入（　　）。

A.管理费用　　B.其他应收款　　C.营业外支出　　D.其他业务成本

4）由相关责任人员负责赔偿的存货盘亏，经批准处理时应计入（　　）。

A.管理费用　　B.营业外支出

C.其他应收款　　D.其他业务成本

5）存货盘亏，未经批准处理前均应计入（　　）。

A.管理费用　　B.其他应收款

C.营业外支出　　D.待处理财产损溢

6）存货盘亏，属于非常损失的部分，经批准后计入（　　）。

A.管理费用　　B.其他应收款

C.营业外支出　　D.其他业务成本

7）存货在采购途中发生的正常损耗，应计入（　　）。

A.管理费用　　B.其他应收款　　C.营业外支出　　D.存货的成本

2.多项选择题

1）存货的盘存制度有（　　）两种。

A.账目核对制　　B.实地盘存制

C.永续盘存制　　D.固定盘点制

2）实地盘存制下，根据（　　）计算确定本期发出存货数量。

A.期初存货结存数量　　B.本期存货入库数量

C.期末存货结存数量　　D.账面记载的本期存货发出数量

3）实地盘存制下，根据（　　）计算确定本期发出存货金额。

A.期初存货结存金额　　B.本期存货入库金额

C.期末存货结存金额　　D.账面记载的本期存货发出金额

4）永续盘存制下，可以（　　），便于加强对存货的管理。

A.提供存货的增加情况　　B.提供存货的减少情况

C.提供存货的结存情况　　D.简化存货核算

5）实地盘点法可以用于（　　）清查。

A.库存现金　　B.银行存款　　C.原材料　　D.库存商品

6）进行存货盘点前要进行的业务准备有（　　）。

A.将未入账业务均登记入账　　B.总账、明细账核对相符

C.账证核对相符　　D.账实核对相符

7）原材料盘盈账务处理涉及的科目包括（　　）。

A.“原材料”　　B.“管理费用”

C.“营业外支出”　　D.“营业外收入”

7.3 主观题

7.3.1 理论题

1）对实物财产进行清查的常用方法有哪些？（请在下方答题）

2）财产清查的一般程序是怎样的？（请在下方答题）

7.3.2 实务题

1）如何进行库存现金清查？（请在下方答题）

2）如何绘制存货清查流程图？（请在下方答题）

7.3.3 案例题

【训练项目】

案例分析 7-1

【相关案例】

银行存款余额调节表的编制训练

学习微平台

资源 7-05

背景与情境：天达公司2023年9月30日的银行存款日记账余额为38 000元，银行对账单上的余额为36 000元，经过逐笔核对发现有下列未达账项：

企业于9月29日收到转账支票一张计5 000元，银行尚未入账。

企业于9月30日开出转账支票6 000元。因持票人尚未到银行办理转账手续，银行尚未入账。

银行于9月26日记入企业存款户存款利息3 500元，但企业尚未入账。

银行于6月28日从企业存款中代付本月电费6 500元，企业未收到付款通知未入账。

天达公司对上述未达账项编制了银行存款余额调节表，见表7-2。

表 7-2 **银行存款余额调节表**

单位名称：天达公司　　2023年9月30日　　单位：元

项目	金额	项目	金额
企业账面的银行存款日记账余额	38 000	银行对账单余额	36 000
加：银行已收企业未收的款项	3 500	加：企业已收银行未收的款项	5 000
减：银行已付企业未付的款项	6 500	减：企业已付银行未付的款项	6 000
调节后余额	35 000	调节后余额	35 000

问题：

1）企业的未达账项有哪些？

2）银行的未达账项有哪些？

3）银行存款余额调节表编制是否正确？

分析：同“1.3.3　案例分析”的“分析要求”。

（请在下方答题）

【训练项目】

课程思政 7-1

【相关案例】

80后出纳制作假银行对账单　3年取走40万元公款获刑

学习微平台

资源 7-06

背景与情境：出纳通过制作假银行对账单，不到3年时间取走40余万元公款用于个人消费。近日，80后出纳杨菁被北京市西城区人民法院以贪污罪判处有期徒刑6年6个月。

近年来，“小官大贪”等职务犯罪低龄化、低职务化的问题开始引发关注，从而暴露出一些单位在年轻国家工作人员任用过程中，缺乏思想观念的教育和法律意识的培养，从而导致这些年轻人走向犯罪。

小出纳发现大漏洞

2011年11月初的一天上午，北京市某电影院经理孙先生像往常一样来到办公室。不久，他接到银行的电话，称该电影院有一笔账目须付款，但是单位账户的金额只剩下1万多元。

孙先生感到事有蹊跷，于是赶紧叫上会计徐先生一同前往银行，调出银行对账单后，发现账户余额确实只有1万多元。但会计徐先生清楚地记得上个星期才和出纳杨菁一起对过单位的对账单，当时显示还剩40多万元。

1986年出生的杨菁患有一级听力残疾。因为从小听力不好，语言表达也不太清楚，学生时代的杨菁常常被同学欺负。

2009年年初，杨菁开始到某电影院上班，该电影院是一家事业单位，属于全民所有制企业法人。在电影院，杨菁从事出纳工作，主要负责税款的申报、保险报销、发工资、保管单位的备用金等。可以说，只要涉及现金以及与银行有关的业务都归她管。

工作大半年后，杨菁发现了单位财务的一些“规律”：每次她拿着单位支票到银行支取现金后，入账时只需要把支票存根交给徐先生即可。支票存根上是多少，徐先生就记多少，从来不过问，也不核对数额。

杨菁想，假如自己在支票上动动手脚，就可以把公家的钱装进自己的腰包里，并且不会被发现。有了这些钱，就可以过上更好的生活了。

腐败大坝开始决堤

2009年9月15日，杨菁以医药费的名义填写了一张现金支票，成功从银行取了5 000元，当她把支票存根交给徐先生时，对方丝毫没有怀疑就入账了。拿到钱后，杨菁用于日常消费和购物挥霍。她发现，物质能让她感到些许平衡，却未意识到防腐大坝已经悄悄裂开了一条小缝。到了10月份，杨菁去银行取9月份的银行对账单时，发现银行对账单与单位的账目不符。杨菁担心事情败露，就通过各种手段编造了一份假的银行对账单。因为跟单位的各项记账凭证通通都对得上，徐先生没有任何怀疑。

就这样，杨菁通过虚开支票，或者在支票上多填金额的方法一直持续不断地从银行取公款，又通过制作假的银行对账单，使自己的行为在账面上反映不出来。有了钱后，杨菁的生活变得阔绰了起来，她变得爱时尚、爱打扮、爱漂亮，一张价值六七千元的“纤体瘦身卡”毫不考虑说办就办。在不知不觉中，她花掉的钱越来越多。

虽然每次提取的数额都不大，但从2009年9月到案发前不到3年的时间里，杨菁私自提取单位公款42万余元。如果不是银行的那通电话，她可能依然靠着自己的小聪明瞒天过海。

私自提款事情败露

徐先生坚信自己印象中的银行对账单与眼前看到的这份银行对账单绝对不一样，他便匆忙赶回单位取出之前的那些对账单，并叫上杨菁一起到银行查明真相。杨菁担心私自提款的事情败露，便趁徐先生不注意时溜走了。

经过比对和鉴别，银行确定徐先生拿来的对账单全是伪造的。

杨菁知道纸终究包不住火，便在家人的陪同下到单位承认了自己的行为，表示一定会尽快把从单位提走的钱还回来。

2014年2月，杨菁在电影院经理孙先生的陪同下到北京市西城区人民检察院自首。但是杨菁声称，用虚假支票提取单位公款是一个朋友让她干的，后来她不想干了，那个朋友就威胁她，对账单也是那个朋友做的。42万余元公款都是她挪用后交给那个朋友使用的，自己只留了一小部分用于日常消费。

司法机关根据杨菁提供的个人信息、身份证明、通信号码等一一排查后，发现这些信息全是捏造的，这位“朋友”根本不存在。在铁证面前，杨菁不得不认罪服法。

在法庭上，西城区人民法院认为杨菁身为国家工作人员，利用职务上的便利，非法占有公共财物，在长达2年的作案期间内，从未有过还款行为，从单位提走的钱款均被其用于日常挥霍，具有主观上非法占有该笔钱款的目的，遂以贪污罪判处其有期徒刑6年6个月。

杨菁是一名聘用制出纳人员，并未担任领导或负责人职务，从她2009年1月参加工作开始至案发，工作尚不满3年，且开始作案时年仅23岁，这样一名年轻的女孩成为贪污犯着实令人惋惜。

据办案人员介绍，一些年轻人由于参加工作时间短、社会阅历少，对自己行为的性质和后果缺乏清楚、正确的认识，平时又忽视法律知识学习，因此，难以用法律法规来约束自己。

在本案中，尽管杨菁职务低，但因其是单位的出纳，常常经手大量的公款，再加上单位财务制度管理松散，从而走向了违法犯罪。

（资料来源 赵丽，陈亮. 职务犯罪低龄化低职务化应引关注［EB/OL］.［2014-01-15］. http://www.legaldaily.com.cn/bm/content/2014-01/15/content_5205977.htm？node=20736. 文中杨菁为化名）

问题：

（1）试对上述现象进行分析，做出你的思政研判。

（2）本案例中的会计人员杨菁违背了什么会计职业道德规范？

（3）本案例对你有哪些启示？

思政研判要求：同“1.3.3 思政研判”的“思政研判要求”。

（请在下方答题）

模拟训练

【训练项目】

阶段性体验：“财产清查”技术应用。

【训练目标】

见主教材第7章“学习目标”中的“实训目标”。

【任务操作规范与标准】

1）专业能力

“技术-技能”Ⅰ

名称：财产清查

规范与标准：

（1）能正确掌握财产清查的概念。

（2）能对财产清查相关资料进行正确分析、判断。

（3）能根据分析、判断的结果确定盘盈盘亏。

"技术-技能" Ⅱ

名称：财产盘盈的账务处理

规范与标准：

（1）能初步了解财产盘盈。

（2）能正确地选择财产盘盈核算科目。

（3）能正确地进行批准前账务处理。

（4）能正确地进行批准后账务处理。

"技术-技能" Ⅲ

名称：财产盘亏的账务处理

规范与标准：

（1）能初步了解财产盘亏。

（2）能正确地选择财产盘亏核算科目。

（3）能正确地进行批准前账务处理。

（4）能正确地进行批准后账务处理。

"技术-技能" Ⅳ

名称：《"'财产清查'技术应用"训练报告》撰写

规范与标准：

（1）能全面掌握"训练报告撰写"的相关技术。

（2）能充分应用训练报告撰写技术，有质量、有效率地进行如下操作：

①正确设计关于"'财产清查'技术应用"的训练报告，其结构合理、层次分明。

②较规范地撰写上述训练报告。

③依照网络教学资源包中《学生考核手册》考核表7-9及考核表7-10中的"考核指标"和"考核标准"要求，撰写上述训练报告。

2）职业核心能力——与人交流、解决问题、革新创新（中级）。

各专业能力领域的"基本要求"、"'技术-技能'点"和"规范与标准"见本教材"附录二"中的附表2-2。

3）职业道德——职业作风、职业守则（认同级）

各道德领域的"规范与标准"见本教材"附录二"中的附表2-3。

【训练任务】

（1）对"'财产清查'技术应用"专业能力领域各"技术-技能"点实施阶段性基本训练。

（2）对"与人交流"、"解决问题"和"革新创新"等职业核心能力领域各"技术-技能"点实施"中级"强化训练。

（3）对"职业作风"和"职业守则"等职业道德领域实施"认同级"相关

训练。

【训练要求】

（1）训练前学生要了解并熟记本训练的“目标”、“能力与道德领域”、“任务”与“要求”，了解并熟记本教材网络教学资源包中的《学生考核手册》考核表7-9和考核表7-10的“考核指标”与“考核标准”内涵，将其作为本训练的操练点和考核点来准备。

（2）通过“训练步骤”，将“训练任务”所列三种训练整合并落实到本训练的“活动过程”和“成果形式”中。

（3）训练后学生要对本次“‘财产清查’技术应用”的训练活动进行总结，并在此基础上撰写训练报告。

【情境设计】

将学生组建成若干训练团队，各团队结合本训练“成果形式”的“训练课业”题目，在子任务中任选（题量以必需、够用为限），进行“‘财产清查’技术应用”的训练。各团队通过对所选资料进行正确分析、判断，根据分析、判断的结果确定财产清查盘盈、盘亏，完成财产清查报告表的编制和报批，并进行相应的盘盈、盘亏的账务处理以及相应“训练报告”的准备、撰写、讨论与交流等实践活动的参与和体验，依照本章“训练要求”完成各自的训练任务。

【指导准备】

知识准备：

（1）见前文“7.1预习要览”。

（2）本教材“附录一”的附表1-1中，涉及与本章“职业核心能力‘强化训练项’”各“技术-技能”点相关的“‘知识准备’参照范围”。

（3）本教材“附录二”附表2-2和附表2-3中，涉及本章“职业核心能力领域‘强化训练项’”各“技术-技能”点和“职业道德领域‘相关训练项’”的“规范与标准”知识。

操作指导：

（1）教师向学生阐明“训练目的”、“能力与道德领域”和“知识准备”。

（2）教师就“知识准备”中的第（2）、（3）项，对学生进行培训。

（3）教师指导学生就操练项目的盘点事项进行收集、分析与整理资料。

（4）教师指导学生进行盘点方案的编制。

（5）教师指导学生撰写《“‘财产清查’技术应用”训练报告》。

【训练时间】

本章课堂教学内容结束后的课余时间，为期一周。

【训练步骤】

（1）将学生组建成若干个训练团队，每8~10位同学分成一队，每队确定1~2位同学负责。

（2）培训学生确定财产盘点的参与部门及组织分工职责。

（3）对学生进行财产盘点前准备的培训，确定盘点的范围。

（4）培训学生编制财产盘点程序。

（5）盘点会议的安排。

（6）按盘点程序进行现场盘点。

（7）整理、分析、总结盘点结果。

（8）各团队成员在实施上述训练的过程中，融入对“与人交流”、“解决问题”和“革新创新”等职业核心能力的各“‘技术-技能’点”的“中级”强化训练和对“职业作风”“职业守则”等职业道德各“素质点”的“认同级”相关训练，并对训练过程作简要记录与说明。

（9）各团队成员整合上述操练的过程与结果，分别撰写作为最终成果形式的《“‘财产清查’技术应用”训练报告》。

（10）各团队评出优秀训练报告，在班级交流、讨论，评出班级优秀训练报告。

（11）教师对班级优秀训练报告进行点评，并将附有“教师点评”的班级优秀训练报告纳入该课程教学资源库，通过校园网课程平台进行展示，并允许学生拷贝借鉴。

【成果形式】

训练课业：《“‘财产清查’技术应用”训练报告》。

课业要求：

（1）本课业应包括“关于本组资料的专业训练”（列入“技术-技能”Ⅰ至“技术-技能”Ⅳ的阶段性训练成果）、“关于‘职业核心能力’与‘职业道德’选项的融入性操练”和“关于《“‘财产清查’技术应用”训练报告》的撰写训练”三部分内容。

（2）训练报告的内容、结构与体例参照本任务“模拟训练”课业范例。

（3）各团队完成的训练报告须由指导教师、训练团队队长和本人三方签字负责。

“‘财产清查’技术应用”子任务一

【任务背景资料】

天顺公司进行库存现金盘点时发现下列情况：

（1）2023年5月31日进行库存现金清查时发现库存现金溢余100元，无法查明原因。

（2）2023年6月30日进行库存现金清查时发现库存现金短缺210元，其中200元应由出纳员李天承担责任，另外10元无法查明原因。

【要求】

（1）根据资料，正确地判断库存现金盘盈盘亏（“技术-技能”Ⅰ训练）。

（2）根据资料，正确地进行库存现金盘盈的账务处理（“技术-技能”Ⅱ训练）。

（3）根据资料，正确地进行库存现金盘亏的账务处理（“技术-技能”Ⅲ训练）。

（4）通过训练过程的全程参与和体验，在基本完成操练各项“技术-技能”任务的基础上，独立撰写《“‘库存现金清查’技术应用”训练报告》（“技术-技能”Ⅳ训练)。

(请在下方答题)

(1)“技术-技能”Ⅰ训练：判断库存现金盘盈盘亏。

(2)“技术-技能”Ⅱ训练：进行库存现金盘盈的账务处理。(请在下方答题)

(3)“技术-技能”Ⅲ训练：进行库存现金盘亏的账务处理。(请在下方答题)

（4）撰写《“‘库存现金清查’技术应用”训练报告》（见表7-3）。

表7-3 “‘库存现金清查’技术应用”训练报告

训练班级：	分队及队长：	团队成员：
指导老师：	训练时间：	训练地点：
训练目的		
训练步骤		
训练结果		
训练感言		
训练团队队长评定意见		
项目指导教师评定意见		

“‘财产清查’技术应用”子任务二

【任务背景资料】

天顺公司2023年6月30日在对存货进行清查时，发现下列情况：

（1）发现库存甲材料数量为980千克，但甲材料明细账记载数量为950千克，甲材料单价为5元/千克，后查明原因是计量器具不准造成的。

（2）发现库存乙材料数量为1 200千克，而乙材料明细账记载为1 500千克，乙材料单价为20元/千克，后查明是因水灾造成的，且保险公司可赔偿5 000元。

（3）天顺公司对丙库存商品进行盘存，发现库存丙商品17 500个，而丙商品明细账记载数量为18 000个，丙商品单位成本为每个2元，后查明是自然损耗造成的。

【要求】

（1）根据资料，正确地判断存货盘盈盘亏（“技术-技能”Ⅰ训练）。

（2）根据资料，正确地进行存货盘盈的账务处理（“技术-技能”Ⅱ训练）。

（3）根据资料，正确地进行存货盘亏的账务处理（“技术-技能”Ⅲ训练）。

（4）通过训练过程的全程参与和体验，在基本完成操练各“技术-技能”任务的基础上，独立撰写《“‘存货清查’技术应用”训练报告》（“技术-技能”Ⅳ训练）。

（请在下方答题）

（1）“技术-技能”Ⅰ训练：判断存货盘盈盘亏。（请在下方答题）

（2）“技术-技能”Ⅱ训练：进行存货盘盈的账务处理。（请在下方答题）

（3）“技术-技能”Ⅲ训练：进行存货盘亏的账务处理。（请在下方答题）

（4）撰写《“‘存货清查’技术应用”训练报告》（见表7-4）。

表7-4 “‘存货清查’技术应用”训练报告

训练班级：	分队及队长：	团队成员：
指导教师：	训练时间：	训练地点：
训练目的		
训练步骤		
实训结果		
存货盘点情况说明		
训练感言		
训练团队队长评定意见		
项目指导教师评定意见		

“模拟训练”课业范例

“‘存货清查’技术应用”训练报告

（报告人：　　　　　　　　　　　　　　）

【资料】

某公司2023年度年终进行存货盘点，相关要求如下：

（1）存货盘点及往来账款清查的账面基准日期为2023年12月31日。

（2）存货盘点及往来账款清查期限为2023年12月31日至2024年1月20日。

（3）公司财务科要提请公司总经理组建公司年终存货盘点工作小组（物资清点人员、会计及保管记账人员、监盘人员及盘点工作小组负责人），财务科设计存货盘点表格。

（4）存货盘点的范围包括库存原材料、库存商品（产成品）及车间在产品。

（5）存货盘点工作的具体要求：

①库存材料盘点：建议公司另外安排清点搬货人员，材料保管员及材料核算会计同时登账；监盘人员为会计人员甲；审核人员为主管会计；盘点表数量盈亏由材料保管员负责编报，金额盈亏由材料核算会计负责编报。

②库存商品盘点：建议公司另外安排清点搬货人员，仓库保管员和成本核算会计同时登记；监盘人员为会计人员乙；审核人员为主管会计；盘点表数量盈亏由成品保管员负责编报，成本盈亏由成本核算会计负责编报。

③在产品盘点：建议公司另外安排清点搬货人员，车间统计员和成本核算会计同时登账；监盘人员为会计人员丙；审核人员为主管会计；盘点表数量盈亏由车间统计员负责编报，成本盈亏由成本核算会计负责编报。

【要求】

1）根据资料对存货盘点前准备工作进行归类（“技术–技能”Ⅰ训练）。

2）根据资料对存货盘点具体工作要求进行分析（“技术–技能”Ⅱ训练）。

3）根据资料编制存货盘点方案（“技术–技能”Ⅲ训练）。

4）综合上述训练成果，撰写训练报告（“技术–技能”Ⅳ训练）。

【训练课业】

一、关于“本组资料”的专业训练

“技术–技能”Ⅰ训练：对存货盘点前准备工作进行归类。

存货盘点前的准备工作包括组织准备和业务准备。

（1）组织准备。为了使财产清查工作顺利进行，会计、财产保管和相关部门应密切配合，做好清查前的各方面准备工作，并抽调有关专业人员组成清查小组。清查人员应学习有关政策规定，掌握有关法律、法规和相关业务知识，以提高财产清查工作的质量。确定清查对象范围，明确清查任务，制订实施方案，具体安排清查内容、时间、步骤、方法和必要的清查前准备，以便有组织、有计划、有步骤地进行财产清查。

（2）业务准备。会计部门在清查之前将所有经济业务全部入账，并核对总账和所属明细账，保证账证相符、账账相符。财产保管部门将截至清查日的所有经济业务，登记实物账，结出实存数；财产规范存放，整齐排列，标明品种、规格和结存数量。相关部门要准备好计量衡器具，并准备好有关清查用的登记表册。

“技术–技能”Ⅱ训练：对存货盘点具体工作要求进行分析。

（1）将学生组建成若干个训练团队，每8~10位同学分成一队，每队确定1~2人负责。

（2）培训学生确定财产盘点的参与部门及组织分工职责。

（3）对学生进行存货盘点前准备的培训，确定存货盘点的范围。

（4）培训学生进行存货盘点程序的编制。

（5）盘点会议的安排。

（6）按盘点程序进行现场盘点。

（7）整理、分析、总结盘点结果。

（8）撰写作为最终成果的《“‘存货清查’技术应用”训练报告》。

（9）在班级进行交流，讨论各团队的《“‘存货清查’技术应用”训练报告》。

（10）各团队修订其《“‘存货清查’技术应用”训练报告》，并使之各具特色。

“技术–技能”Ⅲ训练：编制存货盘点方案。

由各训练团队成员编制存货盘点方案。

某公司存货盘点方案

（1）盘点目的

为加强存货管理，保障存货的完整性、准确性，真实地反映存货的结存及利用状况，特制订本次盘点计划。

（2）盘点团队

队长：

成员：

（3）盘点时间、地点、人员安排（见表7–5）

表7–5 **盘点时间、地点、人员安排表**

仓库名称	盘点时间	盘点人员数量	负责人
第一仓库	12月31日9：00—17：00	3	×××
第二仓库	12月31日9：00—17：00	3	×××
生产车间	12月31日9：00—17：00	3	×××

盘点部门及单位包括财务部、采购部、生产车间、会计师事务所。

请各部门组织相关人员参与盘点。

（4）盘点范围

对各仓库所有产成品存货、原料、辅料、包装物、在产品实行全面盘点。对需要报废的存货，经质检人员检查后单独存放，待报废处理审批手续办妥后进行处理。

（5）盘点程序

盘点前：

①由盘点工作组制订存货盘点计划：包括盘点的时间、参与人员、范围、程序。

②存货盘点前的准备工作。

a.将外单位的存货和公司存货分开摆放，并挂标签区别，防止误搬外单位存货。

b.仓库人员在正式盘点前进行仓库存货的分类整理，对比金蝶系统清单以及仓库台账清单，注明已过期存货、已损毁存货以及正常使用的存货等。

c.整理仓库存货，将存货码放整齐，同类存货保持每层堆放数量一致，将纵深过多、过高的存货分开摆放，以保证盘点人员每堆存货均可盘到。

d.与销售部门及采购部门人员协调，12月30日下班后将实物已入库、出库的所有单据输入系统，并记录每个账套中最后一张出库单和入库单的编号，然后由供应链系统引出存货清单，其中应根据仓库的盘点表需要分库位标明。

e.打印盘点表，盘点表中应注明品名、规格、单位，并包含盘点表编号、盘点日期、数量、盘点人、监盘人等信息。

③原则上盘点当天存货不移动，即不发生出入库，如果盘点当天由于经营需要发生出入库，那么在盘点前应将当天预计出库的存货调入待出库仓库单独存放，将当天入库存货单独存放，并保留当天出入库原始凭证，待盘点后统一入账。

盘点中：

①由各盘点小组长按存货的类别确定盘点顺序，并确保搬移工作有序进行。

②由盘点表到实物：根据存货盘点表中列举的存货，对选定的样本进行数量清点并记录在存货盘点表上，如有差异，须记录并后续跟进分析。

③已超过保质期的，盘点后另行堆放，待处理。

④针对正常使用的存货进行盘点，注意存货是否存在损毁及过期的情况，并选取一定数量的存货进行开箱查验。

⑤盘点时如发现盘点差异，须记录差异数量，待盘点完成后统一分析原因。

盘点后：

①盘点完毕，盘点人和监盘人在盘点表上签字。盘点表一式三份，由采购部、财务部、会计师事务所分别保管。

②全部盘点完毕后，由盘点工作组编制存货盘点报告，将存货的实际盘存数量和账面余额进行比对，以列明差异数。

③采购部和财务部共同对差异进行分析，查找原因。

④对在盘点过程中发现的损坏、过期的存货列明清单，按照报废处理流程专题汇报、审批，经审批同意后销毁处理。

⑤本轮盘点后由供应链系统评估各分仓管理水平，并安排后续仓库管理工作。

（6）附件

盘点表样表（略）。

二、关于“职业核心能力”与“职业道德”选项的融入性操练

训练前，我们对本章“训练题”【指导准备】中的“知识准备”的内容进行了预习。通过参加“知识准备”第（2）、（3）项的培训，我们了解了本章“专业能力”涉及的各项“技术-技能”、“职业核心能力”和“职业道德”选项的“规范与标准”，降低了训练过程中对相关操作规范的盲目性。

在训练中，我们在实施“训练资料”的专业操练和训练报告的准备、撰写、讨论与交流的同时，有意识地融入了“与人交流”、“解决问题”和“革新创新”等“职业核心能力”强化训练，“职业作风”和“职业守则”等“职业道德”的相关训练。

三、关于《“‘存货清查’技术应用”训练报告》的撰写训练（见表7-6）

表7-6 “‘存货清查’技术应用”训练报告

训练班级：2304105	分队及分队长：01 雷杰	团队成员：王志远 230410501
指导老师：汪老师	训练时间：2023.12.17	训练地点：模拟训练室

训练目的	熟悉存货的概念、种类、财产清查的程序和方法
训练步骤	（1）将学生组成若干个训练团队，每8人分成一队，每队确定1~2人负责； （2）培训学生选取存货盘点的组织分工职责及参与部门； （3）对学生进行存货盘点前准备的培训，确定存货盘点的范围； （4）培训学生进行存货盘点程序的编制； （5）盘点会议的安排； （6）按盘点程序进行现场盘点； （7）整理、分析、总结盘点结果； （8）撰写作为最终成果形式的《“‘存货清查’技术应用”训练报告》，在班级交流、讨论，并使之各具特色
训练结果	编制企业2023年12月31日存货清查方案
企业盘点情况说明	略
训练感言	通过本训练，熟悉了存货的概念、种类和内容等理论；掌握了存货清查的程序和方法；感悟到了会计工作要仔细、严谨，要善于与人沟通、与人合作。本次训练有助于理解、掌握主教材第7章的基本概念、理论，有助于动手能力的提高
不足与今后改进	通过训练过程的体验，认识到会计工作不仅要解决实际问题，而且要严谨细致
训练团队队长评定意见	（略）
项目指导教师评定意见	（略）

参考答案与提示

学习微平台

资源 7-07

学习微平台

资源 7-08

学习微平台

资源 7-09

“7.2 客观题”参考答案见“随堂测二维码资源”

“7.3 主观题”参考答案

7.3.1 理论题

7.3.2 实务题

7.3.3 案例题

“模拟训练子任务一”参考答案与提示

“‘库存现金清查’技术应用”训练报告

一、关于“本组资料”的专业训练

“技术-技能”Ⅰ训练：库存现金盘盈盘亏分类。

账簿记载的各项财产的结存数与实有数应当一致，但账簿记录并不能完全反映客观实际，存在一些因素导致账簿记录的结存数与实际数不一致。为保证账簿记录的正确性，需要对各种财产进行定期或不定期的盘点清查，并与相关账簿进行核对。

当账簿记载有财产价值而实际并不存在时即为盘亏，当实际存在某项资产而账簿记载并没有该项资产价值时即为盘盈。

对资料进行分析判断，可知5月31日库存现金清查中的现金溢余100元，为账无实有，盘盈100元。库存现金短缺210元，为账有实无，即盘亏210元。

“技术-技能”Ⅱ训练：库存现金盘盈的账务处理。

批准前，应记入“库存现金”科目的借方和“待处理财产损溢”科目的贷方。

查明原因报经批准后分情况进行处理：如为应支付给有关人员或单位的，则转入“其他应付款”科目；如为无法查明原因的，则转入“营业外收入”科目。

①报批前。

借：库存现金　　100

　贷：待处理财产损溢——待处理流动资产损溢　　100

②批准后。

借：待处理财产损溢——待处理流动资产损溢　　100

　贷：营业外收入　　100

“技术-技能”Ⅲ训练：库存现金盘亏的账务处理。

批准前，记入“库存现金”科目的贷方和“待处理财产损溢”科目的借方。查明原因、报经批准后分情况进行处理：由责任人赔偿的转入“其他应收款”科目；无法查明原因的转入“管理费用”科目。

①报批前。

借：待处理财产损溢——待处理流动资产损溢　　210

　贷：库存现金　　210

②批准后。

借：其他应收款——李天　　200
　　管理费用　　10
　贷：待处理财产损溢——待处理流动资产损溢　　210

二、关于“职业核心能力”与“职业道德”选项的融入性操练

（参照“模拟训练”课业范例的“二”部分）

三、关于《“‘库存现金清查’技术应用”训练报告》的撰写训练

（参照“模拟训练”课业范例的“三”部分）

“模拟训练子任务二”参考答案与提示

“‘存货清查’技术应用”训练报告

一、关于“本组资料”的专业训练

“技术-技能”Ⅰ训练：根据资料正确地判断存货盘盈盘亏。

账簿记载的各项财产的结存数与实有数应当一致。但账簿记录并不能完全反映客观实际，存在一些因素导致账簿记录的结存数与实有数不一致。为保证账簿记录的正确性，需要对各种财产进行定期或不定期的盘点清查，并与相关账簿进行核对。

当账簿记载有资产价值而实际并不存在该资产时即为盘亏，当实际存在某项资产而账簿记载并没有该项资产价值时即为盘盈。

对资料进行分析判断，6月30日存货清查中甲材料实际库存980千克，明细账记载950千克，实际库存超过账面记载30千克，即盘盈30千克，金额为150元；乙材料实际库存1 200千克，明细账记载1 500千克，即盘亏300千克，金额为6 000元；丙库存商品实存数为17 500个，明细账记载18 000个，盘亏500个，金额为1 000元。实存账存对比表见表7-7。

表7-7　　实存账存对比表

单位名称：天顺公司　　2023年6月30日　　金额单位：元

编号	类别及名称	计量单位	单价	实存		账存		对比结果				备注
				数量	金额	数量	金额	盘盈		盘亏		
								数量	金额	数量	金额	
1	甲材料	千克	5	980	4 900	950	4 750	30	150			管理员过失
2	乙材料	千克	20	1 200	24 000	1 500	30 000			300	6 000	自然灾害
3	丙库存商品	个	2	17 500	35 000	18 000	36 000			500	1 000	自然耗损

“技术-技能”Ⅱ训练：根据资料正确地进行存货盘盈的账务处理。

在报经批准前，应借记有关存货科目，贷记“待处理财产损溢”科目。在报经批准后冲减管理费用。

①盘盈时。

借：原材料——甲材料　150

　贷：待处理财产损溢——待处理流动资产损溢　150

②批准后。

借：待处理财产损溢——待处理流动资产损溢　150

　贷：管理费用　150

“技术-技能”Ⅲ训练：根据资料正确地进行存货盘亏的账务处理。

企业发生存货盘亏时，在报经批准前应借记“待处理财产损溢——待处理流动资产损溢”科目，贷记有关存货科目；在报经批准后，对于入库的残料价值，记入“原材料”等科目；对于应由保险公司或过失人支付的赔款记入“其他应收款”科目；剩余净损失，属于一般经营损失的部分记入“管理费用”科目，属于非常损失的部分记入“营业外支出”科目。

①报批前。

借：待处理财产损溢——待处理流动资产损溢　7 000

　贷：原材料——乙材料　6 000

　　　库存商品——丙商品　1 000

②批准后。

借：管理费用　1 000

　　营业外支出　1 000

　　其他应收款——保险公司　5 000

　贷：待处理财产损溢——待处理流动资产损溢　7 000

二、关于“职业核心能力”与“职业道德”选项的融入性操练

（参照“模拟训练”课业范例的“二”部分）

三、关于《“‘存货清查’技术应用”训练报告》的撰写训练

（参照“模拟训练”课业范例的“三”部分）

工作任务八
“财务报告编制”技术应用

任务目标

- 能够熟练地对会计报表要素进行归类
- 能够对会计报表项目进行分析、判断和计算
- 能够熟练地编制资产负债表和利润表
- 能够独立完成《“‘财务报告编制’技术应用”训练报告》的撰写

知识准备

请绘制与本任务相关的知识点思维导图，复习相关知识，做好完成本任务所必需的知识准备。

8.1 预习要览

8.1.1 内容提要

1.内容概要

财务会计报告，又称财务报告，是指企业对外提供的反映企业某一特定日期的财务状况和某一会计期间的经营成果、现金流量等会计信息的文件。

财务会计报告的目标有两个：（1）向财务会计报告使用者提供对其决策有用的信息。（2）反映企业管理层受托责任的履行情况。

财务会计报告的使用者主要包括投资者、债权人、政府及其有关部门和社会公众等。其中特别强调财务会计报告为投资者服务，把为投资者服务放到了首位。债权人比较关心企业的财务风险和偿债能力，关心债权的安全。

财务会计报告包括财务报表和其他应在财务会计报告中披露的相关信息和资料，其中，财务报表由会计报表本身及其附注两部分构成，一套完整的财务报表至少应当包括资产负债表、利润表、现金流量表、所有者权益变动表以及附注。

财务报表可以按不同的标准进行分类：（1）按财务报表编报期间的不同，可以分为中期财务报表和年度财务报表；（2）按财务报表编报主体的不同，可以分为个别财务报表和合并财务报表。

财务会计报告编写的基本要求如下：（1）持续经营的编制基础；（2）不同期间的一致列报；（3）重要项目的单独反映；（4）项目列报的正确口径；（5）比较信息的提供标准；（6）其他要求。

资产负债表，是指反映企业在某一特定日期财务状况的会计报表，属于静态会计报表。资产负债表反映企业某一日期资产的总额及构成，表明企业拥有或控制的资源及其分布情况；反映企业某一日期的负债总额及其构成，表明企业目前与未来需要支付的债务数额；反映企业所有者所拥有的权益，据以判断资本保值增值的情况，及对负债的保障程度。

资产负债表在形式上分为表头、表体两部分。表头包括报表名称、编制单位、编制日期和金额单位四个要素；表体包括资产、负债和所有者权益各项目名

称和金额等内容。

资产负债表的编制依据：资产=负债+所有者权益。

资产负债表“期末余额”的列报方法：

（1）根据总账科目余额直接填列。

（2）根据几个总账科目余额计算填列。

（3）根据明细科目余额计算填列。

（4）根据总账科目和明细科目余额分析计算填列。

（5）根据总账科目余额减去其备抵科目余额后的净额填列。

（6）综合运用上述方法分析填列。

资产负债表“上年年末余额”栏内的各项数字，应根据上年度资产负债表“期末余额”栏内所列数字填列。

如果本年度资产负债表规定的各个项目的名称和内容与上年度不一致，那么应对上年度资产负债表各项目的名称和数字按照本年度的规定进行调整，填入本表“上年年末余额”栏内。

利润表是反映企业一定期间经营成果的会计报表。它是动态会计报表。

利润表的格式主要有单步式和多步式两种。

我国企业会计准则规定，企业应当采用多步式利润表。多步式利润表的内容主要包括营业利润、利润总额、净利润、综合收益总额和基本每股收益。

$$\text{营业利润}=\text{营业收入}-\text{营业成本}-\text{税金及附加}-\text{销售费用}-\text{管理费用}-\text{研发费用}-\text{财务费用}+\text{其他收益}\pm\text{投资损益}\pm\text{净敞口套期损益}\pm\text{公允价值变动损益}-\text{信用减值损失}-\text{资产减值损失}\pm\text{资产处置损益}$$

利润总额=营业利润+营业外收入−营业外支出

净利润=利润总额−所得税费用

综合收益总额=净利润+其他综合收益的税后净额

基本每股收益=净利润÷普通股股数

企业应当依照章程的规定向投资者提供财务会计报告，向有关单位和部门提供财务会计报告，除依照法律、行政法规或者国务院的规定外，任何组织或者个人不得要求企业提供部分或者全部财务会计报告及其有关数据。

对外提供的财务会计报告反映的会计信息应当真实、完整。

企业应当依照法律、行政法规和国家统一的会计制度有关财务会计报告提供期限的规定，及时对外提供财务会计报告。

2. 主要概念和观念

1）主要概念

财务会计报告　财务报表　资产负债表　利润表

2）主要观念

资产负债表　利润表　财务会计报告对外提供

8.1.2 重点与难点

1.重点理论

财务会计报告的概念 财务会计报告的分类 财务会计报告的组成及编制要求

2.重点实务

资产负债表的编制方法 利润表的编制方法

3.重点操作

财务会计报告的归类 财务会计报告的分析 财务报告的编制

4.难点

资产负债表的编制 利润表的编制

8.1.3 主要公式

1）营业利润计算公式

营业利润=营业收入-营业成本-税金及附加-销售费用-管理费用-研发费用-财务费用+其他收益±投资损益±净敞口套期损益±公允价值变动损益-信用减值损失-资产减值损失±资产处置损益

2）利润总额计算公式

利润总额=营业利润+营业外收入-营业外支出

3）净利润计算公式

净利润=利润总额-所得税费用

4）综合收益总额计算公式

综合收益总额=净利润+其他综合收益的税后净额

5）每股收益计算公式

基本每股收益=净利润÷普通股股数

8.2 客观题

8.2.1 理论题

1.单项选择题

1）财务报告是反映企业财务状况、经营成果和现金流量情况的书面文件，由（ ）组成。

学习微平台

资源 8-01

A.资产负债表、利润表、财务状况变动表及有关附表

B.资产负债表、利润表、现金流量表

C.会计报表、报表附注及有关附表

D.会计报表、会计报表附注和其他应在财务报告中披露的相关信息和资料

2）财务报表按编报主体的不同，可以分为（ ）。

A.个别财务报表和合并财务报表 B.合并报表和汇总报表

C.年度报表和中期报表　　D.月度报表和年度报表

3）会计报表表首部分应当概括说明的基本信息不包括（　　）。

A.编报企业的名称　　B.会计期间或截止日

C.货币单位　　D.相关责任人签名或盖章

4）利润表是反映企业一定期间内（　　）的报表。

A.财务状况　　B.经营成果

C.现金流量　　D.所有者权益变动情况

5）多步式利润表通过多步计算求出当期损益，一般把利润计算分解为（　　）。

A.主营业务利润、营业利润、利润总额和净利润

B.主营业务利润、其他业务利润、利润总额和净利润

C.营业利润、利润总额和净利润

D.营业利润、营业外利润和利润总额

6）在账户式资产负债表中，左边与右边平衡，编制原理为（　　）会计恒等式。

A.资产=负债+所有者权益　　B.资产-负债=所有者权益

C.收入=费用+利润　　D.利润=收入-费用

7）利润表编制原理为下列会计等式中的（　　）。

A.资产=负债+权益　　B.收入-费用=利润

C.资产=负债+所有者权益　　D.资产+费用=负债+所有者权益

2.多项选择题

1）财务会计报告的目标有（　　）。

A.向财务会计报告使用者提供企业财务状况信息

B.向财务会计报告使用者提供企业经营成果信息

C.向财务会计报告使用者提供企业现金流量信息

D.反映企业管理层的受托责任履行情况

2）财务报告的使用者包括（　　）。

A.投资者　　B.债权人　　C.社会公众　　D.税务部门

3）一套完整的财务报表至少包括（　　）。

A.资产负债表　　B.利润表

C.现金流量表　　D.所有者权益变动表

4）中期财务报表包括（　　）。

A.月度财务报表　　B.季度财务报表

C.半年度财务报表　　D.年度财务报表

5）符合财务会计报告编写要求的有（　　）。

A.企业应当以持续经营为基础编制财务报表

B.财务报表项目的列报在各个会计期间可根据实际情况变更

C.企业在列报当期财务报表时，至少应当提供所有列报项目上一可比会计期间的比较数据

D.重要项目应单独反映

6）企业向有关各方提供的财务会计报告，其（　　）应当一致。

A.编制基础　　B.编制依据　　C.编制原则　　D.编制方法

7）符合财务会计报告对外报送的相关要求的有（　　）。

A.对外提供的财务会计报告反映的会计信息应当真实、完整

B.企业应当依照有关财务会计报告提供期限的规定，及时对外提供财务会计报告

C.财务会计报告须经注册会计师审计，企业应当将审计报告随同财务会计报告一并对外提供

D.接受企业财务会计报告的组织或者个人，在企业财务会计报告正式对外披露前，应当对其内容保密

3.判断题

1）以持续经营为基础编制财务报表不再合理的，仍以持续经营为基础编制财务报表，但应在附注中披露这一事实。（　　）

2）资产负债表是反映企业在某一特定时期内资产、负债和所有者权益及其构成情况的会计报表。（　　）

3）利润表是反映企业在某一特定时点经营成果的会计报表。（　　）

4）公司制企业只需依照公司章程规定的期限将财务会计报告送交各股东。（　　）

5）企业应当依照企业章程的规定，向投资者提供财务会计报告。（　　）

6）企业向有关各方提供的财务会计报告，应当依照各方要求采用不同的编制基础、编制依据、编制原则和编制方法。（　　）

7）发现已对外报送的财务报告有错误，要及时办理更正手续，同时通知接收财务报告的单位更正即可。（　　）

8.2.2 实务题

学习微平台

资源 8-02

1.单项选择题

1）下列各项，属于资产负债表流动资产项目的有（　　）。

A.其他应收款　　B.坏账准备　　C.固定资产　　D.库存现金

2）下列各项，属于资产负债表非流动资产项目的有（　　）。

A.其他应收款　　B.固定资产　　C.累计折旧　　D.库存现金

3）下列各项，属于资产负债表所有者权益项目的有（　　）。

A.本年利润　　B.利润分配　　C.应付利润　　D.未分配利润

4）下列各项，属于资产负债表流动负债项目的有（　　）。

A.应付债券　　B.长期借款　　C.预收款项　　D.坏账准备

5）资产负债表列示的金额为（　　）。

A.本期期初余额　　B.本期期末余额

C.本期借方发生额　　D.本期贷方发生额

6）月度利润表列示的金额为（　　）。

A.本月月初余额　　B.本月月末余额
C.本月实际发生额　　D.本月累计发生额

7）利润表的上期金额为（　　）。

A.本期期初的金额　　B.本期期末的金额
C.上一期的金额　　D.上年同期的金额

2.多项选择题

1）“应付账款”项目，应根据（　　）科目所属各有关明细科目的期末贷方余额合计填列。

A.“应付账款”　B.“预付账款”　C.“应收账款”　D.“预收账款”

2）资产负债表“货币资金”项目，按（　　）总账科目期末余额合计数填列。

A.“库存现金”　　B.“银行存款”
C.“其他货币资金”　　D.“交易性金融资产”

3）下列属于资产负债表流动资产项目的有（　　）。

A.银行存款　B.应收账款　C.存货　D.预付款项

4）资产负债表中的“未分配利润”项目填制的依据是（　　）。

A.实收资本　B.应付利润　C.本年利润　D.利润分配

5）根据总账科目余额直接填列的项目有（　　）。

A.以公允价值计量且其变动计入当期损益的金融资产
B.短期借款
C.应付账款
D.应付职工薪酬

6）下列项目，影响营业利润的有（　　）。

A.营业收入　B.管理费用　C.营业外收入　D.税金及附加

7）“营业成本”项目应根据（　　）科目的发生额分析填列。

A.“主营业务成本”　　B.“其他业务成本”
C.“税金及附加”　　D.“销售费用”

3.混合选择题

1）以下内容，属于“职业态度”的“规范与标准”的是（　　）。

A.在职业模拟、职业实践或职业生活的自觉行动中，具有体现职业道德内涵的一贯表现
B.对将要从事的职业种类、职业方向与事业成就有执着追求
C.对职业选择或模拟选择有充分认知和积极行动
D.在履行职业义务时具有强烈的道德责任感和较高的自我评价能力

2）以下内容，属于“职业作风”的“规范与标准”的是（　　）。

A.在职业模拟、职业实践或职业生活的自觉行动中，具有体现职业道德内涵的一贯表现
B.对将要从事的职业种类、职业方向与事业成就有执着追求
C.对职业选择或模拟选择有充分认知和积极行动

D.在履行职业义务时具有强烈的道德责任感和较高的自我评价能力

3）“革新创新能力”（初级）的“知识准备参照范围”主要包括（　　）。

A.激发学习动力的方法；学习的基本原理；确定目标的原则和方法；编写学习计划的基本规则；取得他人帮助和支持的方法与技巧

B.学习的基本原理；学习的方法和技巧；计划落实、控制和调整的方法和技巧；节约时间的诀窍

C.学习方法与学习效果的关系；检查目标进度的方法和技巧（总结、归纳、测量）；成功学习的基本要求

D.能进行自我检查，正确地对待反馈信息和他人意见，对创新方案及实施做出客观评估，并根据实际条件加以调整

4）“财务报告编制”这一“专业能力领域”包括的“技术-技能”点有（　　）。

A.财务会计报告归类

B.财务会计报告分析

C.财务会计报告编制

D.《“‘财务报告编制’技术应用”训练报告》的撰写

5）“财务会计报告的归类‘技术-技能’”的“规范与标准”有（　　）。

A.熟悉资产负债表结构中的上年年末余额和期末余额两种类型

B.能正确掌握资产负债表、利润表的概念

C.能根据资产负债表和利润表的相关资料进行正确分析、判断

D.能根据分析、判断的结果准确进行财务会计报表的归类

6）“财务报告的分析‘技术-技能’”的“规范与标准”有（　　）。

A.熟悉财务会计报告具体项目类型

B.能正确地分析企业账簿资料对财务报表的影响及其结果

C.能准确地判断账户资料在财务报表中反映的类型

D.能正确掌握资产负债表的具体项目填列

7）“财务报告编制‘技术-技能’”的“规范与标准”有（　　）。

A.熟悉资产负债表结构中上年年末余额和期末余额两种类型

B.能正确掌握资产负债表的具体项目填列

C.能正确掌握利润表的具体项目填列

D.能根据经济业务进行财务会计报告编制

8）撰写《“‘财务报告编制’技术应用”训练报告》“技术-技能”的“规范与标准”有（　　）。

A.能熟练掌握资产负债表和利润表的编制原理

B.能正确、规范地编制资产负债表和利润表

C.能合理设计《“‘财务报告编制’技术应用”训练报告》的结构，层次较分明

D.能较规范地编制资产负债表和利润表

4.判断题

1）资产负债表表头包括报表名称、编制单位、编制日期和金额单位四个要素。（　　）

2）资产负债表“应收账款”项目根据“应收账款”总账余额和“坏账准备”总账余额填列。（　　）

3）资产负债表“固定资产”项目根据“固定资产”总账科目余额填列。（　　）

4）资产负债表“短期借款”项目根据“短期借款”总账余额填列。（　　）

5）资产负债表“应付职工薪酬”项目根据“应付职工薪酬”总账余额填列。（　　）

6）资产负债表“长期借款”项目根据“长期借款”总账余额填列。（　　）

7）根据利润表编制原理，营业利润=营业收入-营业成本。（　　）

8.2.3 案例题

明星公司沦落为“造假先锋”——莱得艾德公司财务报告舞弊案例

学习微平台

资源 8-03

背景与情境：莱得艾德公司是美国大型连锁药店，创办于1962年9月。1995年3月，创始人之子马丁·格拉斯出任公司的首席执行官兼董事会主席。自此，莱得艾德公司加快了扩张的步伐，通过兼并收购了1 000多家连锁药店，公司规模不断扩张，经营业绩稳定增长，其股票成为投资者和华尔街财务分析师追捧的明星股票。

然而，公司1999年度会计报告重新表述了1997—1998年度的经营业绩，调增了1997年度报告净利润136.3万美元，调减了1998年度报告净利润1 056.5万美元。1999年10月11日，莱得艾德公司宣布将再次重编前期的某些季度和年度的财务报告。10月18日，马丁·格拉斯辞去了首席执行官和董事会主席的职务。11月，美国证券交易委员会（SEC）和美国总检察长办公室宾夕法尼亚办事处宣布正式调查在马丁·格拉斯及其经营团队领导下的莱得艾德公司的财务问题。

在经德勤会计师事务所审计的2000年度财务报告中，莱得艾德公司重新表述了1998—2000年度第一季度和第二季度的财务报告，分别调减了1998年和1999年的净利润4.92亿美元和5.66亿美元，累计调减的税前利润为23亿美元，累计调减1999年2月27日的留存收益达16亿美元之巨，使莱得艾德公司一跃成为美国历史上会计报表重述金额最大的公司之一。

（资料来源　葛家澍. 会计数字游戏：美国十大财务舞弊案例剖析［M］. 北京：中国财政经济出版社，2003.引文略有调整）

要求：请根据上述案例，联系我国会计法律制度有关财务会计报告的规定，在下列题中填入适当选项。

1）财务会计报告的主要目标有（　　）。

A.向财务会计报告使用者提供企业财务信息

B.向财务会计报告使用者提供预测信息

C.向财务会计报告使用者提出决策建议

D.反映企业管理层受托责任的履行情况

2）财务会计报告的基本要求有（　　）。

A.对外提供的财务会计报告反映的会计信息应当真实、完整

B.及时对外提供财务会计报告

C.向有关各方提供的财务会计报告，其编制基础、编制依据、编制原则和方法应当一致

D.不得提供编制基础、编制依据、编制原则和方法不同的财务会计报告

3）财务会计报告对外提供的对象有（　　）。

A.企业的投资者　　B.企业的债权人

C.有关政府部门　　D.税务部门

4）如果发现对外报送的财务会计报告有错误，处理方式有（　　）。

A.应当及时办理更正手续

B.除更正本单位留存的财务会计报告外，还要通知接受财务会计报告的单位进行更正

C.错误较多的，应当重新编报

D.无须及时更正或重编，可在下一会计年度报告中更正或重编

5）对企业财务会计报告承担责任的人员有（　　）。

A.企业负责人　　B.主管会计工作的负责人

C.会计机构负责人　　D.人事部门负责人

8.2.4 实训题

1.单项选择题

学习微平台

资源 8-04

1）根据《企业会计准则第30号——财务报表列报》的规定，资产负债表采用（　　）格式。

A.账户式　　B.报告式　　C.单步式　　D.多步式

2）根据《企业会计准则第30号——财务报表列报》的规定，利润表采用（　　）格式。

A.账户式　　B.报告式　　C.单步式　　D.多步式

3）固定资产在资产负债表中按（　　）列示。

A.固定资产总账余额

B.扣除减值准备后的固定资产净值

C.扣除累计折旧后的固定资产净值

D.扣除累计折旧和减值准备后的固定资产净额

4）“待处理财产损溢”在资产负债表中（　　）。

A.列示于其他流动资产　　B.列示于其他非流动资产

C.单项列示　　D.不列示

5）会计中期利润表“上期金额”栏应根据（　　）填列。

A.上年该期利润表“本期金额”栏内所列数字

B.本期的前一期利润表“本期金额”栏内所列数字

C.本年截至本期的各期累计金额

D.本年截至本期前一期的各期累计金额

6）向有关单位和部门提供年度财务会计报告应（　　）报出。

A.于次年4月30日前　　B.于次年5月31日前

C.按有关法律法规规定的时间　　D.于次年6月30日前

7）如果发现对外报送的财务会计报告有错误，那么下列处理措施中不正确的是（　　）。

A.立即收回重编并重新报送

B.及时办理更正手续

C.除更正本单位留存的财务会计报告外，应同时通知接收财务会计报告的单位更正

D.错误较多的，应当重新编报

2.多项选择题

1）财务会计报告的表首要素包括（　　）。

A.报表名称　　B.编报企业的名称

C.报表时间或期间　　D.货币名称和单位

2）资产负债表是（　　）会计报表。

A.反映企业某一特定日期财务状况的

B.静态

C.动态

D.反映企业某一特定时期经营成果的

3）利润表是（　　）会计报表。

A.反映企业某一特定日期财务状况的

B.静态

C.动态

D.反映企业某一特定时期经营成果的

4）根据总账科目余额直接填列的项目有（　　）等项目。

A.银行存款

B.以公允价值计量且其变动计入当期损益的金融资产

C.短期借款

D.应付账款

5）根据明细科目余额计算填列的项目有（　　）。

A.应收账款　　B.预收款项　　C.其他应收款　　D.应付账款

6）根据企业会计准则的规定，资产负债表填列金额为（　　）。

A.上年年末余额　　B.期初余额　　C.期末余额　　D.年末余额

7）根据企业会计准则的规定，利润表填列金额为（　　）。

A.上年年末余额　　B.本期金额　　C.上期金额　　D.年末余额

8.3 主观题

8.3.1 理论题

1）财务会计报告的概念是什么？（请在下方答题）

2）财务会计报告的目标是什么？（请在下方答题）

3）资产负债表各项目排列顺序的特点是什么？（请在下方答题）

8.3.2 实务题

1）绘制资产负债表框架结构图。（请在下方答题）

2）绘制净利润分步计算流程图。（请在下方答题）

8.3.3 案例题

学习微平台

资源 8-05

【训练项目】

案例分析 8-1

【相关案例】

报表编制应注重经济实质

背景与情境： 佳华公司新聘用了李兵任公司会计，2023 年 8 月 31 日公司账户资料见表 8-1。

表 8-1 **账户余额表**

编制单位：佳华公司 2023 年 8 月 31 日 单位：元

账户	借方余额	贷方余额	账户	借方余额	贷方余额
库存现金					
银行存款	176 960		短期借款		100 000
应收账款——甲	180 000		应付账款——A	35 000	
应收账款——乙		200 000	应付账款——B		89 600
预付账款——丙	60 000		预收账款——C	40 000	
预付账款——丁		40 000	预收账款——D		102 000
原材料	200 000		应付职工薪酬		10 460
库存商品	60 000		应交税费		8 500
生产成本	4 000		实收资本		400 000
固定资产	217 200		本年利润	8 000	
累计折旧		20 000	利润分配		10 600
总计	898 160	260 000	总计	83 000	721 160

李兵根据账户资料编制资产负债表，见表8-2。

表8-2　　资产负债表

编制单位：佳华公司　　2023年8月31日　　单位：元

资产	期末余额	上年年末余额	负债及所有者权益	期末余额	上年年末余额
流动资产：			流动负债：		
货币资金	176 960		短期借款	100 000	
以公允价值计量且其变动计入当期损益的金融资产			应付票据		
应收票据			应付账款	89 600	
应收账款	180 000		预收款项	102 000	
预付款项	20 000		应付职工薪酬	10 460	
其他应收款			应交税费	8 500	
存货	260 000		流动负债合计	310 560	
其他流动资产	4 000		非流动负债：		
流动资产合计	640 960		长期借款		
非流动资产：			非流动负债合计		
固定资产	217 200		负债合计	310 560	
无形资产			所有者权益：		
非流动资产合计	217 200		实收资本	400 000	
			未分配利润	2 600	
			所有者权益合计	402 600	
资产总计	858 160		负债及所有者权益总计	713 160	

问题：

1）公司的资产负债表是否正确？列举错误。

2）如何正确地填列资产负债表中的具体项目？

3）请改正资产负债表中的错误。

分析：同“1.3.3　案例分析”的“分析要求”。

（请在下方答题）

【训练项目】

课程思政 8-1

【相关案例】

一个小数点引发的疑案

学习微平台

资源 8-06

背景与情境：一本在网上晾晒了半年的年度报告，年底遇上了一位细心且较真的网民。自称缘于一个财务小数点“漂移”错误，中华少年儿童慈善救助基金会（以下简称“儿慈会”）再次被推向社会舆论的风口浪尖。究竟是一个儿童救助机构犯了一个儿童级的小数点错误，还是背后另有隐情？

2014年12月10日，广州网民周筱赟微博发帖，指责儿慈会在《中华少年儿童慈善救助基金会2011年度报告》所披露的财务报表中有48亿元资金神秘消失、涉嫌洗钱；2天后，质疑者周筱赟冒着漫天大雪，与儿慈会有关负责人在京进行了一场面对面对质。半小时激烈交锋后，双方发现：无论质疑者还是澄清者，其实共同面对的都是一本不完整，且外行人看不懂的账本。

假如真是小数点惹的祸，它为何成功逃过了会计、财务主管、理事、监事、审计、管理部门等基金会层层设置的内外部监管，“潜逃”至今，并致使年度财务报表乌龙？公益机构的账单如何晒，才不至于是公众眼里的一笔糊涂账？如何追究公益审计失职……

厚达56页的《中华少年儿童慈善救助基金会2011年度报告》，早在2014年4月25日就挂上了儿慈会官网。

该报告的第48~51页，即为儿慈会公开发布的2011年度财务报表，共包括资产负债表、现金流量表、业务活动表三张报表。

周筱赟的微博还贴出了儿慈会2011年度财务报表的截图。在现金流量表第一大项“业务活动产生的现金流量”栏目中：第8小项记录“收到其他与业务活动有关的现金”4 766 273 045.02元；第19小项“支付其他与业务活动有关的现金”4 840 617 722.28元。

“没有数错小数点，真的是48亿元!”“在儿慈会2011年的账户上，捐款金额仅占1%，非捐款金额高达99%，后者当年马上流出，只是过了一下账，这究竟是在做什么？大家注意，这48亿元的进出，不论是收到还是支付，都标明是‘现金’。”周筱赟认为，儿慈会涉嫌“洗钱”。

当天下午5时许，中华儿慈会官网刊出致歉通告。通告除承认2011年度报告中确实有几个数字有误外，解释“财务人员将其中的银行短期理财累计发生额475 000 000元，误写为4 750 000 000元，致使2011年度儿慈会现金流量表中的‘收到其他与业务活动有关的现金’达到年报上刊出的错误数字”。儿慈会认为是错将4.7亿元记成47亿元。

审计结果：多输一个“0”。北京中立诚会计师事务所针对公众高度关注的中华儿慈会是否存在48亿元资金洗钱以及与此有关的货币资金及理财产品的收支情况进行专项审计。

在审计过程中发现，中华儿慈会2011年度的现金流量表数据不是直接由财务软件生成的，而是根据财务软件生成的电子数据手工编制出来的，在填制“收到与其他业务活动有关的现金”和“支付与其他业务活动有关的现金”两个栏目的过程中，填制其他货币资金科目发生额4.75亿元时多输入了一个“0”，因此变成了47.5亿元，进而使“现金流入小计”和“现金流出小计”多出40多亿元。

（资料来源　杨晓红，刘素楠，王辉.一个小数点引发的疑案［N］. 南方都市报，2012-12-18.）

问题：

（1）试对上述现象进行分析，做出你的思政研判。

（2）通过适当途径进行信息搜集，分析本案例违背了什么会计职业道德规范。

（3）会计人员在工作中遇到可疑情况时应持什么样的工作态度？本案例对你有哪些启示？

思政研判要求：同“1.3.3　思政研判”的“思政研判要求”。

（请在下方答题）

模拟训练

【训练项目】

阶段性体验："财务报告编制"技术应用。

【训练目标】

见主教材第8章"学习目标"中的"实训目标"。

【任务操作规范与标准】

1）专业能力

"技术-技能" Ⅰ

名称：财务报告的归类

规范与标准：

（1）能正确掌握资产负债表、利润表的概念。

（2）能根据资产负债表和利润表的相关资料进行分析、判断。

（3）能根据分析、判断的结果准确地进行财务会计报告归类。

"技术-技能" Ⅱ

名称：财务报告项目的分析

规范与标准：

（1）熟悉财务会计报告的具体项目类型。

（2）能正确地分析企业账簿资料对财务会计报告的影响及其结果。

（3）能准确地判断账户资料在财务报表中反映的类型。

"技术-技能" Ⅲ

名称：财务报告编制

规范与标准：

（1）能熟练掌握资产负债表和利润表的编制原理。

（2）能正确、规范地编制资产负债表和利润表。

（3）能正确地将企业期初资产、负债和所有者权益归类结果过入资产负债表上年年末余额栏中，并根据"资产=负债+所有者权益"会计恒等式保证其平衡。

（4）能正确地将企业期末资产、负债和所有者权益分析结果过入资产负债表的期末余额栏中，并根据"资产=负债+所有者权益"会计恒等式保证其平衡。

（5）能正确地计算本期损益情况，计算填列利润表相关金额栏，并根据"收入-费用=利润"会计等式计算营业利润、利润总额和净利润。

“技术-技能”Ⅳ

名称：《“‘财务报告编制’技术应用”训练报告》撰写

（1）能全面掌握“训练报告撰写”的相关技术。

（2）能充分应用训练报告撰写技术，有质量、有效率地进行如下操作：

①正确设计关于“‘财务报告编制’技术应用”的训练报告，其结构合理、层次分明。

②较规范地撰写上述训练报告。

③依照网络教学资源包中《学生考核手册》考核表8-14及考核表8-15中的“考核指标”和“考核标准”要求，撰写上述训练报告。

2）职业核心能力——信息处理、解决问题、革新创新（中级）

上述能力领域的“基本要求”、“‘技术-技能’点”和“规范与标准”见本教材“附录二”中的附表2-2。

3）职业道德——职业观念、职业理想、职业态度、职业守则（认同级）

各道德领域的“规范与标准”见本教材“附录二”中的附表2-3。

【训练任务】

（1）对“‘财务报告编制’技术应用”专业能力领域各“技术-技能”点实施基本训练。

（2）对“信息处理”、“解决问题”和“革新创新”等职业核心能力领域各“技术-技能”点实施“中级”强化训练。

（3）对“职业观念”、“职业理想”、“职业态度”和“职业守则”等职业道德领域实施“认同级”相关训练。

【训练要求】

（1）训练前学生要了解并熟记本训练的“目标”、“能力与道德领域”、“任务”与“要求”，了解并熟记本教材网络教学资源包中的《学生考核手册》考核表8-14、考核表8-15的“考核指标”与“考核标准”内涵，将其作为本训练的操练点和考核点来准备。

（2）通过“训练步骤”，将“训练任务”所列三种训练整合并落实到本训练的“活动过程”和“成果形式”中。

（3）训练后学生要对本次“‘财务报告编制’技术应用”的训练活动进行总结，并在此基础上撰写训练报告。

【情境设计】

将学生组建成若干训练团队，各团队结合本训练“成果形式”的“训练课业”题目，在子任务中任选（题量以必需、够用为限），进行针对“‘财务报告编制’技术应用”训练。

各团队通过对所选企业账户发生额或余额资料的归类、分析，编制资产负债表和利润表，通过实践活动的参与和体验，完成本训练题的各项训练任务，并在此基础上撰写《“‘财务报告编制’技术应用”训练报告》。

【指导准备】

知识准备：

（1）见前文“8.1 预习要览”。

（2）教材“附录一”的附表 1-1 中，涉及与本章“职业核心能力‘强化训练项’”各“技术-技能”点相关的“‘知识准备’参照范围”。

（3）本教材“附录二”附表 2-2 和附表 2-3 中，涉及本章“职业核心能力领域‘强化训练项’”各“技术-技能”点和“职业道德领域‘相关训练项’”的“规范与标准”知识。

操作指导：

（1）教师向学生阐明“训练目的”、“能力与道德领域”和“知识准备”。

（2）教师就“知识准备”中的第（2）、（3）项，对学生进行培训。

（3）教师指导学生就训练项目“企业当期的损益类账户发生额情况和截至当期期末的资产类、负债类和所有者权益类账户的余额情况”进行分析、判断，并根据分析、判断的结果准确进行会计账户归类。

（4）教师指导学生就训练项目“企业正确地编制期末资产负债表和当期利润表”进行分析。

（5）教师指导学生撰写《“‘财务报告编制’技术应用”训练报告》。

【训练时间】

本章课堂教学内容结束后的双休日和课余时间，为期一周。

【训练步骤】

（1）将学生组建成若干个训练团队，每 8 人同学分成一队，每队确定 1~2 人负责。

（2）对学生进行财务会计报告编制的培训，使其熟悉训练目的、步骤。

（3）各团队熟悉企业的相关资料，按要求进行关于“技术-技能”Ⅰ至“技术-技能”Ⅳ的全面操练，编制资产负债表和利润表，并与“参考答案与提示”中的参考答案相对比。

（4）指导学生以队为单位，讨论完成资产负债表和利润表编制的第一步。分析各账户，将账户按资产、负债和所有者权益类及损益类归类。

（5）各团队完成资产负债表和利润表编制的第二步。根据资产、负债和所有者权益类账户余额，分析填列资产负债表。

（6）各团队完成资产负债表和利润表编制的第三步。根据损益类账户发生额，分析填列利润表。

（7）各团队成员在实施上述训练的过程中，融入对“信息处理”、“解决问题”和“革新创新”等职业核心能力的各“技术-技能”点的“中级”强化训练和对“职业观念”、“职业理想”、“职业态度”和“职业守则”等职业道德各“素质点”的“认同级”相关训练，并对训练过程作简要记录与说明。

（8）各团队成员根据所编制的资产负债表和利润表撰写作为最终成果形式的《“‘财务报告编制’技术应用”训练报告》。

（9）各队选派代表在班级讨论、交流和修订《“‘财务报告编制’技术应用”训练报告》。

【成果形式】

训练课业：《“‘财务报告编制’技术应用”训练报告》

课业要求：

（1）本课业应包括“关于本组资料的专业训练”（列入“技术-技能”Ⅰ至“技术-技能”Ⅳ的阶段性训练成果）、“关于‘职业核心能力’与‘职业道德’选项的融入性操练”和“关于《“‘财务报告编制’技术应用”训练报告》的撰写训练”三部分内容。

（2）训练报告的内容、结构与体例参照本任务“模拟训练”课业范例。

（3）各训练团队完成的训练报告须由项目指导教师、训练团队队长和本人三方签字负责。

“‘财务报告编制’技术应用”子任务一

【任务背景资料】

嘉实公司2023年1月31日有关账户余额见表8-3：

表8-3 **2023年1月31日账户余额表** 单位：元

科目	总账		明细账	
	借方	贷方	借方	贷方
库存现金	12 580			
银行存款	65 465			
应收账款	42 860			
A公司			60 000	
B公司				17 140
原材料	116 240			
甲材料			86 240	
乙材料			30 000	
库存商品	65 240			
丙商品			65 240	
预收账款		48 000		
C公司				48 000

【要求】

（1）资产负债表项目的归类（“技术-技能”Ⅰ训练）。

（2）资产负债表各项目分析（“技术-技能”Ⅱ训练）。

（3）资产负债表编制“技术-技能”（“技术-技能”Ⅲ训练）。

（4）撰写《“‘财务报告编制’技术应用”训练报告》“技术-技能”（“技术-技能”Ⅳ训练）。

（1）“技术-技能”Ⅰ训练：资产负债表项目的归类。（请在下方答题）

（2）“技术–技能”Ⅱ训练：资产负债表各项目分析。（请在下方答题）

（3）“技术–技能”Ⅲ训练：资产负债表编制“技术–技能”。（请在下方答题）

（4）撰写《“‘财务报告编制’技术应用”训练报告》（见表8-4）。

表8-4　“‘财务报告编制’技术应用”训练报告

训练班级：	分队及队长：	团队成员：
指导老师：	训练时间：	训练地点：
训练目的		
训练步骤		
训练结果		
企业财务状况说明		
训练感言		
训练团队队长 评定意见		
项目指导教师 评定意见		

“‘财务报告编制’技术应用”训练子任务二

【任务背景资料】

嘉华公司7月份损益类账户发生额情况见表8-5：

表8-5　7月份损益类账户发生额　单位：元

账户名称	本期借方发生额	本期贷方发生额
主营业务收入		382 500
主营业务成本	226 860	
其他业务收入		68 900
其他业务成本	46 530	
税金及附加	12 100	
销售费用	36 000	
管理费用	18 600	
财务费用	3 620	
营业外收入		25 800
营业外支出	16 600	
所得税费用	3 200	

【要求】

（1）利润表项目的归类（“技术–技能”Ⅰ训练）。

（2）利润表各项目分析（“技术–技能”Ⅱ训练）。

（3）利润表编制“技术–技能”（“技术–技能”Ⅲ训练）。

（4）撰写《“‘利润表编制’技术应用”训练报告》“技术–技能”（“技术–技能”Ⅳ训练）。

（请在下方答题）

（1）“技术–技能”Ⅰ训练：利润表项目的归类。（请在下方答题）

（2）“技术-技能”Ⅱ训练：利润表各项目分析。（请在下方答题）

（3）“技术-技能”Ⅲ训练：利润表编制“技术-技能”。（请在下方答题）

（4）撰写《“‘利润表编制’技术应用”训练报告》（见表8-6）。

表8-6 “‘利润表编制’技术应用”训练报告

训练班级：	分队及队长：	团队成员：
指导教师：	训练时间：	训练地点：
训练目的		
训练步骤		
训练结果		
企业经营情况说明		
训练感言		
训练团队队长评定意见		
项目指导教师评定意见		

“模拟训练”课业范例

“‘财务报告编制’技术应用”训练报告

（报告人： ）

【资料】某公司2023年资产负债表（简表）见表8-7。

表8-7 资产负债表（简表）

编制单位：某公司　　2023年1月1日　　单位：元

资产	期末余额	上年年末余额	负债和所有者权益（或股东权益）	期末余额	上年年末余额
流动资产：			流动负债：		
货币资金		168 600	短期借款		160 000
以公允价值计量且其变动计入当期损益的金融资产			应付票据		
应收票据			应付账款		154 200
应收账款		218 320	预收款项		58 000
预付款项		24 320	应付职工薪酬		8 600
其他应收款		20 000	应交税费		9 600
存货		456 800	流动负债合计		390 400
流动资产合计		888 040	非流动负债：		
非流动资产：			长期借款		800 000
固定资产		1 560 000	非流动负债合计		800 000
无形资产			负债合计		1 190 400
非流动资产合计		1 560 000	所有者权益（或股东权益）：		
			实收资本（或股本）		1 000 000
			未分配利润		257 640
			所有者权益（或股东权益）合计		1 257 640
资产总计		2 448 040	负债和所有者权益（或股东权益）总计		2 448 040

其中，货币资金168 600元均为银行存款；存货456 800元，其中原材料326 200元（甲材料1 000千克，单价200元/千克，总额200 000元；乙材料1 262千克，单价100元/千克，总额126 200元），库存商品130 600元。假如2023年1月该公司发生如下交易或事项：（不考虑未注明的相关税费）

1）3日，购入材料一批，发票账单已经收到，增值税专用发票上注明的货款为200 000元，增值税税额为26 000元，材料已验收入库。附原始凭证2张。

2）5日，转账收回前期货款200 000元。附原始凭证1张。

3）7日，计提短期借款利息25 000元。附原始凭证2张。

4）10日，转账支付广告费50 000元。附原始凭证1张。

5）14日，销售商品一批，该批商品售价为1 000 000元，增值税税额为130 000元，实际成本为680 000元，商品已发出，款项尚未收到。附原始凭证4张。

6）17日，出售甲材料一批，售价120 000元，增值税税额为15 600元，货款未收。该材料成本为60 000元。附原始凭证4张。

7）28日，分配工资费用，其中公司行政管理人员工资40 000元，生产工人工资100 000元。附原始凭证1张。

8）28日，生产车间生产A产品领用原材料412 300元，其中领用甲材料1 500千克，金额300 000元；领用乙材料1 123千克，金额112 300元。附原始凭证1张。

9）28日，用银行存款支付车间办公费37 500元。附原始凭证1张。

10）30日，本月产品全部完工入库。附原始凭证2张。

11）31日，计算并确认应交城市维护建设税20 000元。附原始凭证1张。

12）31日，按利润总额的25%计算所得税费用（不考虑其他因素）。附原始凭证1张。

13）31日，按净利润的10%提取盈余公积。附原始凭证1张。

【要求】

1）财务会计报表的归类“技术–技能”（“技术–技能”Ⅰ训练）。

2）财务会计报表各项目的分析“技术–技能”（“技术–技能”Ⅱ训练）。

3）财务会计报告的编制“技术–技能”（“技术–技能”Ⅲ训练）。

4）撰写《“‘财务报告编制’技术应用”训练报告》（“技术–技能”Ⅳ训练）。

【训练课业】

一、关于“本组资料”的专业训练

“技术–技能”Ⅰ训练：财务会计报表的归类。

资产负债表，是指反映企业在某一特定日期财务状况的会计报表，属于静态会计报表。资产负债表的填列包括：根据总账科目余额直接填列、根据总账科目余额计算填列、根据明细账科目余额计算填列、根据总账科目和明细账科目余额分析计算填列、根据总账科目余额减去其备抵科目余额后的净额填列。

利润表，是指反映企业在一定期间经营成果的会计报表，属于动态会计报表。利润表的填列要根据损益类科目的发生额分析填列。

“技术–技能”Ⅱ训练：财务会计报表各项目的分析。

1）编制会计分录

(1) 借：原材料——甲材料 200 000
　　应交税费——应交增值税（进项税额） 26 000
　贷：应付账款 226 000

(2) 借：银行存款 200 000
　贷：应收账款 200 000

(3) 借：财务费用 25 000
　贷：应付利息 25 000

(4) 借：销售费用 50 000
　贷：银行存款 50 000

(5) 借：应收账款 1 130 000
　贷：主营业务收入 1 000 000
　　应交税费——应交增值税（销项税额） 130 000

借：主营业务成本 680 000
　贷：库存商品 680 000

(6) 借：应收账款 135 600
　贷：其他业务收入 120 000
　　应交税费——应交增值税（销项税额） 15 600

借：其他业务成本 60 000
　贷：原材料——甲材料 60 000

(7) 借：生产成本 100 000
　　管理费用 40 000
　贷：应付职工薪酬 140 000

(8) 借：生产成本 412 300
　贷：原材料——甲材料 300 000
　　　　——乙材料 112 300

(9) 借：制造费用 37 500
　贷：银行存款 37 500

(10) 借：生产成本 37 500
　贷：制造费用 37 500

借：库存商品 549 800
　贷：生产成本 549 800

(11) 借：税金及附加 20 000
　贷：应交税费——应交城市维护建设税 20 000

(12) 借：所得税费用 61 250
　贷：应交税费——应交所得税 61 250

(13) 借：主营业务收入 1 000 000
　　其他业务收入 120 000

贷：本年利润 1 120 000

借：本年利润 875 000

贷：主营业务成本 680 000

其他业务成本 60 000

税金及附加 20 000

管理费用 40 000

销售费用 50 000

财务费用 25 000

借：本年利润 61 250

贷：所得税费用 61 250

借：本年利润 183 750

贷：利润分配 183 750

借：利润分配 18 375

贷：盈余公积 18 375

2）登记账簿

借方 **银行存款** 贷方

期初余额	168 600		
	（2）200 000		（4）50 000（9）37 500
本期发生额合计	200 000	本期发生额合计	87 500
期末余额	281 100		

借方 **原材料** 贷方

期初余额	326 200		
	（1）200 000		（6）60 000 （8）412 300
本期发生额合计	200 000	本期发生额合计	472 300
期末余额	53 900		

借方 **应收账款** 贷方

期初余额	218 320		
	（5）1 130 000 （6）135 600		（2）200 000
本期发生额合计	1 265 600	本期发生额合计	200 000
期末余额	1 283 920		

借方 **其他应收款** 贷方

期初余额	20 000	
本期发生额合计	0	0
期末余额	20 000	

借方 **库存商品** 贷方

期初余额	130 600		
	（10）549 800		（5）680 000
本期发生额合计	549 800	本期发生额合计	680 000
期末余额	400		

借方 **制造费用** 贷方

	（9）37 500		（10）37 500
本期发生额合计	37 500	本期发生额合计	37 500
期末余额	0		

借方 **短期借款** 贷方

		期初余额	160 000
		本期发生额	0
		期末余额合计	160 000

借方 **应付账款** 贷方

		期初余额	154 200
			（1）226 000
		本期发生额合计	226 000
		期末余额	380 200

借方 **预收账款** 贷方

		期初余额	58 000
		本期发生额合计	0
		期末余额	58 000

借方 **应付职工薪酬** 贷方

		期初余额	8 600
			（7）140 000
		本期发生额合计	140 000
		期末余额	148 600

借方 **应交税费** 贷方

		期初余额	9 600
	（1）26 000		（5）130 000
			（6）15 600
			（11）20 000
			（12）61 250
本期发生额合计	26 000	本期发生额合计	226 850
		期末余额	210 450

借方	应付利息		贷方
		期初余额	0
			（3）25 000
		本期发生额合计	25 000
		期末余额	25 000

借方	长期借款		贷方
		期初余额	800 000
		本期发生额合计	0
		期末余额	800 000

借方	实收资本		贷方
		期初余额	1 000 000
		本期发生额合计	0
		期初余额	1 000 000

借方	盈余公积		贷方
		期初余额	0
			（13）18 375
		本期发生额合计	18 375
		期末余额	18 375

借方	销售费用		贷方
	（4）50 000		（13）50 000
本期发生额合计	50 000	本期发生额合计	50 000
期末余额	0		

借方	管理费用		贷方
	（7）40 000		（13）40 000
本期发生额合计	40 000	本期发生额合计	40 000
期末余额	0		

借方	财务费用		贷方
	（3）25 000		（13）25 000
本期发生额合计	25 000	本期发生额合计	25 000
期末余额	0		

借方 **主营业务成本** 贷方

	（5）680 000		（13）680 000
本期发生额合计	680 000	本期发生额合计	680 000
期末余额	0		

借方 **主营业务收入** 贷方

	（13）1 000 000		（5）1 000 000
本期发生额合计	1 000 000	本期发生额合计	1 000 000
期末余额	0		

借方 **其他业务成本** 贷方

	（6）60 000		（13）60 000
本期发生额合计	60 000	本期发生额合计	60 000
期末余额	0		

借方 **其他业务收入** 贷方

	（13）120 000		（6）120 000
本期发生额合计	120 000	本期发生额合计	120 000
期末余额	0		

借方 **生产成本** 贷方

	（7）100 000		（10）549 800
	（8）412 300		
	（10）37 500		
本期发生额合计	549 800	本期发生额合计	549 800
期末余额	0		

借方 **所得税费用** 贷方

	（12）61 250		（13）61 250
本期发生额合计	61 250	本期发生额合计	61 250
期末余额	0		

借方 **本年利润** 贷方

	（13）875 000		（13）1 120 000
	（13）183 750		
	（13）61 250		
本期发生额合计	1 120 000	本期发生额合计	1 120 000
期末余额	0		

借方 **利润分配** 贷方

		期初余额	257 640
	（13）18 375		（13）183 750
本期发生额合计	18 375	本期发生额合计	183 750
		期末余额	423 015

借方 **税金及附加** 贷方

	（11）20 000		（13）20 000
本期发生额合计	20 000	本期发生额合计	20 000
期末余额	0		

“技术-技能”Ⅲ训练：编制会计报表（见表8-8、表8-9）。

表 8-8 **资产负债表（简表）** 会企01表

编制单位：某公司 2023年1月31日 单位：元

资产	期末余额	上年年末余额	负债和所有者权益（或股东权益）	期末余额	上年年末余额
流动资产：			流动负债：		
货币资金	281 100	168 600	短期借款	160 000	160 000
以公允价值计量且其变动计入当期损益的金融资产			应付票据		
应收票据			应付账款	380 200	154 200
应收账款	1 283 920	218 320	预收款项	58 000	58 000
预付款项	24 320	24 320	应付职工薪酬	148 600	8 600
其他应收款	20 000	20 000	应交税费	210 450	9 600
存货	54 300	456 800	其他应付款	25 000	
流动资产合计	1663 640	888 040	流动负债合计	982 250	390 400
非流动资产：			非流动负债：		
固定资产	1 560 000	1 560 000	长期借款	800 000	800 000
无形资产			非流动负债合计	800 000	800 000
非流动资产合计	1 560 000	1 560 000	负债合计	1 782 250	1 190 400
			所有者权益（或股东权益）：		
			实收资本（或股本）	1 000 000	1 000 000
			盈余公积	18 375	
			未分配利润	423 015	257 640
			所有者权益（或股东权益）合计	1 441 390	1 257 640
资产总计	3 223 640	2 448 040	负债和所有者权益（或股东权益）总计	3 223 640	2 448 040

表 8-9　　**利润表（简表）**　　会企 02 表

编制单位：某公司　　2023 年 1 月　　单位：元

项目	本期金额	上期金额（略）
一、营业收入	1 120 000	
减：营业成本	740 000	
税金及附加	20 000	
销售费用	50 000	
管理费用	40 000	
研发费用		
财务费用	25 000	
其中：利息费用		
利息收入		
加：其他收益		
投资收益（损失以“-”号填列）		
净敞口套期收益（损失以“-”号填列）		
公允价值变动收益（损失以“-”号填列）		
信用减值损失（损失以“-”号填列）		
资产减值损失（损失以“-”号填列）		
资产处置收益（损失以“-”号填列）		
二、营业利润（亏损以“-”号填列）	245 000	
加：营业外收入		
减：营业外支出		
三、利润总额（亏损总额以“-”号填列）	245 000	
减：所得税费用	61 250	
四、净利润（净亏损以“-”号填列）	183 750	
五、其他综合收益的税后净额		
六、综合收益总额		
七、每股收益：		
（一）基本每股收益		
（二）稀释每股收益		

二、关于“职业核心能力”与“职业道德”选项的融入性操练

训练前，我们对列入本章“训练题”【指导准备】中的“知识准备”的那些知识进行了必要预习，接受了指导老师的全部“操作指导”。通过参加“知识准备”第（2）、（3）项的培训，我们了解了本章涉及的“专业能力”各项“技术-技能”、“职业核心能力”和“职业道德”选项的“规范与标准”，降低了在训练过程中对相关操作规范的盲目性。

在训练中，我们在实施“训练资料”的专业操练和训练报告的准备、撰写、讨论与交流的同时，有意识地融入了“信息处理”、“解决问题”和“革新创新”等“职业核心能力”强化训练和“职业观念”、“职业理想”、“职业态度”和“职

业守则”等“职业道德”的相关训练。

三、关于《“‘财务报告编制’技术应用”训练报告》的撰写训练（见表8-10）

表8-10 “‘财务报告编制’技术应用”训练报告

训练班级：2304105	分队及队长：01 雷杰	团队成员：王志远 230410501
指导老师：汪老师	训练时间：2023.12.28	训练地点：模拟训练室
训练目的	熟悉会计报表的概念、种类、结构，掌握会计报表的编制程序和方法，提高动手能力	
训练步骤	1.由训练团队根据企业经济业务的资料进行分析； 2.编制会计分录，并进行汇总； 3.登记T形账户，并进行试算平衡； 4.根据汇总资料编制资产负债表； 5.根据汇总资料编制利润表； 6.撰写作为最终成果形式的《“‘财务报告编制’技术应用”训练报告》。	
训练结果	编制企业2023年1月31日资产负债表、2023年1月利润表（见附件）	
企业财务 状况说明	企业财务状况简单说明：该企业2023年1月31日资产总计为3 223 640元，负债总额为1 782 250元，所有者权益总额为1 441 390元，负债和所有者权益总计为3 223 640元，资产总计等于负债和所有者权益总计	
训练感言	本次训练是在学习了会计报表的概念、种类和结构等理论、实务知识及“职业核心能力”与“职业道德”选项的“规范与要求”基础上进行的，力求做到关于“财务会计报告”的职业认知以其“理论知识”为指导，关于“财务会计报告”的技能操作以其“实务知识”为规范，关于“职业核心能力”和“职业道德”选项的训练以其“规范与标准”为参照，从而有效克服了“财务会计报告”中的各种盲目性。针对“职业核心能力”和“职业道德”选项的融入性训练培养并提高了我们的“可持续发展能力”和“职业道德素质”，从而感悟到会计工作要仔细、严谨，要善于与人沟通、与人合作。 我们相信：对于我们“职业胜任力”的阶段性建构来说，所有这些训练都是必不可少的。 不足与今后改进：通过训练过程的体验，我们认识到会计是一项综合性很强的工作，不仅要有扎实的理论基础，而且要有娴熟的实践技能，差之毫厘，谬以千里，今后要加强训练，做到耐心细致、手续到位、计算准确	
训练团队队长 评定意见	略	
项目指导教师 评定意见	略	

学习微平台

资源8-07

学习微平台

资源8-08

学习微平台

资源8-09

参考答案与提示

“8.2 客观题”参考答案见“随堂测二维码资源”

“8.3 主观题”参考答案

8.3.1 理论题

8.3.2 实务题

8.3.3 案例题

“模拟训练子任务一”参考答案与提示

“‘资产负债表编制’技术应用”训练报告

一、关于“本组资料”的专业训练

“技术-技能”Ⅰ训练：资产负债表项目的归类。

资产负债表，是指反映企业在某一特定日期财务状况的会计报表，属于静态会计报表。

“技术-技能”Ⅱ训练：资产负债表各项目的分析。

资产负债表各项目可根据总账科目余额直接填列、根据总账科目余额计算填列、根据明细账科目余额计算填列、根据总账科目和明细账科目余额分析计算填列、根据总账科目余额减去其备抵科目余额后的净额填列、综合上述方法分析填列。“货币资金”项目根据库存现金、银行存款和其他货币资金总账科目期末余额相加填列；“应收账款”项目根据应收账款和预收账款明细账科目借方余额的合计数，减去备抵科目后的余额填列；“存货”项目根据原材料和库存商品等科目的期末余额相加填列；“预收款项”项目根据预收账款和应收账款明细账科目贷方余额填列。

“技术-技能”Ⅲ训练：资产负债表编制技能。

根据资料填列货币资金、应收票据及应收账款、存货、预收款项等项目见表8-11。

表8-11 资产负债表（部分）

编制单位：嘉实公司 2023年1月31日 单位：元

资产	期末余额	上年年末余额	负债和所有者权益	期末余额	上年年末余额
流动资产：			流动负债：		
货币资金	78 045		短期借款		
以公允价值计量且其变动计入当期损益的金融资产			应付账款		
应收账款	60 000		预收款项	65 140	
预付款项			应付职工薪酬		
其他应收款			应交税费		
存货	181 480		流动负债合计		
流动资产合计			实收资本		
固定资产			未分配利润		
无形资产			所有者权益合计		
非流动资产合计					
资产总计			负债和所有者权益总计		

二、关于“职业核心能力”与“职业道德”选项的融入性操练

（参照“模拟训练”课业范例的“二”部分）

三、关于《“‘资产负债表编制’技术应用”训练报告》的撰写训练

（参照“模拟训练”课业范例的“三”部分）

“模拟训练子任务二”参考答案与提示

“‘利润表编制’技术应用”训练报告

一、关于“本组资料”的专业训练

“技术-技能”Ⅰ训练：利润表项目的归类。

利润表，反映企业某一期间经营成果的会计报表。利润表属于动态会计报表。根据各损益类账户的发生额填列，见表8-12。

表8-12 **嘉华公司7月份损益类账户发生额表** 单位：元

账户名称	本期借方发生额	本期贷方发生额
主营业务收入		382 500
其他业务收入		68 900
营业外收入		25 800
主营业务成本	226 860	
其他业务成本	46 530	
税金及附加	12 100	
销售费用	36 000	
管理费用	18 600	
财务费用	3 620	
营业外支出	16 600	
所得税费用	3 200	

“技术-技能”Ⅱ训练：利润表各项目的分析。

利润表各项目本期金额根据损益类账户本期发生额直接填列或分析计算填列。“营业收入”项目根据主营业务收入和其他业务收入本期发生额相加填列；“营业成本”根据主营业务成本与其他业务成本本期发生额相加填列。“税金及附加”、“销售费用”、“管理费用”、“财务费用”、“营业外收入”、“营业外支出”和“所得税费用”项目根据对应的账户本期发生额直接填列。

“技术-技能”Ⅲ训练：利润表编制“技术-技能”。

根据资料填列利润表见表8-13。

表 8-13　　利润表（简表）

编制单位：嘉华公司　　2023年7月　　单位：元

项　目	本期金额	上期金额（略）
一、营业收入	451 400	
减：营业成本	273 390	
税金及附加	12 100	
销售费用	36 000	
管理费用	18 600	
研发费用		
财务费用	3 620	
其中：利息费用		
利息收入		
加：其他收益		
投资收益（损失以“-”号填列）		
公允价值变动收益（损失以“-”号填列）		
资产减值损失（损失以“-”号填列）		
资产处置收益（损失以“-”号填列）		
二、营业利润（亏损以“-”号填列）	107 690	
加：营业外收入	25 800	
减：营业外支出	16 600	
三、利润总额（亏损总额以“-”号填列）	116 890	
减：所得税费用	3 200	
四、净利润（净亏损以“-”号填列）	113 690	
五、其他综合收益的税后净额		
六、综合收益总额		
七、每股收益		

二、关于“职业核心能力”与“职业道德”选项的融入性操练

（参照“模拟训练”课业范例的“二”部分）

三、关于《“‘利润表编制’技术应用”训练报告》的撰写训练

（参照“模拟训练”课业范例的“三”部分）

工作任务九
“会计工作组织设置与运作”技术应用

任务目标

- ●能够熟练地掌握会计工作组织相关业务程序
- ●能够进行会计机构和会计人员设置
- ●能够进行会计档案归档及销毁管理工作
- ●能够独立完成《“会计工作组织设置与运作”技术应用训练报告》的撰写

知识准备

请绘制与本任务相关的知识点思维导图，复习相关知识，做好完成本任务所必需的知识准备。

9.1 预习要览

9.1.1 内容提要

1.内容概要

会计工作组织，主要是通过设置会计机构，配备会计人员，制定与执行会计规章制度，实施与改进会计工作的技术手段，管理会计档案，进行会计工作与其他经济管理工作间的协调，形成一个高效运行的会计工作体系。

会计工作组织为了适应会计工作的综合性、政策性和严密细致性的特点，设置会计机构、配备会计人员及执行会计法律制度。《中华人民共和国会计法》第三十六条规定：“各单位应依据会计业务的需要，设置会计机构，或者在有关机构中设置会计人员并指定会计主管人员；不具备设置条件的，应当委托经批准设立从事会计代理记账业务的中介机构代理记账。”

会计专业职务是区别会计人员业务技能的技术等级。会计专业职务分为高级会计师、会计师、助理会计师和会计员。高级会计师（又分为正高级会计师和副高级会计师）为高级职务，会计师为中级职务，助理会计师和会计员为初级职务。

会计专业技术资格是指担任会计专业职务的任职资格，分为初级资格、中级资格和高级资格。

会计工作岗位是指一个单位会计机构内部根据业务分工而设置的职能岗位。会计工作岗位可以一人一岗、一人多岗或者一岗多人，但出纳人员不得兼管稽核、会计档案保管、收入、费用和债权债务等账目的登记工作。会计工作岗位一般可分为：总会计师、会计机构负责人或者会计主管人员、出纳、财产物资核算、工资核算、成本费用核算、财务成果核算、资金核算、往来结算、总账报表、稽核和档案管理等。开展会计电算化和管理会计的单位，可以根据需要设置相应的工作岗位，也可以与其他工作岗位相结合。

会计人员工作交接是指会计人员在工作调动、离职或因病暂时不能工作时，应与接管人员办理交接手续的一种工作程序。

会计档案是指单位在进行会计核算等过程中接收或形成的，记录和反映单位经济业务事项的，具有保存价值的文字、图表等各种形式的会计资料，包括通过计算机等电子设备形成、传输和存储的电子会计档案。单位的会计机构或会计人员所属机构（以下统称“单位会计管理机构”）按照归档范围和归档要求，负责定期将应当归档的会计资料整理立卷，编制会计档案保管清册。当年形成的会计档案，在会计年度终了后，可由单位会计管理机构临时保管1年，再移交单位档案管理机构保管。因工作需要确需推迟移交的，应当经单位档案管理机构同意。单位会计管理机构临时保管会计档案最长不超过3年。临时保管期间，会计档案的保管应当符合国家档案管理的有关规定，且出纳人员不得兼管会计档案。单位会计管理机构在办理会计档案移交时，应当编制会计档案移交清册，并按照国家档案管理的有关规定办理移交手续。纸质会计档案移交时应当保持原卷的封装。电子会计档案移交时应当将电子会计档案及其元数据一并移交，且文件格式应当符合国家档案管理的有关规定。特殊格式的电子会计档案应当与其读取平台一并移交。单位档案管理机构在接收电子会计档案时，应当对电子会计档案的准确性、完整性、可用性、安全性进行检测，符合要求的才能接收。

单位应当严格按照相关制度利用会计档案，在进行会计档案查阅、复制、借出时履行登记手续，严禁篡改和损坏。单位保存的会计档案一般不得对外借出。确因工作需要且根据国家有关规定必须借出的，应当严格按照规定办理相关手续。会计档案借用单位应当妥善保管和利用借入的会计档案，确保借入会计档案的安全完整，并在规定时间内归还。

会计档案的保管期限分为永久、定期两类。定期保管期限一般分为10年和30年。会计档案的保管期限，从会计年度终了后的第一天算起。单位应当定期对已到保管期限的会计档案进行鉴定，并形成会计档案鉴定意见书。经鉴定，仍需继续保存的会计档案，应当重新划定保管期限；对保管期满，确定无保存价值的会计档案，可以销毁。会计档案鉴定工作应当由单位档案管理机构牵头，组织单位会计、审计、纪检监察等机构或人员共同进行。

经鉴定可以销毁的会计档案，应当按照以下程序销毁：（1）单位档案管理机构编制会计档案销毁清册，列明拟销毁会计档案的名称、卷号、册数、起止年度、档案编号、应保管期限、已保管期限和销毁时间等内容。（2）单位负责人、档案管理机构负责人、会计管理机构负责人、档案管理机构经办人、会计管理机构经办人在会计档案销毁清册上签署意见。（3）单位档案管理机构负责组织会计档案销毁工作，并与会计管理机构共同派员监销。监销人在会计档案销毁前，应当按照会计档案销毁清册所列内容进行清点核对；在会计档案销毁后，应当在会计档案销毁清册上签名或盖章。电子会计档案的销毁还应当符合国家有关电子档案的规定，并由单位档案管理机构、会计管理机构和信息系统管理机构共同派员监销。保管期满但未结清的债权债务会计凭证和涉及其他未了事项的会计凭证不得销毁，纸质会计档案应当单独抽出立卷，电子会计档案单独转存，保管到未了事项完结时为止。单独抽出立卷或转存的会计档案，应当在会计档案鉴定意见书、会计档案销毁清册和会计档案保管清册中列明。建设单位在项目建设期间形成的会计档案，需要移交给建设项目接受单位的，应当在办理竣工财务决算后及时移交，并按照规定办理交接手续。

会计电算化是指以电子计算机为主，将现代电子技术、信息技术和网络技术具体应用到会计业务处理工作中的会计信息系统。实行会计电算化的单位，对于机制记账凭证要认真审核，以做到会计科目使用正确、数字准确无误。打印出的机制记账凭证要加盖制单人员、审核人员、记账人员和会计机构负责人（会计主管人员）印章或者签字。总账和明细账应当定期打印。发生的收款业务和付款业务，在输入收款凭证和付款凭证的当天必须打印出库存现金日记账和银行存款日记账，并与库存现金核对无误。

2.主要概念和观念

1）主要概念

会计工作组织　会计人员工作交接　会计档案　会计电算化

2）主要观念

会计机构与会计人员　会计档案管理　会计电算化

9.1.2　重点与难点

1.重点理论

会计工作组织的概念　会计工作组织的内容　会计档案的概念和内容

2.重点实务

会计机构的设置　会计人员管理　会计电算化记账程序

3.重点操作

会计工作组织的设置与运作

4.难点

会计工作组织的运作

9.2　客观题

9.2.1　理论题

学习微平台

资源9-01

1.单项选择题

1）在我国，不属于会计专业技术资格的是（　　）。

A.初级资格　B.中级资格　C.会计从业资格　D.高级资格

2）各单位应根据（　　）的需要设置会计机构。

A.市场监督管理部门　B.税务部门

C.本行业会计业务　D.本单位会计业务

3）一个单位是设置会计机构还是在有关机构中设置专职的会计人员，由各单位根据（　　）的要求来决定。

A.市场监督管理部门　B.本单位所在行业

C.会计业务的繁简和实际情况　　D.行业会计业务

4）会计机构负责人因调动工作办理交接手续时，负责监交的人员应该是（　　）。

A.单位负责人　　B.上级主管部门人员

C.人事部门负责人　　D.内部审计机构负责人

5）一般会计人员在办理会计工作交接时，负责监交的人员应该是（　　）。

A.单位负责人　　B.会计机构负责人

C.审计部门负责人　　D.财政部门负责人

6）在规模小、会计业务简单的单位（　　）。

A.一定要单独设置会计机构

B.可以在有关机构中配备专职会计人员

C.一定要代理记账

D.可以不进行会计核算

7）单位负责人的直系亲属不得在本单位担任的会计工作岗位是（　　）。

A.会计机构负责人　　B.出纳

C.稽核　　D.会计档案的保管

2.多项选择题

1）各单位应依据会计业务的需要（　　）。

A.设置会计机构

B.在有关机构中设置会计人员并指定会计主管人员

C.委托经批准设立从事会计代理记账业务的中介机构代理记账

D.不进行会计核算

2）应在会计档案销毁清册上签署意见的有（　　）。

A.单位负责人　　B.档案管理机构负责人

C.会计管理机构负责人　　D.档案管理机构经办人

3）会计专业职务有（　　）。

A.正高级会计师　B.高级会计师　　C.会计师　　D.助理会计师

4）会计工作岗位包括（　　）。

A.稽核员　　B.医院门诊收费员

C.医院药房收费员　　D.总账会计

5）会计档案种类有（　　）。

A.会计凭证类　　B.会计账簿类　　C.财务报告类　　D.财务制度类

6）不得销毁的会计档案有（　　）。

A.保管期满但未结清的债权债务原始凭证

B.涉及其他未了事项的原始凭证

C.正在项目建设期间的建设单位的账目

D.年度财务报告

7）会计电算化记账的主要过程包括（　　）。

A.初始设置　　B.记账凭证处理　　C.账簿处理　　D.生成报表

3.判断题

1）从事会计工作的人员，必须取得会计从业资格证书。（　　）

2）会计工作岗位可以一人一岗、一人多岗或者一岗多人。（　　）

3）出纳可以登记收入、费用、债权债务等账目。（　　）

4）银行对账单属于会计档案资料。（　　）

5）各单位当年形成的会计档案，由会计管理部门进行整理并立卷。（　　）

6）销毁会计档案时，应当由财政部门监销。（　　）

7）会计电算化条件下只需定期打印账簿，无须打印凭证。（　　）

9.2.2　实务题

学习微平台

资源9-02

1.单项选择题

1）会计工作岗位不可以（　　）。

A.一人一岗　　B.一人多岗　　C.一岗多人　　D.会计兼出纳

2）下列各项，属于单位从外部接收的电子会计资料可仅以电子形式归档保存，形成电子会计档案应当附有的签名是（　　）。

A.符合《中华人民共和国民法典》规定的电子签名

B.符合《中华人民共和国电子商务法》规定的电子签名

C.符合《中华人民共和国电子签名法》规定的电子签名

D.以上都不对

3）出纳人员可以兼管（　　）的登记工作。

A.稽核　　B.会计档案保管　　C.收入账目　　D.固定资产明细账

4）年度财务会计报告应保存（　　）。

A.3年　　B.10年　　C.30年　　D.永久保存

5）财政部门在销毁会计档案时，应当由（　　）派员参加监销。

A.上级审计部门　　B.同级审计部门

C.上级财政部门　　D.本单位档案管理机构与会计管理机构

6）按规定销毁会计档案后，监销人应当在（　　）上签名盖章。

A.会计档案　　B.销毁清册　　C.保管清册　　D.移交清册

7）正在项目建设期间的建设单位，其保管期满的会计档案（　　）。

A.不得销毁　　B.立即销毁　　C.可以销毁　　D.可以不销毁

2.多项选择题

1）会计人员办理移交手续前，必须及时做好以下工作（　　）。

A.已经受理的经济业务尚未填制会计凭证的，应当填制完毕

B.尚未登记的账目，应当登记完毕，并在最后一笔余额后加盖经办人员印章

C.整理应该移交的各项资料，对未了事项写出书面材料

D.编制移交清册

2）会计人员工作交接程序为（　　）。

A.办理移交手续前，相关会计人员必须做好准备工作

B.相关会计人员交接

C.专人负责监交并在移交清册上签名或盖章

D.交接双方在移交清册上签名或盖章

3）会计档案借阅要求有（　　）。

A.各单位保存的会计档案不得借出

B.各单位保存的会计档案一般不得对外借出

C.会计档案经本单位财务部负责人批准后可进行复制

D.各单位应当建立健全会计档案查阅、复制登记制度

4）各单位每年形成的会计档案应该（　　）。

A.由会计机构整理立卷，装订成册

B.会计年度终了后，可暂由会计机构临时保管一年

C.期满之后，应当由会计机构编制移交清册，移交本单位档案机构统一保管

D.临时保管期间，会计档案的保管应当符合国家档案管理的有关规定，且出纳人员不得兼管会计档案

5）会计档案销毁时要求（　　）。

A.单位档案管理机构编制会计档案销毁清册，列明拟销毁会计档案的名称、卷号、册数、起止年度、档案编号、应保管期限、已保管期限和销毁时间等内容

B.单位负责人、档案管理机构负责人、会计管理机构负责人、档案管理机构经办人、会计管理机构经办人在会计档案销毁清册上签署意见

C.单位档案管理机构负责组织会计档案销毁工作，并与会计管理机构共同派员监销

D.监销人在销毁会计档案前，应当按照会计档案销毁清册所列内容清点核对所要销毁的会计档案

6）在会计电算化记账环境下，凭证处理的主要操作有（　　）。

A.录入记账凭证　B.凭证审核　C.记账　D.凭证查询

7）在会计电算化记账环境下，账簿处理的主要操作有（　　）。

A.对账　B.结账　C.总账查询　D.明细账查询

3.混合选择题

1）“自我学习能力”（初级）的“技术-技能”点是（　　）。

A.确定短期学习目标、实施短期学习计划、检查学习进度

B.确定中期学习目标、实施中期学习计划、检查学习进度

C.确定长期学习目标、实施长期学习计划、检查学习进度

D.确定短期学习目标、实施短期学习计划

2）以下内容中属于“职业情感”的“规范与标准”的是（　　）。

A.对职业或职业模拟有愉快的主观体验、稳定的情绪表现、健康的心态、良好的心境，具有强烈的职业认同感、职业荣誉感和职业敬业感

B.对将要从事的职业种类、职业方向与事业成就有执着追求

C.对职业选择或模拟选择有充分认知与积极行动

D.在履行职业义务时具有强烈的道德责任感和较高的自我评价能力

3）“自我学习能力”（初级）的“规范与标准”是（　　）。

A.能明确学习动机，并计划时间、寻求指导

B.能按照行动要点展开工作，按时完成任务，使用不同方式、选择和运用不同的学习方法实现目标，并能对计划及时进行调整

C.能对学习情况提出看法、改进意见和提高学习能力的设想

D.能汇总学习成果、成功经验和已实现的目标

4）下列内容属于“会计职业守则”的“规范与标准”的是（　　）。

A.对职业、职业选择、职业工作、职业道德和会计伦理等问题具有正确的看法

B.在履行职业义务时具有强烈的道德责任感和较高的自我评价能力

C.爱岗敬业、诚实守信、廉洁自律、客观公正、坚持原则、提高技能、参与管理、强化服务

D.对职业选择或模拟选择有充分认知和积极行动

5）“会计工作组织的概念和基本理论运用”这一“专业能力领域”包括的“技术-技能”点有（　　）。

A.熟悉会计机构的设置　　　　B.熟悉会计从业资格证的管理

C.熟悉会计电算化记账程序　　D.熟悉会计档案保管技能

6）“会计工作组织基本政策运用技能”的“规范与标准”有（　　）。

A.熟悉财务报告的报送

B.能辨别会计工作组织的各项具体内容

C.熟悉会计机构设置相关政策规定

D.熟悉会计岗位设置相关政策规定

7）“会计工作组织的分析技能”的“规范与标准”有（　　）。

A.熟悉会计工作组织业务流程

B.能正确地分析会计机构的职能和各岗位职责

C.能准确地判断会计工作岗位中的各种不相容职务

D.能分辨会计从业资格与会计专业技术资格

8）“会计工作组织设置与运作技能”的“规范与标准”有（　　）。

A.能正确掌握会计工作组织的概念

B.能辨别会计工作组织的各项具体内容

C.能熟练掌握会计机构的设置

D.能正确规范地设置会计工作岗位

4.判断题

1）企业不得在非涉密信息系统中存储、处理和传输涉及国家秘密，关系国家经济信息安全的电子会计资料。（　　）

2）企业使用的会计软件应当提供对已记账凭证日期、金额、科目和操作人

的修改功能。（ ）

3）高级会计师专业技术职务通过考试即可取得。（ ）

4）档案管理部门的人员管理会计档案，不属于会计岗位。（ ）

5）因病暂时不能工作的会计人员，也应与接管人员办理交接手续。（ ）

6）接替人员应当继续使用移交的会计账簿，不得自行另立新账，以保持会计记录的连续性。（ ）

7）会计档案的保管期限，从会计年度终了后的第一天算起。（ ）

9.2.3 案例题

会计档案的保管

学习微平台

资源 9-03

背景与情境：小朋大学期间在工商管理专业学习。他一直希望找一家企业从事与管理相关的工作，所以没有参加会计从业资格的考试，没有会计从业资格证。毕业后，由于专业对口工作难找，他受聘于一家国有企业当会计部门档案管理员，负责会计档案的整理、归档和保管，协调与单位档案部门的工作。刚入职时，发生了如下几件事：第一件事，小朋要整理上年度会计档案，整理好后，将其移交给单位档案部门。第二件事，有一天人事部副部长张强找小朋借上年度会计资料，查阅上年度职工福利情况，小朋将上年度报表和相关凭证账簿资料柜打开，由张强自行查阅、复制。第三件事，单位档案部门要求清理过期档案，并进行销毁。刚刚开始工作，小朋感觉到很不顺手，面对成堆的会计资料，不知如何入手，也不知道如何与单位档案部门协调会计档案的保管工作。

要求：请根据上述案例，结合我国会计法律制度中会计档案的相关规定，在下列题中填入适当选项。

1）小朋任会计部门档案管理员，下列说法中正确的有（ ）。

A.会计部门档案管理员不是会计岗位

B.会计部门档案管理员是会计岗位

C.小朋可以先入职，无须取得会计从业资格证

D.小朋必须先考取会计从业资格证，然后才能当会计档案管理员

2）下列各项，属于会计档案的有（ ）。

A.会计凭证　B.会计账簿　C.会计报表　D.银行对账单

3）其他部门和人员借阅档案时，应遵守的规定有（ ）。

A.会计档案一般不得对外借出

B.确因工作需要且根据国家有关规定必须借出的，应当严格按照规定办理相关手续

C.按本单位会计档案查阅、复制登记制度进行

D.会计档案涉及单位重要财务资料，不对外提供查阅

4）关于销毁会计档案，正确的说法有（ ）。

A.由档案部门和会计部门共同提出销毁意见，编制会计档案销毁清册

B.单位负责人在会计档案销毁清册上签署意见

C.销毁会计档案时，应当由档案机构和会计机构共同派员监销
D.按照会计档案销毁清册所列内容清点核对所要销毁的会计档案
5）当年形成的会计档案，下列处理方法中符合规定的有（　　）。
A.在会计年度终了后，可暂由会计机构临时保管1年
B.期满之后，移交本单位档案机构统一保管
C.单位会计管理机构临时保管会计档案最长不超过3年
D.不管单位有无档案机构，均由会计部门管理

9.2.4 实训题

学习微平台
资源9-04

1.单项选择题
1）各单位应依据（　　）设置会计机构。
A.会计业务的需要　　B.主管部门的要求
C.法律规定　　D.会计准则的规定
2）单位在有关机构中设置会计人员并指定会计主管人员由（　　）决定。
A.各单位会计业务的繁简和实际情况
B.主管部门的要求
C.法律规定
D.会计准则的规定
3）关于会计人员工作交接相关责任的下列说法中，不正确的有（　　）。
A.交接工作完成后，移交人员对所移交的会计资料的合法性、真实性承担法律责任
B.接替人员对接交后形成的会计资料的合法性、真实性承担法律责任
C.接替人员在交接时因疏忽没有发现所接交会计资料在合法性、真实性方面的问题，如事后发现仍由原移交人员负责
D.接替人员在交接时因疏忽没有发现所接交会计资料在合法性、真实性方面的问题，如事后发现仍由接交人员负责
4）关于会计人员工作交接相关责任的下列说法，正确的有（　　）。
A.接替人员应当继续使用移交的会计账簿，不得自行另立新账
B.接替人员不应当继续使用移交的会计账簿，应自行另立新账
C.接替人员自行确定继续使用移交的会计账簿或自行另立新账
D.以上都不对
5）一般会计人员办理交接手续，由（　　）监交。
A.单位的会计机构负责人（会计主管人员）
B.单位负责人
C.同级财政部门
D.同级审计部门
6）下列各项，属于会计工作岗位的是（　　）。
A.单位内部审计　　B.社会审计

C.政府审计工作　　　　D.会计机构负责人

7）对于会计档案管理岗位，在会计档案正式移交之前，属于（　　）。

A.会计岗位　　B.审计岗位　　C.保管岗位　　D.管理岗位

2.多项选择题

1）保管期满不得销毁的会计档案有（　　）。

A.未结清的债权债务

B.年度会计报告

C.项目在建设期间的建设单位会计档案

D.库存现金日记账

2）会计档案鉴定工作应当由单位档案管理机构牵头，组织（　　）等机构或人员共同进行。

A.单位会计　　B.审计　　C.纪检　　D.监察

3）会计专业技术资格分为（　　）。

A.初级资格　　B.中级资格　　C.高级资格　　D.总会计师资格

4）出纳人员不得兼任的岗位有（　　）。

A.稽核　　　　B.会计档案保管

C.收入、费用账目的登记工作　　　　D.债权债务账目的登记工作

5）会计工作岗位包括（　　）。

A.会计机构负责人或者会计主管人员

B.出纳

C.稽核

D.工资核算

6）会计工作岗位不包括（　　）。

A.财务成果核算　　　　B.医院门诊收费

C.药房收费　　　　D.路桥收费

7）会计档案中的定期档案保管期限分为（　　）年。

A.3　　B.5　　C.10　　D.30

9.3 主观题

9.3.1 理论题

1）《中华人民共和国会计法》对会计机构设置有何规定？（请在下方答题）

2）会计工作岗位的设置有何要求？（请在下方答题）

3）实行会计电算化的单位，会计档案管理有何要求？（请在下方答题）

9.3.2 实务题

1）请绘制会计工作交接业务程序图。（请在下方答题）

2）请绘制会计档案销毁工作程序图。（请在下方答题）

9.3.3　案例题

【训练项目】

案例分析 9-1

【相关案例】

电子会计档案管理

学习微平台

资源 9-05

背景与情境：张平大学一毕业就应聘从事会计工作，负责单位会计档案的收集、整理、保管。他对新的会计档案管理办法不是很熟悉，平时在收集会计档案时，只是对凭证、账簿、报表进行收集和装订成册，对其他会计资料应该如何归档并不清楚，对单位内部形成的电子会计档案应该如何归档也不清楚。

问题：

1）纳入会计档案的会计资料除了凭证、账簿和报表外，还有哪些？

2）对单位内部形成的电子会计档案有哪些要求？

分析：同“1.3.3　案例分析”的“分析要求”。

（请在下方答题）

【训练项目】

课程思政 9-1

【相关案例】

北京村会计挪用1.19亿元征地补偿款被判刑10年

背景与情境： 中央纪委监察部网站2014年11月14日上午邀请中央巡视工作领导小组办公室副主任张本平、中央巡视组副局级巡视专员王瑛做客网站在线访谈。

张本平在访谈中提到，有的地方对基层干部监管不力，发生了“小官巨贪”的案件，比如有个地方一个村的会计，竟然挪用资金1.19亿元。在巡视中，中央巡视组还发现，一些基层干部贪污、挪用、截留中央转移支付的扶贫资金、惠农资金，有的数额十分巨大，影响十分恶劣。

这个挪用资金1.19亿元的村会计一时间吸引了众多网友的眼球，有网友甚至感叹“这真是富得流油的村！看完新闻整个人都不好了！”“史上最疯狂村会计”。

那么这个“史上最疯狂”的村会计到底是何方神圣呢？他又是从什么地方挪用了这1.19亿元巨款呢？

其实在2014年10月11日，新华社“中国网事”报道《村会计挪用1.19亿元：为民服务“末梢”岂能“坏死”?》就曾提及此人。根据该报道引述的中共北京市委关于巡视整改情况的通报，北京市海淀区西北旺镇皇后店村会计陈万寿挪用资金1.19亿元。

北京市海淀区西北旺镇是北京市拆迁范围比较大的乡镇，海淀区及西北旺镇的一系列规定显示，西北旺镇政府要求所辖各村建立土地征占款收入支出账目，实行专户管理、专款专用。对土地征占收入的使用，必须经本级集体经济组织成员大会或成员代表大会通过，大额支出须经主管副镇长同意，并报镇长审批。

但上述规定在区区一个村会计陈万寿面前都成了摆设。据2014年4月17日的《京华时报》报道，陈万寿利用管理本村征地补偿款的便利，在8年的时间里将总计1.19亿元的补偿款私自借给商人李化玉用于投资搞项目。但李化玉的投资经营最终失败，无法偿还这笔巨款。涉案的还有皇后店村党支部书记牛玉冲。

1998年，李化玉来到皇后店村租地办厂，与担任村党支部书记的牛玉冲、村会计陈万寿相识。2000年，李化玉的企业经营遇到困难，便向牛玉冲、陈万寿提出借款。

此后，李化玉多次向牛玉冲、陈万寿提出了借钱的请求，并称可以返20%的高息。至2005年，李化玉借的钱已经超过2 000万元，但还钱速度并不快，承诺的20%的高额利息也无法支付。李化玉到处扩张、租地搞项目，资金缺口极大，由于担心村支书牛玉冲不同意继续借钱，李化玉转而直接向陈万寿提出借款请求。到2010年年初，李化玉从皇后店村借走的钱已达6 600多万元。

那么在村支书牛玉冲不同意继续借钱的情况下，村会计陈万寿何以挪用如此多的款项呢？据《京华时报》的报道，在案件审理中，皇后店村其他财务人员作证称，村集体银行账户、支票等财务工作由陈万寿负责。村里的主要经济来源是房屋租金、征地款。2009年以前，财务章、人名章及转账支票均由陈万寿一人管理。2010年前后，牛玉冲一度管理财务章。从2011年开始，由于村里进行拆迁，财务章、人名章又由陈万寿一人管理。

在独掌财务大权的几年中，陈万寿绕开村支书牛玉冲，并且背着西北旺镇，在没有得到镇领导审批的情况下，随意地将专款账户里的征地款借给李化玉。

2014年7月4日，眼见1.19亿元集体资金无法追回，村支书牛玉冲向西北旺镇领导做了汇报。7月23日下午，牛玉冲、陈万寿被叫至镇政府，镇领导在与两人沟通后，向海淀公安分局报案。民警到场对二人做了讯问后，将其带走。2014年7月24日，公安机关抓获李化玉。

在8年的时间里，李化玉总共从皇后店村取得1.19亿元用于自己的“项目投资”，《京华时报》引述该案件的判决书显示，李化玉先后注册了6家公司，这些公司所从事的基本都是农业开发。除了用于项目经营的投资，李化玉自己买房买车，给妻子、情人买房买车，支付子女抚养费，共花费2 200多万元。其中，李化玉与妻子富某离婚，孩子由富某抚养，李化玉每月支付3万元抚养费。为情人惠某购买奔驰车和房子。

最终，李化玉的行为构成诈骗罪，被北京市一中院一审判处无期徒刑。陈万寿、牛玉冲的行为构成挪用资金罪，一审分别被判处有期徒刑10年和4年。

一名村会计竟能挪用资金上亿元，恐怕超出了许多人的想象。其实，近年来，我国不少地方都曾出现“小官巨贪”“小官巨腐”的现象。比如，曾任北京动物园副园长的肖绍祥，被提起公诉时仅涉嫌贪污行为一项涉及的数额就高达1 400余万元；2014年7月，南京溧水区永阳镇原副镇长张健因在职期间贪污农业项目专项补助588万元被判刑……

新华社“中国网事”在点评此类现象时指出，腐败不分职务高低、权力大小，只要是理想信念丧失、贪腐之心蠢动、监督问责缺位，再“小”的干部也能闯出“大祸”，再“小”的干部也能变成“大害”。因此，在监督上也别“不把村官当干部”，要更加坚持“老虎”“苍蝇”一起打。

（资料来源　澎湃.北京村会计挪用1.19亿元征地补偿款被判刑10年［EB/OL］.［2014-11-14］.http：//news.hexun.com/2014-11-14/170415763.html.）

问题：

学习微平台

资源9-06

（1）本案例中的会计机构和会计岗位设置是否合理？试对上述现象进行分析，做出你的思政研判。

（2）本案例中的会计人员违背了哪些会计职业道德？

（3）本案例对你有哪些启示？

思政研判要求：同“1.3.3　思政研判”的“思政研判要求”。

（请在下方答题）

模拟训练

【训练项目】

阶段性体验：“会计工作组织”技术应用。

【训练目标】

见主教材第9章“学习目标”中的“实训目标”。

【任务操作规范与标准】

1）专业能力

“技术-技能”Ⅰ

名称：会计工作组织基本政策运用

规范与标准：

（1）能正确掌握会计工作组织的概念。

（2）能辨别会计工作组织的各项具体内容。

（3）熟悉会计机构设置相关政策规定。

（4）熟悉会计岗位设置相关政策规定。

（5）熟悉会计职责分工相关政策规定。

“技术-技能”Ⅱ

名称：会计工作组织分析

规范与标准：

（1）熟悉会计工作组织业务流程。

（2）能正确地分析会计机构的职能和各岗位职责。

（3）能准确地判断会计工作岗位中的各种不相容职务。

“技术-技能”Ⅲ

名称：会计工作组织设置

规范与标准：

（1）能熟练掌握会计机构的设置。

（2）能正确、规范地设置会计工作岗位。

（3）能对各岗位会计人员进行会计职责分工。

“技术-技能”Ⅳ

名称：撰写《“‘会计工作组织设置与运作’技术应用”训练报告》撰写

规范与标准：

（1）能全面把握“训练报告撰写”的相关技术。

（2）能充分应用训练报告撰写技术，有质量、有效率地进行如下操作：

①正确设计《“‘会计工作组织设置与运作’技术应用”训练报告》，其结构合理、层次分明。

②较规范地撰写上述训练报告。

③依照网络教学资源包中《学生考核手册》考核表3-6和考核表3-7中的“考核指标”和“考核标准”要求，撰写上述训练报告。

2）职业核心能力——信息处理、解决问题、革新创新（中级）

上述能力领域的“基本要求”、“‘技术-技能’点”和“规范与标准”见本教材“附录二”中的附表2-2。

3）职业道德——职业态度、职业守则（认同级）

各道德领域的“规范与标准”见本教材“附录二”中的附表2-3。

【训练任务】

（1）对“‘会计工作组织设置与运作’技术应用”专业能力领域各“技术-技能”点实施阶段性基本训练。

（2）对“信息处理”“解决问题”“革新创新”等职业核心能力领域各“技

术-技能”点实施“中级”强化训练。

（3）对“职业态度”和“职业守则”等职业道德领域实施“认同级”相关训练。

【训练要求】

（1）训练前学生要了解并熟记本训练的“实训目标”、“能力与道德领域”、“任务”与“要求”，了解并熟记本教材网络教学资源包中的《学生考核手册》考核表9-5、考核表9-6中的“考核指标”与“考核标准”的内涵，将其作为本训练的操练点和考核点来准备。

（2）通过“训练步骤”，将“训练任务”所列三种训练整合并落实到本训练的“活动过程”和“成果形式”中。

（3）训练后学生要对本次“‘会计工作组织’技术应用”的训练活动进行总结，并在此基础上撰写训练报告。

【情境设计】

将学生分成若干训练团队，各团队结合本训练“成果形式”的“训练课业”题目，在子任务中任选（题量以必需、够用为限），进行针对“‘会计工作组织’技术应用”的实践训练。各团队通过对所选企业会计工作组织设置与运作等实践活动的全程参与和体验，完成各项训练任务，并在此基础上撰写《“‘会计工作组织设置与运作’技术应用”训练报告》。

【指导准备】

知识准备：

（1）见前文“9.1预习要览”。

（2）本教材“附录一”的附表1-1中，涉及与本章“职业核心能力‘强化训练项’”各“技术-技能”点相关的“‘知识准备’参照范围”。

（3）本教材“附录二”附表2-2和附表2-3中，涉及本章“职业核心能力领域‘强化训练项’”各“技术-技能”点和“职业道德领域‘相关训练项’”的“规范与标准”的知识。

操作指导：

（1）教师向学生阐明“训练目标”、“能力与道德领域”和“知识准备”。

（2）教师就“知识准备”中的第（2）、（3）项，对学生进行培训。

（3）教师指导学生就训练项目企业会计工作组织设置与运作情况进行熟悉、分析和判断，并根据分析、判断的结果进行会计工作组织的设置。

（4）教师指导学生对训练项目企业完成会计机构设置任务。

（5）教师指导学生对训练项目企业完成会计人员岗位设置和职责分配。

（6）教师指导学生撰写《“‘会计工作组织设置与运作’技术应用”训练报告》。

【训练时间】

本章课堂教学内容结束后的双休日和课余时间，为期一周。

【训练步骤】

（1）将学生分成若干个训练团队，每8位同学分成一队，每队确定1～2人负责。

（2）对学生进行会计工作组织设置与运作的培训，熟悉训练目的、步骤。

（3）指导各团队熟悉所选项目训练资料。

（4）指导学生以队为单位，讨论完成企业会计工作组织设置与运作的第一步，即会计机构设置任务。

（5）指导学生完成会计工作组织设置与运作的第二步，即在会计机构中设置会计人员并进行职责分工。

（6）各团队成员在实施上述训练的过程中，融入对“信息处理”、“解决问题”和“革新创新”等职业核心能力的各“‘技术-技能’点”的“中级”强化训练和对“职业态度”“职业守则”等职业道德各“素质点”的“认同级”相关训练，并对训练过程进行简要记录与说明。

（7）各团队成员根据会计工作组织设置与运作情况撰写作为最终成果的《“‘会计工作组织作设置与运作’技术应用”训练报告》，评出小队优秀训练报告。

（8）班级交流，评出班级优秀训练报告，教师对班级优秀训练报告进行点评。

（9）将附有“教师点评”的班级优秀训练报告纳入该课程教学资源库，通过校园网课程平台进行展示，并允许学生拷贝借鉴。

【成果形式】

实训课业：《“‘会计工作组织设置与运作’技术应用”训练报告》

课业要求：

（1）本课业应包括“关于本组资料的专业训练”（列入“技术-技能”Ⅰ至“技术-技能”Ⅳ的阶段性训练成果）、“关于‘职业核心能力’与‘职业道德’选项的融入性操练”和“关于《“‘会计工作组织设置与运作’技术应用”训练报告》的撰写训练”三部分内容。

（2）训练报告的内容、结构与体例参照本任务“模拟训练”课业范例。

（3）各训练团队完成的训练报告须由指导教师、训练团队队长和本人三方签字负责。

“‘会计工作组织’技术应用”子任务一

【任务背景资料】

某公司是一家新成立的企业，经营规模小、经济业务简单、会计事务简单、人员较少，公司会计事务还没有开展，公司正在计划设置会计部门或将会计事务委托代理记账机构进行代理记账。

【要求】

（1）依照“技术-技能”Ⅰ的“规范与标准”，正确运用公司出纳岗位设置的基本政策。

（2）依照“技术-技能”Ⅱ的“规范与标准”，具体分析公司出纳岗位。

（3）依照“技术-技能”Ⅲ的“规范与标准”，合理设置公司出纳岗位。

（4）依照“技术-技能”Ⅳ的“规范与标准”，正确设计、规范撰写

《“‘企业出纳岗位设置’技术应用”训练报告》。

（1）“技术-技能”Ⅰ训练：出纳岗位设置基本政策运用。（请在下方答题）

（2）“技术-技能”Ⅱ训练：出纳岗位分析。（请在下方答题）

（3）“技术-技能”Ⅲ训练：出纳岗位设置与运作。（请在下方答题）

（4）撰写《"'出纳岗位设置'技术应用"训练报告》（见表9-1）。

表9-1 "'出纳岗位设置'技术应用"训练报告

训练班级：	分队及队长：	团队成员：
指导老师：	训练时间：	训练地点：
训练目的		
训练步骤		
训练结果		
出纳岗位设置情况说明		
训练感言		
训练团队队长 评定意见		
项目指导教师 评定意见		

"'会计工作组织'技术应用"子任务二

【任务背景资料】

某企业档案管理部门对到期会计档案进行清理，打算对保管期满的会计凭证档案进行销毁处理，在这些档案中无未结清的债权债务原始凭证和涉及其他未了事项的原始凭证，该企业也不属于项目建设期间的建设单位。档案部门会同会计部门办理此项工作。

【要求】

（1）依照"技术-技能"Ⅰ的"规范与标准"，正确运用会计档案销毁基本政策。

（2）依照"技术-技能"Ⅱ的"规范与标准"，具体分析公司会计档案销毁事项。

（3）依照"技术-技能"Ⅲ的"规范与标准"，有质量、有效率地实施会计档案销毁操作。

（4）依照"技术-技能"Ⅳ的"规范与标准"，正确设计、规范撰写企业《"'会计档案销毁'技术应用"训练报告》。

（1）“技术-技能”Ⅰ训练：会计档案销毁基本政策运用。（请在下方答题）

（2）“技术-技能”Ⅱ训练：会计档案销毁具体分析。（请在下方答题）

（3）“技术-技能”Ⅲ训练：会计档案销毁操作技能。（请在下方答题）

（4）撰写《“‘会计档案销毁’技术应用”训练报告》（见表9-2）。

表9-2 **“‘会计档案销毁’技术应用”训练报告**

训练班级：	分队及队长：	团队成员：
指导老师：	训练时间：	训练地点：
训练目的		
训练步骤		
训练结果		
会计档案销毁情况说明		
训练感言		
训练团队队长 评定意见		
项目指导教师 评定意见		

“模拟训练”课业范例

“‘出纳人员工作交接’技术应用”训练报告

（报告人： ）

【背景资料】

2023年12月8日，出纳人员张英因工作调动，要将出纳工作移交给李威，由会计主管贺胜监交。移交时库存现金日记账余额为1 286.46元，实存相符，并与总账相符；银行存款日记账余额为68 486元，经编制“银行存款余额调节表”核对相符。移交的会计凭证、账簿、文件有本年度库存现金日记账1本、本年度银行存款日记账2本、空白现金支票10张（00811411号至00811420号）、空白转账支票5张（0096016号至0096020号）、转讫印章1枚、现金收讫印章1枚、现金付讫印章1枚。

【任务要求】

1）依照“技术-技能”Ⅰ的“规范与标准”，根据资料对出纳人员工作交接范围进行归类。

2）依照“技术-技能”Ⅱ的“规范与标准”，根据资料对出纳人员工作交接业务进行分析。

3）依照“技术-技能”Ⅲ的“规范与标准”，说明出纳人员办理出纳工作交接的手续和过程。

4）综合上述实训成果，依照“技术-技能”Ⅳ的“规范与标准”，正确设计、规范撰写《“‘出纳人员工作交接’技术应用”训练报告》。

【训练课业】

一、关于“本组资料”的专业训练

“技术-技能”Ⅰ训练：出纳人员工作交接范围的归类。

训练团队根据会计工作交接的相关要求，对资料进行分析判断，明确出纳人员进行工作交接的范围包括以下方面：具体出纳业务的交接；会计资料的交接；印鉴的移交等。

“技术-技能”Ⅱ训练：出纳人员工作交接业务的分析。

具体出纳业务的交接包括库存现金和银行存款的交接。2023年12月8日，库存现金账面余额为1 286.46元，实存相符，并与总账相符。银行存款账面余额为68 486元，经编制“银行存款余额调节表”核对相符。

“技术-技能”Ⅲ训练：出纳人员办理交接工作的手续和过程。

具体业务移交：2023年12月8日库存现金账面余额为1 286.46元，实存相符，并与总账相符。张英在库存现金日记账余额处签名，将款项移交给李威。银行存款账面余额为68 486元，经编制“银行存款余额调节表”核对相符。张英在银行存款日记账余额处签名，将银行存款日记账移交给李威。

会计资料移交：除库存现金日记账和银行存款日记账外，张英将空白现金支票10张、空白转账支票5张、未达账项说明1份移交给李威。

印鉴移交：将转讫印章1枚、现金收讫印章1枚和现金付讫印章1枚移交给李威。

交接双方和监交人签字：整个移交过程，由会计主管贺胜监交。交接完毕，由前任出纳人员张英在移交人处签名，新任出纳人员李威在接交人处签名，会计主管贺胜在监交人处签名。

二、关于“职业核心能力”与“职业道德”选项的融入性操练

在训练前，我们对列入本章“模拟训练”【指导准备】中“知识准备”的那些知识进行了必要预习，接受了指导老师的全部“操作指导”。通过参加“知识准备”第（2）、（3）项的培训，我们了解了本章涉及的“专业能力”各项“技

术–技能”、“职业核心能力”和“职业道德”选项的“规范与标准”，避免了在训练过程中对相关操作规范的盲目性。

在训练中，我们在实施本组“训练资料”的专业操练和训练报告的准备、撰写、讨论与交流的同时，有意识地融入了“自我学习”、“解决问题”和“革新创新”等“职业核心能力”强化训练，以及“职业情感”“职业守则”等“职业道德”的相关训练。

三、关于《“‘出纳人员工作交接’技术应用”训练报告》的撰写训练（见表9–3）

表9–3 **“‘出纳人员工作交接’技术应用”训练报告**

训练班级：2304105	分队及队长：01 雷杰	团队成员：王志远230410501
指导老师：周老师	训练时间：2023.12.28	训练地点：模拟训练室
训练目的	熟悉会计工作交接的概念、移交的程序和相关规定	
训练步骤	由每3人组成一个训练团队，分别为前任出纳人员张英，新任出纳人员李威和会计主管贺胜，由训练团队完成以下交接任务： ①具体业务移交：2023年12月8日，库存现金账面余额为1 286.46元，实存相符，并与总账相符。张英在库存现金日记账余额处签名，并将款项移交给李威。银行存款账面余额为68 486元，经编制“银行存款余额调节表”核对相符。张英在银行存款日记账余额处签名，将银行存款日记账移交给李威。 ②会计资料移交：除库存现金日记账和银行存款日记账外，将空白现金支票10张、空白转账支票5张、未达账项说明1份移交给李威。 ③印鉴移交：将转讫印章1枚、现金收讫印章1枚和现金付讫印章1枚移交给李威。 ④交接双方和监交人签字：在整个移交过程中，由会计主管贺胜监交。交接完毕后，由前任出纳人员张英在移交人处签名，新任出纳人员李威在接交人处签名，会计主管贺胜在监交人处签名。 ⑤撰写作为最终成果形式的《“‘出纳人员工作交接’技术应用”训练报告》	
训练结果	填制会计工作交接表（见附件）	
移交情况简单说明	会计工作交接要经过会计具体业务交接、会计资料交接和印鉴交接以及监交人对整个过程监督等几个环节。移交完成后，交接人对移交前的相关工作承担责任，接交人对交接后的相关工作承担责任	
训练感言	通过本训练，熟悉了会计工作交接的概念、程序和相关规定。掌握了会计工作交接的具体方法和步骤。感悟到会计工作要仔细、严谨，要善于与人沟通、与人合作。本次训练有助于理解掌握主教材第9章会计工作组织的基本概念、理论，有助于提高动手能力	
训练团队队长评定意见	略	
项目指导教师评定意见	略	

学习微平台

资源 9-07

参考答案与提示

“9.2 客观题”参考答案见“随堂测二维码资源”

“9.3 主观题”参考答案

9.3.1 理论题

学习微平台

资源 9-08

9.3.2 实务题

9.3.3 案例题

学习微平台

资源 9-09

“模拟训练子任务一”参考答案与提示

“‘出纳岗位设置与运作’技术应用”训练报告

一、关于“本组资料”的专业训练

“技术–技能”Ⅰ训练：出纳岗位设置基本政策运用。

《中华人民共和国会计法》第三十六条规定：“各单位应当依据会计业务的需要，设置会计机构，或者在有关机构中设置会计人员并指定会计主管人员；不具备设置条件的，应当委托经批准设立从事会计代理记账业务的中介机构代理记账。”会计工作岗位可以一人一岗、一人多岗或者一岗多人。但出纳人员不得兼管稽核，会计档案保管，收入、费用和债权债务等账目的登记工作。

“技术–技能”Ⅱ训练：出纳岗位的分析。

由于本企业处于创立期，经营规模小，经济业务简单，会计事务简单，根据会计法相关规定，本企业可以设置独立会计机构，分别设置会计人员和出纳人员，也可以委托经批准设立的从事会计代理记账的中介机构代理记账。

“技术–技能”Ⅲ训练：出纳岗位设置与运作。

根据上述分析，本企业可以自行设置会计机构。由于经营规模小，经济业务简单，会计事务简单，会计机构内可简化设置会计人员和出纳人员，会计工作岗位可以一人多岗。但应注意出纳人员不得兼管稽核，会计档案保管，收入、费用和债权债务等账目的登记工作。

本企业也可以委托从事代理记账的中介机构进行代理记账，有关会计事务由代理记账机构处理，但是本企业仍应自行配备出纳人员。

二、关于“职业核心能力”与“职业道德”选项的融入性操练

（参照“模拟训练”课业范例的“二”部分）

三、关于《“‘出纳岗位设置与运作’技术应用”训练报告》的撰写训练

（参照“模拟训练”课业范例的“三”部分）

“模拟训练子任务二”参考答案与提示

“‘会计档案销毁’技术应用”训练报告

一、关于“本组资料”的专业训练

“技术–技能”Ⅰ训练：会计档案销毁基本政策运用。

各单位应定期对已到保管期限的会计档案进行鉴定，并形成会计档案鉴定销毁意见书。经鉴定，仍需继续保存的会计档案，应重新划定保管期限；对保管期满，确无保存价值的会计档案，可以进行销毁。会计档案鉴定工作应当由单位档

案管理机构牵头，组织单位会计、审计、纪检、监察等机构或人员共同进行。

“技术-技能”Ⅱ训练：会计档案销毁具体分析。

根据会计档案销毁基本政策，本企业应对已超过保管期限的会计档案进行鉴定，并形成会计档案鉴定意见书。确无保存价值的会计档案，可以进行销毁。

“技术-技能”Ⅲ训练：会计档案销毁操作。

本企业会计档案应按下列程序进行销毁：

第一，单位档案管理机构编制会计档案销毁清册，列明拟销毁会计档案的名称、卷号、册数、起止年度、档案编号、应保管期限、已保管期限和销毁时间等内容。

第二，单位负责人、档案管理机构负责人、会计管理机构负责人、档案管理机构经办人、会计管理机构经办人在会计档案销毁清册上签署意见。

第三，单位档案管理机构负责组织会计档案销毁工作，并与会计管理机构共同派员监销。监销人在会计档案销毁前，应当按照会计档案销毁清册所列内容进行清点核对；在会计档案销毁后，应当在会计档案销毁清册上签名或盖章。电子会计档案的销毁还应当符合国家有关电子档案的规定，并由单位档案管理机构、会计管理机构和信息系统管理机构共同派员监销。

第四，保管期满但未结清的债权债务会计凭证和涉及其他未了事项的会计凭证不得销毁，纸质会计档案应当单独抽出立卷，电子会计档案应当单独转存，保管到未了事项完结时为止。单独抽出立卷或转存的会计档案，应当在会计档案鉴定意见书、会计档案销毁清册和会计档案保管清册中列明。

二、关于“职业核心能力”与“职业道德”选项的融入性操练

（参照“模拟训练”课业范例的“二”部分）

三、关于《“‘会计档案销毁’技术应用”训练报告》的撰写训练

（参照“模拟训练”课业范例的“三”部分）

工作任务十
“基础会计证账表”技术综合应用

【训练项目】

终极体验：“基础会计证账表”技术综合应用。

【训练目标】

参加“‘基础会计证账表’技术综合应用”。在把“产学研结合”和“教学闭环”（特别是自主学习）中获得的教材各章“技术-技能”，通过综合应用系列“技术-技能”操作的实施，《“‘基础会计证账表’技术综合应用”训练报告》的撰写、讨论与交流等有质量、有效率的活动，培养“‘基础会计证账表’技术综合应用”的专业能力，强化“职业核心能力”（“高级”全选项），并通过践行“职业道德”（“认同级”全选项）行为规范，促进健全职业人格的塑造，终极体验“‘传承-创新’型”基础会计业务胜任力生成。

【训练内容】

专业能力训练：其“领域”、“统整点”及其“参照规范与标准”见表10-1。

表10-1　专业能力训练领域、统整点及其参照规范与标准

能力领域	统整点	名称	参照规范与标准
“基础会计证账表”技术综合应用	统整点1	技术-技能”群1	（1）能将工作任务一、工作任务二和工作任务三“技术-技能”与“产学研结合”和“教学闭环”（特别是自主学习）中获得的相关“技术-技能”融为一体； （2）能应用其“技术-技能”，对经济业务进行职业分析判断，正确地进行“‘会计分录的编制’技术应用”，系统体验其“传承-创新”胜任力生成
	统整点2	“技术-技能”群2	（1）能将工作任务四“技术-技能”与“产学研结合”和“教学闭环”（特别是自主学习）中获得的相关“技术-技能”融为一体； （2）能应用其“技术-技能”，正确进行“‘会计凭证填制与审核’技术应用”，系统体验其“传承-创新”胜任力生成
	统整点3	“技术-技能”群3	（1）能将工作任务五和工作任务六“技术-技能”与“产学研结合”和“教学闭环”（特别是自主学习）中获得的相关“技术-技能”融为一体； （2）能应用其“技术-技能”，正确进行“‘会计账簿开设与登记’技术应用”、“‘账务处理程序’技术应用”，系统体验其“传承-创新”胜任力生成
	统整点4	“技术-技能”群4	（1）能将工作任务七“技术-技能”与“产学研结合”和“教学闭环”（特别是自主学习）中获得的相关“技术-技能”融为一体； （2）能应用其“技术-技能”，正确进行“‘财产清查’技术应用”，系统体验其“传承-创新”胜任力生成
	统整点5	“技术-技能”群5	（1）能将工作任务八“技术-技能”与“产学研结合”和“教学闭环”（特别是自主学习）中获得的相关“技术-技能”融为一体； （2）能应用其“技术-技能”，正确进行“‘财务报告编制’技术应用”，系统体验其“传承-创新”胜任力生成

职业核心能力和职业道德训练：其内容、种类、等级与选项见表10-2；各选项的操作“规范与标准”见本教材附录二的附表2-2和附表2-3。

表10-2 职业核心能力与职业道德训练内容、种类、等级与选项表

内容	职业核心能力							职业道德						
种类	自我学习	信息处理	数字应用	与人交流	与人合作	解决问题	革新创新	职业观念	职业情感	职业理想	职业态度	职业良心	职业作风	职业守则
等级	高级	高级	高级	高级	高级	高级	高级	认同级	认同级	认同级	认同级	认同级	认同级	认同级
选项	√	√	√	√	√	√	√	√	√	√	√	√	√	√

【训练任务】

1）请绘制与本任务相关的科目汇总表账务处理程序流程图，做好完成本次综合训练任务的“技术准备”。

2）应用工作任务一、工作任务二、工作任务三、工作任务四、工作任务五、工作任务六、工作任务七、工作任务八相关“技术-技能”，对表10-1所列专业能力领域各统整点，依照其“参照规范与标准”，实施“‘传承-创新’型”基本训练。

3）应用相关知识，对表10-2所列职业“核心能力”和“职业道德”选项，依照本书附录二的附表2-2的“参照规范与标准”，分别实施融入性“高级”强化训练和“认同级”相关训练。

【训练要求】

（1）训练前学生要明确本训练的“目标”、“能力与道德领域”、“任务”与“要求”。

（2）通过“训练步骤”，将“训练任务”落实到本训练的“活动过程”和“成果形式”中。

（3）训练后学生要对本次“‘基础会计证账表’技术综合应用”的训练活动进行总结，在此基础上撰写训练报告。

【情境设计】

（1）将学生分成若干小队，以小队为单位组成“‘基础会计证账表’技术综合应用”训练团队。

（2）各训练团队结合“训练任务”认真组织准备，确保每位成员的积极全程参与。

【指导准备】

知识准备:

（1）全面重温第1、2、3、4、5、6、7、8章“模拟训练”的“知识准备”所列知识。

（2）表10-1中“‘技术-技能’群1”至“‘技术-技能’群5”的“参照规范与标准”知识。

（3）本教材“附录一”的附表1中，“职业核心能力”（高级）全选项各技能点“‘知识准备’参照范围”所列知识。

（4）本教材附录二的附表2-2中“职业核心能力”（高级）全选项各技能点，以及附录二的附表2-3中“职业道德”（认同级）全选项各素质点的“参照规范与标准”知识。

操作指导：

（1）教师向学生阐明“训练目的”“训练任务”和“知识准备”。

（2）教师就“知识准备”中的第（2）、（3）、（4）项，对学生进行培训。

（3）教师指导学生撰写《“‘基础会计证账表’技术综合应用”训练报告》。

【训练时间】

本课程课堂教学内容结束后，安排一周时间进行“终极体验”训练。

【训练步骤】

（1）将学生组建成若干个小队，每8位同学分成一队，每队确定1~2人负责，负责训练期间的考勤纪律记录、任务工单派发和小结。

（2）对学生进行“‘基础会计证账表’技术综合应用”的培训，熟悉训练目标、内容、任务和要求等。

（3）各团队成员熟悉训练资料，按要求进行关于“技术-技能”群1至“技术-技能”群5的全面操练。

根据科目汇总表账务处理程序完成以下任务：①根据原始凭证或汇总原始凭证填制记账凭证。②根据记账凭证逐笔登记库存现金日记账和银行存款日记账。③根据原始凭证、汇总原始凭证和记账凭证登记明细分类账。④根据记账凭证编制科目汇总表。⑤根据科目汇总表登记总分类账。⑥对账。⑦根据总分类账和明细分类账记录编制会计报表。

（4）各团队成员在实施上述“专业能力”基本训练中，依照表10-2的“参照规范与标准”，融入“职业核心能力”的“高级”强化训练和“职业道德”的“认同级”相关训练，体验“专能”与“通能”和“职业道德”元素融合的“‘素质-技术-技能’要素”生成，并对训练全过程作简要记录与说明。

（5）各团队成员整合上述操练的过程与结果，分别撰写作为最终成果的《“‘基础会计证账表’技术综合应用”训练报告》。

（6）各团队成员的训练报告提交小队讨论并修订后，评出小队优秀训练报告。班级交流并修订各团队优秀训练报告，教师对班级优秀训练报告进行点评，评出班级优秀训练报告。

（7）将附有“教师点评”的班级优秀训练报告装订成册展示于校园网课程平台和大数据与会计专业“智慧财税共享中心”，作为本课程“产学研结合”的“校本学习”最终成果，并允许学生拷贝借鉴。

【成果形式】

（1）本训练成果应包括“关于本组资料的专业能力训练”（列入表10-1训练成果）、“关于‘职业核心能力’与‘职业道德’的融入性操练”（列入表10-2

训练成果）和《“‘基础会计证账表’技术综合应用”训练报告》三部分内容。

（2）将编制的会计分录和登记的T形账户以“附件”形式附于训练报告中。

（3）将班级优秀学生的证账表会计档案和训练报告装订成册展示于“智慧财税共享中心”，作为本课程“产学研结合”的“校本学习”最终成果。

“基础会计证账表”技术综合应用训练

【任务背景资料】

详见：工作任务八“‘财务报告编制’技术应用”训练的“模拟训练”课业范例。

学习微平台

资源10-01

【要求】

请根据科目汇总表账务处理程序体验完成该企业2023年1月证账表处理。

（1）“技术-技能”群1、2训练：根据原始凭证或汇总原始凭证填制记账凭证（请在下方答题，填制表10-3至表10-22）。

表10-3

记账凭证

年　月　日　　　　字第　号

摘要	总账科目	明细科目	记账（√）	借方金额							贷方金额						
				万	千	百	十	元	角	分	万	千	百	十	元	角	分
合计																	

附件　张

财务主管：　　记账：　　审核：　　制单：

表10-4

记账凭证

年　月　日　　　　字第　号

摘要	总账科目	明细科目	记账（√）	借方金额							贷方金额						
				万	千	百	十	元	角	分	万	千	百	十	元	角	分
合计																	

附件　张

财务主管：　　记账：　　审核：　　制单：

表 10-5

记账凭证

年　月　日　　　　字第　号

摘要	总账科目	明细科目	记账（√）	借方金额							贷方金额						
				万	千	百	十	元	角	分	万	千	百	十	元	角	分
合计																	

附件　张

财务主管：　　记账：　　审核：　　制单：

表 10-6

记账凭证

年　月　日　　　　字第　号

摘要	总账科目	明细科目	记账（√）	借方金额							贷方金额						
				万	千	百	十	元	角	分	万	千	百	十	元	角	分
合计																	

附件　张

财务主管：　　记账：　　审核：　　制单：

表 10-7

记账凭证

年　月　日　　　　字第　号

摘要	总账科目	明细科目	记账（√）	借方金额							贷方金额						
				万	千	百	十	元	角	分	万	千	百	十	元	角	分
合计																	

附件　张

财务主管：　　记账：　　审核：　　制单：

表 10-8

记账凭证

年　月　日　　　　　　　　字第　号

摘要	总账科目	明细科目	记账(√)	借方金额							贷方金额						
				万	千	百	十	元	角	分	万	千	百	十	元	角	分
合计																	

附件　张

财务主管：　　　记账：　　　审核：　　　制单：

表 10-9

记账凭证

年　月　日　　　　　　　　字第　号

摘要	总账科目	明细科目	记账(√)	借方金额							贷方金额						
				万	千	百	十	元	角	分	万	千	百	十	元	角	分
合计																	

附件　张

财务主管：　　　记账：　　　审核：　　　制单：

表 10-10

记账凭证

年　月　日　　　　　　　　字第　号

摘要	总账科目	明细科目	记账(√)	借方金额							贷方金额						
				万	千	百	十	元	角	分	万	千	百	十	元	角	分
合计																	

附件　张

财务主管：　　　记账：　　　审核：　　　制单：

表 10-11

记账凭证

年 月 日　　　　字第 号

摘要	总账科目	明细科目	记账（√）	借方金额							贷方金额						
				万	千	百	十	元	角	分	万	千	百	十	元	角	分
合计																	

附件 张

财务主管：　　记账：　　审核：　　制单：

表 10-12

记账凭证

年 月 日　　　　字第 号

摘要	总账科目	明细科目	记账（√）	借方金额							贷方金额						
				万	千	百	十	元	角	分	万	千	百	十	元	角	分
合计																	

附件 张

财务主管：　　记账：　　审核：　　制单：

表 10-13

记账凭证

年 月 日　　　　字第 号

摘要	总账科目	明细科目	记账（√）	借方金额							贷方金额						
				万	千	百	十	元	角	分	万	千	百	十	元	角	分
合计																	

附件 张

财务主管：　　记账：　　审核：　　制单：

表 10-14

记账凭证

年　月　日　　　　字第　号

摘要	总账科目	明细科目	记账（√）	借方金额							贷方金额						
				万	千	百	十	元	角	分	万	千	百	十	元	角	分
合计																	

附件　张

财务主管：　　记账：　　审核：　　制单：

表 10-15

记账凭证

年　月　日　　　　字第　号

摘要	总账科目	明细科目	记账（√）	借方金额							贷方金额						
				万	千	百	十	元	角	分	万	千	百	十	元	角	分
合计																	

附件　张

财务主管：　　记账：　　审核：　　制单：

表 10-16

记账凭证

年　月　日　　　　字第　号

摘要	总账科目	明细科目	记账（√）	借方金额							贷方金额						
				万	千	百	十	元	角	分	万	千	百	十	元	角	分
合计																	

附件　张

财务主管：　　记账：　　审核：　　制单：

表 10-17

记账凭证

年　月　日　　　　字第　号

摘要	总账科目	明细科目	记账(√)	借方金额							贷方金额						
				万	千	百	十	元	角	分	万	千	百	十	元	角	分
合计																	

附件　张

财务主管：　　记账：　　审核：　　制单：

表 10-18

记账凭证

年　月　日　　　　字第　号

摘要	总账科目	明细科目	记账(√)	借方金额							贷方金额						
				万	千	百	十	元	角	分	万	千	百	十	元	角	分
合计																	

附件　张

财务主管：　　记账：　　审核：　　制单：

表 10-19

记账凭证

年　月　日　　　　字第　号

摘要	总账科目	明细科目	记账(√)	借方金额							贷方金额						
				万	千	百	十	元	角	分	万	千	百	十	元	角	分
合计																	

附件　张

财务主管：　　记账：　　审核：　　制单：

表 10-20

记账凭证

年 月 日 字第 号

摘要	总账科目	明细科目	记账(√)	借方金额							贷方金额						
				万	千	百	十	元	角	分	万	千	百	十	元	角	分
合计																	

附件 张

财务主管： 记账： 审核： 制单：

表 10-21

记账凭证

年 月 日 字第 号

摘要	总账科目	明细科目	记账(√)	借方金额							贷方金额						
				万	千	百	十	元	角	分	万	千	百	十	元	角	分
合计																	

附件 张

财务主管： 记账： 审核： 制单：

表 10-22

记账凭证

年 月 日 字第 号

摘要	总账科目	明细科目	记账(√)	借方金额							贷方金额						
				万	千	百	十	元	角	分	万	千	百	十	元	角	分
合计																	

附件 张

财务主管： 记账： 审核： 制单：

（2）“技术-技能”群3训练：根据记账凭证登记日记账。根据原始凭证、汇总原始凭证和记账凭证登记明细分类账（请在表10-23至表10-26中答题）。

学习微平台

资源10-02

表10-23 **银行存款日记账** 单位：元

年		凭证		摘要	对应科目	收入	支出	结存
月	日	种类	号数					

表10-24 **原材料明细账**

类别： 计划单价：

品名或规格： 储备定额：

存放地点： 计量单位：千克 金额单位：元

年		凭证号	摘　要	收　入			发　出			结　存		
月	日			数量	单价	金额	数量	单价	金额	数量	单价	金额

表10-25 **原材料明细账**

类别： 计划单价：

品名或规格： 储备定额：

存放地点： 计量单位：千克 金额单位：元

年		凭证号	摘　要	收　入			发　出			结　存		
月	日			数量	单价	金额	数量	单价	金额	数量	单价	金额

表 10-26　　**生产成本明细账**

会计科目：　　单位：元

年		凭证号	摘　要	借　方				
月	日			直接材料	直接人工	制造费用	其他	合计

学习微平台

资源 10-03

（3）“技术-技能”群 3 训练：根据记账凭证编制科目汇总表（请在表 10-27 中答题）。

表 10-27　　**科目汇总表**　　科汇 1

年　　月　　日至　　日　　单位：元

会计科目	借方发生额	贷方发生额
合计		

（4）“技术-技能”群3训练：根据科目汇总表登记总账（请在表10-28至10-54中答题）。

学习微平台

资源10-04

表10-28　　　　**总分类账**　　　　第　页

会计科目：　　　　单位：元

年		凭证号	摘　要	借方	贷方	借或贷	余额
月	日						

表10-29　　　　**总分类账**　　　　第　页

会计科目：　　　　单位：元

年		凭证号	摘　要	借方	贷方	借或贷	余额
月	日						

表10-30　　　　**总分类账**　　　　第　页

会计科目：　　　　单位：元

年		凭证号	摘　要	借方	贷方	借或贷	余额
月	日						

表10-31　　　　**总分类账**　　　　第　页

会计科目：　　　　单位：元

年		凭证号	摘　要	借方	贷方	借或贷	余额
月	日						

表 10-32　　总分类账　　第　页

会计科目：　　单位：元

年		凭证号	摘　要	借方	贷方	借或贷	余额
月	日						

表 10-33　　总分类账　　第　页

会计科目：　　单位：元

年		凭证号	摘　要	借方	贷方	借或贷	余额
月	日						

表 10-34　　总分类账　　第　页

会计科目：　　单位：元

年		凭证号	摘　要	借方	贷方	借或贷	余额
月	日						

表 10-35　　总分类账　　第　页

会计科目：　　单位：元

年		凭证号	摘　要	借方	贷方	借或贷	余额
月	日						

表 10-36 **总分类账** 第 页

会计科目： 单位：元

年		凭证号	摘 要	借方	贷方	借或贷	余额
月	日						

表 10-37 **总分类账** 第 页

会计科目： 单位：元

年		凭证号	摘 要	借方	贷方	借或贷	余额
月	日						

表 10-38 **总分类账** 第 页

会计科目： 单位：元

年		凭证号	摘 要	借方	贷方	借或贷	余额
月	日						

表 10-39 **总分类账** 第 页

会计科目： 单位：元

年		凭证号	摘 要	借方	贷方	借或贷	余额
月	日						

表 10-40 **总分类账** 第 页

会计科目： 单位：元

年		凭证号	摘 要	借方	贷方	借或贷	余额
月	日						

表 10-41 **总分类账** 第 页

会计科目： 单位：元

年		凭证号	摘 要	借方	贷方	借或贷	余额
月	日						

表 10-42 **总分类账** 第 页

会计科目： 单位：元

年		凭证号	摘 要	借方	贷方	借或贷	余额
月	日						

表 10-43 **总分类账** 第 页

会计科目： 单位：元

年		凭证号	摘 要	借方	贷方	借或贷	余额
月	日						

表 10-44 **总分类账** 第 页

会计科目： 单位：元

年		凭证号	摘　　要	借方	贷方	借或贷	余额
月	日						

表 10-45 **总分类账** 第 页

会计科目： 单位：元

年		凭证号	摘　　要	借方	贷方	借或贷	余额
月	日						

表 10-46 **总分类账** 第 页

会计科目： 单位：元

年		凭证号	摘　　要	借方	贷方	借或贷	余额
月	日						

表 10-47 **总分类账** 第 页

会计科目： 单位：元

年		凭证号	摘　　要	借方	贷方	借或贷	余额
月	日						

表 10-48 **总分类账** 第 页

会计科目： 单位：元

年		凭证号	摘 要	借方	贷方	借或贷	余额
月	日						

表 10-49 **总分类账** 第 页

会计科目： 单位：元

年		凭证号	摘 要	借方	贷方	借或贷	余额
月	日						

表 10-50 **总分类账** 第 页

会计科目： 单位：元

年		凭证号	摘 要	借方	贷方	借或贷	余额
月	日						

表 10-51 **总分类账** 第 页

会计科目： 单位：元

年		凭证号	摘 要	借方	贷方	借或贷	余额
月	日						

表 10-52 **总分类账** 第 页

会计科目： 单位：元

年		凭证号	摘 要	借方	贷方	借或贷	余额
月	日						

表 10-53 **总分类账** 第 页

会计科目： 单位：元

年		凭证号	摘 要	借方	贷方	借或贷	余额
月	日						

表 10-54 **总分类账** 第 页

会计科目： 单位：元

年		凭证号	摘 要	借方	贷方	借或贷	余额
月	日						

（5）“技术-技能”群 4、5 训练：根据总分类账和明细分类账记录编制会计报表（请在表 10-55 和表 10-56 中答题）。

学习微平台

资源 10-05

表 10-55 **资产负债表（简表）**

编制单位：某公司 年 月 日 单位：元

资 产	期末余额	上年年末余额	负债和所有者权益（或股东权益）	期末余额	上年年末余额
流动资产：			流动负债：		
货币资金			短期借款		
应收票据			应付账款		
应收账款			预收款项		
预付款项			应付职工薪酬		
其他应收款			应交税费		
存货			其他应付款		
流动资产合计			流动负债合计		
非流动资产：			长期借款		
固定资产			非流动负债合计		
无形资产			负债合计		
非流动资产合计			所有者权益（或股东权益）：		
			实收资本		
			盈余公积		
			未分配利润		
			所有者权益（或股东权益）合计		
资产总计			负债和所有者权益（或股东权益）总计		

表 10-56 **利润表（简表）**

编制单位：某公司 年 月 日 单位：元

项 目	本期金额	上期金额（略）
一、营业收入		
减：营业成本		
税金及附加		
销售费用		
管理费用		
研发费用		
财务费用		
其中：利息费用		
利息收入		
加：其他收益		
投资收益（损失以“-”号填列）		
公允价值变动收益（损失以“-”号填列）		
资产减值损失（损失以“-”号填列）		
资产处置收益（损失以“-”号填列）		
二、营业利润（亏损以“-”号填列）		
加：营业外收入		
减：营业外支出		
三、利润总额（亏损总额以“-”号填列）		
减：所得税费用		
四、净利润（净亏损以“-”号填列）		
五、其他综合收益的税后净额		
六、综合收益总额		
七、每股收益		

表 10-57 “‘基础会计证账表’技术”综合训练报告

训练班级：	分队及队长：	团队成员：
指导老师：	训练时间：	训练地点：
训练目的		
训练步骤		
训练结果		
企业财务 状况说明		
训练感言		
训练团队队长 评定意见		
项目指导教师 评定意见		

主要参考文献

［1］周兴荣，许平彩，李峰，等．会计综合业务模拟实验教程［M］．重庆：重庆大学出版社，2008．

［2］赵筠，武笛，许辉．基础会计习题与实训［M］．4版．大连：东北财经大学出版社，2017．

［3］杨桂洁，刘新萍，张倩．会计基础与实务［M］．4版．北京：人民邮电出版社，2018．

［4］赵丽生，常洁．基础会计习题与实训［M］．5版．大连：东北财经大学出版社，2018．

［5］徐艳清，胡兴民，张艳丽．会计岗位技能实训［M］．北京：对外经济贸易大学出版社，2009．

［6］董菊红，钟学云．税务会计实务［M］．北京：对外经济贸易大学出版社，2009．

［7］湖北省会计学会．财经法规与会计职业道德［M］．武汉：湖北人民出版社，2009．

［8］常小勇．会计学基础［M］．北京：人民邮电出版社，2010．

［9］秦玉霞．财务会计与实务操作［M］．北京：北京交通大学出版社，2010．

［10］毛波军．基础会计［M］．北京：科学出版社，2010．

［11］赵金燕，孙艳萍，王宏．会计综合实训［M］．北京：北京理工大学出版社，2011．

［12］中华人民共和国财政部．小企业会计准则［M］．上海：立信会计出版社，2012．

［13］陈文铭，陈艳．基础会计习题与案例［M］．6版．大连：东北财经大学出版社，2018．

［14］中华人民共和国财政部．企业会计准则——基本准则［M］．北京：中国财政经济出版社，2014．

［15］中华人民共和国财政部．政府会计准则——基本准则［M］．北京：中国财政经济出版社，2015．

［16］会计从业资格考试辅导教材编写组．会计基础［M］．成都：西南财经大学出版社，2016．

［17］财政部会计资格评价中心．初级会计实务［M］．北京：中国财政经济

出版社，2023.

［18］企业会计准则编审委员会. 企业会计准则案例讲解2017版［M］. 上海：立信会计出版社，2017.

［19］中华人民共和国财政部. 政府会计制度——行政事业单位会计科目和报表［M］. 北京：中国财政经济出版社，2017.

［20］中华人民共和国会计法（2017最新修正版）［M］. 北京：中国法制出版社，2017.

附录一　职业核心能力强化训练“知识准备”参照范围

章后“单元训练”和书后“综合训练”实训“操练题”的“职业核心能力‘强化训练’”，需要在操练前，由教师对学生进行“知识准备”的培训，其“参照范围”详见附表1-1。

附表1-1　　职业核心能力强化训练“知识准备”参照表

领域	等级	技能点	“知识准备”参照范围
自我学习	初级	确定短期学习目标	激发学习动力的方法；学习的基本原理；确定目标的原则和方法；编写学习计划的基本规则；取得他人帮助和支持的方法与技巧
自我学习	初级	实施短期学习计划	学习的基本原理；学习的方法和技巧；计划落实、控制和调整的方法和技巧；节约时间的诀窍
自我学习	初级	检查学习进度	学习方法与学习效果的关系；检查目标进度的方法和技巧（总结、归纳、测量）；成功学习的基本要求
自我学习	中级	确定中期学习目标	学习的基本原理；确定目标的原则和方法；编写学习计划的基本规则；取得他人帮助和支持的方法与技巧
自我学习	中级	实施中期学习计划	学习的基本原理；学习的方法和技巧；计划落实、控制和调整的方法和技巧；关于方法的知识；时间管理的诀窍
自我学习	中级	检查学习进度	成功学习的基本要点；项目目标检查、总结、归纳的方法；学习迁移的原理与应用知识；学习的观察、认知记忆及提高效率的规律；养成良好学习习惯的方法
自我学习	高级	确定长期学习目标	收集和运用信息的方法；有效资源利用的策略；项目论证和测评的方法；编写计划和检查调控计划执行的方法；团队合作的策略和方法
自我学习	高级	实施长期学习计划	学习的方法和技巧；有关学习与实践关系的原理；计划落实、控制和调整的方法和技巧；关于思维方法的知识；目标管理的诀窍
自我学习	高级	检查学习进度	成功学习的基本要点；项目目标检查、总结、归纳的方法；学习迁移的原理与应用知识；学习的观察、认知记忆及提高效率的规律；养成良好学习习惯的方法
信息处理	初级	获取信息	信息的含义、特征与种类；信息收集的原则、渠道和方式；文献和网络索引法；一般阅读法；计算机和网络相关知识
信息处理	初级	整理信息	信息的分类方法与原则；信息筛选方法与要求；信息资料手工存储方法；计算机信息存储方法；计算机其他相关知识
信息处理	初级	传递信息	信息传递的种类与形式；口语和文字符号的信息传递技巧；现代办公自动化技术；计算机和网络相关技术
信息处理	中级	获取信息	信息的特征与种类；信息收集的范围、渠道与原则；信息收集方法（观察法、询访法）；计算机和网络相关知识
信息处理	中级	开发信息	信息筛选、存储的方法与原则；信息资料的分析、加工的方法；新信息生成或信息预测的方法
信息处理	中级	展示信息	口语和文字符号信息展示的技巧；多媒体制作与使用技术；计算机相关应用技术
信息处理	高级	获取信息	调查研究的方法和原理；信息收集的范围、方法（问卷法、检索法、购买法、交换法）和原则；信息收集方案选择；计算机和网络相关技术
信息处理	高级	开发信息	信息资料鉴别方法；信息资料核校方法；信息资料分析方法；信息资料编写方法（主题提炼、标题选择、结构安排、语言组织）；信息资料加工方法；计算机信息生成知识
信息处理	高级	展示信息	口语和文字符号的信息表达技巧；多媒体制作技术；科学决策知识；信息反馈方式与要求；网页设计与网络使用知识；知识产权知识

续表

领域	等级	技能点	“知识准备”参照范围
数字应用	初级	采集、解读数据信息	获取数据的方法（测量法、调查法、读取法）；数的意义（整数、小数、分数及百分数）；常用测量器具的功能与使用方法，常用单位的换算；近似的概念与精度；图表（数表、扇形统计图、条形统计图、示意图）知识
		进行数字计算	计算方法（笔算、口算、珠算、计算器计算）；整数、分数四则运算；近似计算法；验算（逆算法、估算法、奇偶对应法）
		展示和使用数据信息	评价指标；最大值，最小值；平均值；精度
	中级	解读数据信息	获取数据信息的渠道与方法（测量法、调查法、读取法）；数的意义（整数、分数、正数、负数）；总量与分量，比例；误差，精度，估计；复合单位（如速度、速率等）；图表（数表、扇形统计图、条形统计图、折线图、示意图）知识
		进行数据计算	计算方法（笔算、计算器计算、查表、使用Excel等软件计算）；整式、分式四则运算，乘方，开方；近似计算（误差估计）；验算（逆算法、估算法、奇偶对应法）
		展示和使用数据信息	评价指标；最大值，最小值；平均值，期值，方差；绝对误差，相对误差；图表的制作
	高级	解读数据信息	数据信息源的筛选原则（多样性、代表性、可靠性）；数据的采集方案；图表（数表、坐标、比例尺）；频率，频率稳定性；平均，加权平均；误差分析，估算
		进行数据计算	计算方法（笔算、计算器计算、查表、编程计算，使用Excel等软件计算）；整式、分式四则计算，乘方，开方；函数（幂函数、指数函数、对数函数、三角函数、反三角函数、复合函数）近似计算（误差分析）；验算（逆算法、估算法）
		展示和使用数据信息	评价指标；最大值，最小值；平均值，期值，方差；绝对误差，相对误差；图表的制作
与人交流	初级	交谈讨论	与人交谈主题相关的信息和知识；正确使用规范语言的基本知识；口语交谈方式和技巧；身体语言运用技巧
		阅读和获取资料	资料查询和搜索的方法；一般阅读的方法；文件资料归类的方法；词典类工具书的功能和使用方法；各种图表的功能；网上阅读的方法
		书面表达	与工作任务相关的知识；实用文体的应用；图表的功能和应用；素材选用的基本方法；写作的基本技法；逻辑和修辞初步技法
	中级	交谈讨论	与交谈主题相关的知识和信息；正确使用规范语言的基本知识；口语交谈的技巧；身体语言运用技巧；掌握交谈心理的方法；交谈的辅助手段或多媒体演示技术；会谈和会议准备基本要点
		简短发言	与发言主题相关的知识和信息；当众讲话的技巧（包括运用身体语言的技巧）；简短发言的辅助手段或多媒体演示技术
		阅读和获取资料	资料查询和搜索方法；快速阅读的原理与方法；文件归类的方法；各种图表的功能
		书面表达	与工作任务相关的知识；实用文体的应用；图表的功能和应用；素材选用的基本方法；文稿排版和编辑的技法；写作的基本技法；逻辑和修辞常用技法
	高级	交谈讨论	与会谈主题相关的知识和信息；语言交流的艺术和技巧；交谈的辅助手段或多媒体演示技术；总结性话语运用的技巧；谈判的心理和技巧；会议准备的基本要点；主持会议的相关程序
		当众讲演	与发言主题相关的知识和信息；演讲的技巧和艺术；演讲辅助手段或多媒体演示技术
		阅读和获取资料	资料查询和搜索方法；快速阅读的技巧；各种图表的功能
		书面表达	与工作任务相关的知识；实用文体的应用；图表的功能和应用；素材选用的基本方法；文稿排版和编辑的技法；写作的基本技法；逻辑和修辞技法
与人合作	初级	理解合作目标	活动要素的群体性与分工合作的关系；职业团队的概念、特征与种类，组织的使命、目标、任务；自身的职业价值，个人在组织中的作用
		执行合作计划	服从的基本概念，指令、命令的含义；求助的意义，人的求助意识；职业生活的互助性，帮助他人的价值
		检查合作效果	工作进度的概念，影响工作进度的因素；工作进程的检查，调整工作程序；工作汇报的程序、要领

续表

领域	等级	技能点	"知识准备"参照范围
与人合作	中级	制订合作计划	聚合型团队、松散型团队和内耗型团队的特征；组织内部的冲突情况，剖析内耗型团队的心理根源；合作双方的利益需求和社会心理需求
		完成合作任务	民族、学历、地域、年龄等差异；人的工作和生活习惯、办事规律；宽容的心态，容忍的方法
		改善合作效果	使他人接受自己意见、改变态度的策略；在会议上提出意见和建议的规则；改变自己的态度，接受他人批评指责的心理准备
	高级	调整合作目标	领导科学与管理方法；组织文化的形成与发展；目标管理与时间管理
		控制合作进程	人际交往与沟通的知识和相关能力；有效激励的方法与技巧；批评的途径、方法和注意事项
		达到合作目标	信息的采集与整理，组织经济效益的统计学知识；员工绩效测评的基本方法和程序；合作过程的风险控制意识和防范
解决问题	初级	分析问题提出方案	分析问题的方法；归纳问题的方法；对比选择的方法；判断和决策的方法；关于相关问题本身的专业知识和发展规律的认识
		实施计划解决问题	撰写工作计划的相关知识；信息检索、文献查询的有关方法；逻辑判断、推理的相关知识；解决问题的技巧
		验证方案改进方式	分析和检查问题的方法；跟踪调查的方法；工作总结的规则和写作方法
	中级	分析问题提出方案	分析问题的方法；归纳问题的方法；对比选择的方法；判断和决策的方法；关于相关问题本身的专业知识和变化规律的认识
		实施计划解决问题	应用写作学中的关于撰写工作计划的相关知识；信息检索、文献查询的有关方法；逻辑判断、推理的相关知识；解决问题的技巧；与他人合作的知识和方法
		验证方案改进计划	分析和检查问题的方法；跟踪调查的方法；工作总结的规则和写作方法
	高级	分析问题提出对策	决策科学的系统知识；形式逻辑、辩证逻辑思维的系统知识和方法；分析问题的系统知识和技巧；群体创新技法的系统知识；数学建模方法；关于相关问题本身的专业知识和变化规律的认识
		实施方案解决问题	关于撰写工作计划的系统知识；信息检索、文献查询的系统知识和方法；有关价值工程、现场分析和形态分析的知识；解决问题的技巧；有关进度评估的知识；与人合作的系统知识和方法
		验证方案改进计划	分析和检查问题的方法；跟踪调查的方法；工作总结的规则和写作方法；创新技法

续表

领域	等级	技能点	“知识准备”参照范围
革新创新	初级	揭示不足提出改进	关于思维和创造思维的一般知识；关于思维定式的突破思维障碍的知识；关于相关事物本身的专业知识和发展规律的认识
		做出创新方案	列举类技法和设问类技法的原理、特点、适用范围和具体操作的知识；有关分解类技法、组合类技法、分解组合类技法的原理、特点、适用范围和具体操作方法的知识；收集信息、案例的知识和方法
		评估创新方案	有关创新成果价值评定的知识；可行性分析的知识；撰写可行性报告的知识
	中级	揭示不足提出改进	有关思维障碍形成的知识；横向、逆向、灵感思维的知识；换向、换位思维的知识；逻辑判断和推理知识；关于相关事物本身的专业知识和发展规律的认识
		做出并实施创新方案	有关类比类技法和移植类技法的知识；有关德尔菲法和综摄法的知识；有关还原法、换向思考类技法的知识
		评估创新方案	有关项目可行性测评的技术；有关最佳方案评估的知识；撰写评估报告的知识
	高级	揭示不足提出改进	创新能力构成和提升的知识；有关事物运动、变化和发展的知识；灵活运用各种思维形式的知识；关于相关事物本身的专业知识和发展规律的认识
		做出并实施创新方案	有关价值工程、现场分析和形态分析的知识；针对不同事物运用不同创新方法的知识；综合运用各种创新方法的知识
		评估创新方案	可持续创新的知识；有关创新原理的知识；有关知识产权的知识；技术预测和市场预测知识

（资料来源 劳动和社会保障部职业技能鉴定中心．职业核心能力标准（共7册）[M]．北京：人民出版社，2007．本表参照上述资料所列文献相关内容整理与编制）

附录二 案例分析、职业核心能力和职业道德训练与考核参照规范

附表 2-1　　　　案例分析考核表

考核指标		考核内容	分项成绩
形成性考核 $\sum 50$	个人准备 $\sum 20$	案例概况；讨论主题；问题理解；揭示不足；创新意见；决策标准；可行性方案	
	小组讨论 $\sum 15$	上课出席情况；讨论发言的参与度；言语表达能力；说服力大小；思维是否敏捷	
	班级交流 $\sum 15$	团队协作；与人交流；课堂互动等方面的满意度；讨论参与的深度与广度	
课业考核 $\sum 50$	分析依据 $\sum 8$	分析依据的客观性与充分性	
	分析步骤 $\sum 8$	分析步骤的恰当性与条理性	
	理论思考 $\sum 8$	理论思考的正确性、深刻性与全面性	
	解决问题 $\sum 8$	理解问题与解决问题能力的达标性	
	革新创新 $\sum 10$	揭示不足与提出改进能力的达标性	
	文字表达 $\sum 8$	文字表达能力的强弱性	
总成绩 $\sum 100$			
教师评语	签名： 年　月　日		
学生意见	签名： 年　月　日		

附表 2-2 **职业核心能力考核参照规范与标准**

领域	等级	基本要求	“技术-技能”点	规范与标准
自我学习	初级	具备学习的基本能力，在常规条件下能运用这些能力适应工作和学习要求	确定短期学习目标	能明确学习动机和目标，并合理计划时间、寻求指导
			实施短期学习计划	能按照行动要点开展工作、按时完成任务，使用不同方式、选择和运用不同的学习方法实现目标，并能对计划及时进行调整
			检查学习进度	能对学习情况提出看法、改进意见和提高学习能力的设想
	中级	主要用理解式接受法，对有兴趣的任务可以用发现法掌握知识信息；在更广泛的工作范围内灵活运用这些能力以适应工作岗位各方面需要	确定中期学习目标	能明确提出多个学习目标，列出实现各目标的行动要点，确定实现目标的计划，并运筹时间
			实施中期学习计划	能开展学习和活动，通过简单的课程和技能训练，提高工作能力
			检查学习进度	能证明取得的学习成果，并能将学到的东西用于新的工作任务
	高级	能较熟练灵活地运用各种学习法在最短时间内掌握知识信息；能广泛地收集、整理、开发和运用信息，善于学习、接受新的事物，以适应复杂工作和终身发展的要求	确定长期学习目标	能根据各种信息和资源确定要实现的多个目标及途径，明确可能影响计划实现的因素，确认实现目标的时限，制定行动要点和时间表，预计困难和变化
			实施长期学习计划	能保证重点、调整落实、处理困难、选择方法，通过复杂的课程和技能训练提高工作能力
			检查学习进度	能汇总学习成果、成功经验和已实现的目标，证明新学到的东西能有效运用于新选择的职业或工作任务
信息处理	初级	具备进入工作岗位最基本的信息处理能力，在常规条件下能收集、整理并传递适应既定工作需要的信息	获取信息	能通过阅读、计算机或网络获取信息
			整理信息	能使用不同方法、从多个资源中选择、收集和综合信息，并通过计算机编辑、生成和保存信息
			传递信息	能通过口语、书面形式，用合适的版面编排、规范的方式展示、电子手段传输信息
	中级	在更广泛的工作范围内获取需要的信息，进行信息开发处理，并根据工作岗位各方面的需要展示组合信息	获取信息	能定义复杂信息任务，确定搜寻范围，列出资源优先顺序，通过询访法和观察法搜寻信息
			开发信息	能对信息进行分类、定量筛选、运算分析、加工整理，用计算机扩展信息
			展示信息	能通过演说传递信息，用文字图表、计算机排版展示组合信息，用多媒体辅助信息传达
	高级	广泛地收集、深入地整理开发、多样地传递、灵活地运用信息，以适应复杂的工作需要；具备信息处理工作的设计与评估能力，并表现出较强的组织与管理能力	获取信息	能分析复杂信息任务，比较不同信息来源的优势和限制条件，选择适当技术，使用各种电子方法发现和搜寻信息
			开发信息	能辨别信息真伪，定性核校、分析、综合、解读与验证资料，建立较大规模的数据库，用计算机生成新的信息
			展示信息	能用新闻方式发布、平面方式展示、网络技术传递，利用信息预测趋势、创新设计，收集信息反馈，评估使用效果

续表

领域	等级	基本要求	"技术-技能"点	规范与标准
数字应用	初级	具备进入工作岗位最基本的数字应用能力，在常规条件下能运用这些能力适应既定工作的需要	采集、解读数据信息	能按要求测量并记录结果，准确统计数目，解读简单图表，读懂各种数字，并汇总数据
			进行数字计算	能进行简单计算并验算结果
			展示和使用数据信息	能正确使用单位，根据计算结果说明工作任务
	中级	在更广泛的工作范围内，灵活地运用数字应用能力以适应工作岗位各方面的需要	解读数据信息	能从不同信息源获取信息，读懂、归纳、汇总数据，编制图表
			进行数据计算	能从事多步骤、较复杂的计算，使用公式计算结果
			展示和使用数据信息	能使用适当方法展示数据信息和计算结果，设计并使用图表，根据结果准确说明工作任务
	高级	具备熟练把握数字和通过数字运算来解决实际工作中的问题的能力，适应更复杂的工作需要	解读数据信息	能组织大型数据采集活动，通过调查和实验获取、整理与加工数据
			进行数据计算	能从事多步骤的复杂计算，并统计与分析数据
			展示和使用数据信息	能选择合适的方法阐明和比较计算结果，检查并论证其合理性，设计并绘制图表，根据结果做出推论，说明和指导工作
与人交流	初级	具备进入工作岗位最基本的与人交流能力，在常规条件下能运用这些能力适应既定工作的需要	交谈讨论	能围绕主题，把握讲话的时机、内容与长短，倾听他人讲话，多种形式回应；使用规范易懂的语言、恰当的语调和连贯的语句清楚地表达意思
			阅读和获取资料	能通过有效途径找到所需资料，识别有效信息，归纳内容要点，整理确认内容，会做简单笔记
			书面表达	能选择基本文体，利用图表、资料撰写简单文稿，并掌握基本写作技巧
	中级	在更广泛的工作范围内，灵活运用这些能力以适应工作岗位各方面的需要	交谈讨论	能始终围绕主题参与，主动把握讲话时机、方式和内容，理解对方的谈话内容，推动讨论进行，全面准确传达一个信息或观点
			简短发言	能为发言作准备，当众讲话并把握讲话内容、方式，借助各种手段说明主题
			阅读和获取资料	能根据工作要求从多种资料中筛选有用信息，看懂资料的观点、思路和要点，并整理汇总资料
			书面表达	能掌握应用文体，注意行文格式；组织利用材料，充实内容要点；掌握写作技巧，清楚表达主题；注意文章风格，提高说服力
	高级	在工作岗位上表现出更强的组织和管理能力，通过运用与人交流的能力适应更复杂的工作需要	交谈讨论	始终把握会议主题，听懂他人讲话内容并做出反应，主持会议或会谈，全面准确表述复杂事件或观点
			当众讲演	能为讲演作准备，把握讲演的内容、方式，借助各种手段强化主题
			阅读和获取资料	能为一个问题或课题找到相关资料，看懂资料的思路、要点、价值和问题，分析、筛选和利用资料表达主题
			书面表达	熟悉专业文书，把握基本要求；有机利用素材，说明内容要点；掌握写作技巧，清楚恰当表达主题；采用适当风格，增强说服力

续表

领域	等级	基本要求	“技术-技能”点	规范与标准
与人合作	初级	理解个人与他人、群体的合作目标，有效地接受上级指令；准确、顺利地执行合作计划；调整工作进度，改进工作方式；检查工作效果	理解合作目标	能确定合作的基础和利益共同点，掌握合作目标要点和本单位人事组织结构，明确个人在团队中的职责和任务
			执行合作计划	能接受上级指令，准确、顺利地执行合作计划
			检查合作效果	能通过检查工作进展情况，改进工作方式，促进合作目标实现
	中级	与本部门同事、内部横向部门、外部相关部门共同制订合作计划；协调合作过程中的矛盾关系，按照计划完成任务；在合作过程中遇到障碍时提出改进意见，推进合作进程	制订合作计划	能与本部门同事、组织内部横向部门、组织外部相关部门共同制订合作计划
			完成合作任务	能与他人协同工作，处理合作过程中的矛盾
			改善合作效果	能判断合作障碍，表达不同意见，接受批评建议，弥补双方失误
	高级	根据情况变化和合作各方的需要，调整合作目标；在变动的工作环境中，控制合作进程；预测和评价合作效果，达成合作目的	调整合作目标	能发现各方问题，协调利益关系，进行有效沟通，调整合作计划与工作顺序
			控制合作进程	能整合协调各方资源，妥善处理矛盾，排除消极因素，激发工作热情
			达到合作目标	能及时全面检查工作成效，不断改善合作方式
解决问题	初级	具备进入工作岗位最基本的解决问题能力，在常规条件下能根据工作的需要，解决一般简单和熟悉的问题	分析问题提出方案	能用几种常用的办法理解问题，确立目标，提出对策或方案
			实施计划解决问题	能准备、制订和实施被人认可并具有一定可行性的计划
			验证方案改进方式	能寻找方法，实施检查，鉴定结果，提出改进方式
	中级	在有限的资源条件下，根据工作岗位的需要，解决较复杂的问题	分析问题提出方案	能描述问题，确定目标，提出并选择较佳方案
			实施计划解决问题	能准备、制订和实施获得支持的较具体计划，并充分利用相关资源
			验证方案改进计划	能确定方法，实施检查，说明结果，利用经验解决新问题
	高级	在工作岗位上表现出更强的解决问题能力，在多种资源条件下，根据工作需要解决复杂和综合性问题	分析问题提出对策	在提出解决问题的对策时，能分析探讨问题的实质，提出解决问题的最优方案，并证明这种方案的合理性
			实施方案解决问题	在制订计划、实施解决办法时，能制订并实施获得认可的详细计划与方案，并能在实施中寻求信息反馈，评估进度
			验证方案改进计划	在检查问题、分析结果时，能优选方法，分析总结，提出解决同类问题的建议与方案

续表

领域	等级	基本要求	"技术-技能"点	规范与标准
革新创新	初级	在常规工作条件下，能根据工作需要，初步揭示事物的不足，运用创新思维和创新技法进行创新活动	揭示不足提出改进	能揭示事物不足，提出改进意见
			做出创新方案	能在采纳各方意见的基础上，确定创新方案的目标、方法、步骤、难点和对策，指出创新方案需要的资源和条件
			评估创新方案	能进行自我检查，正确地对待反馈信息和他人意见，对创新方案及实施做出客观评估，并根据实际条件加以调整
	中级	根据工作发展需要，在更广泛的工作范围内揭示事物的不足，较熟练地运用创新思维和创新技法进行创新活动，并对创新成果进行分析总结	揭示不足提出改进	能在新需求条件下揭示事物的不足，提出改进事物的创新点和具体方案
			做出并实施创新方案	能从多种选择中确认最佳方案，并利用外界信息、资源和条件实施创新活动
			评估创新方案	能按常规方式和专业要求，对创新改进方法和结果的价值进行评估，根据实际条件进行调整，并指导他人的创新活动
	高级	在工作岗位上表现出更强的创新能力，在复杂的工作领域，能根据工作需要揭示事物的不足，熟练运用创新思维和创新技法进行创新活动，对创新成果进行理论分析、论证、总结和评估，并指导他人的创新活动	揭示不足提出改进	能通过客观分析事物发展与需求之间的矛盾揭示事物的不足，提出首创性的改进意见和方法
			做出并实施创新方案	能根据实际需要，设计并实施创新工作方案，并在条件变化时坚持创新活动
			评估创新方案	能按常规方式和专业要求，对创新方法和结果进行检验和预测风险；针对问题调整工作方案，总结经验，指导他人，提出进一步创新改进的方法

（资料来源　劳动和社会保障部职业技能鉴定中心．职业核心能力培训测评标准（试行）（共7册）及其训练手册（共6册）[M]．北京：人民出版社，2007．本表参照上述资料所列文献相关内容整理与编制）

附表2-3　　**职业道德考核参照规范与标准**

领域	规范与标准
职业观念	对职业、职业选择、职业工作、营销人员职业道德和企业营销伦理等问题具有正确的看法
职业情感	对职业或职业模拟有愉快的主观体验、稳定的情绪表现、健康的心态、良好的心境，具有强烈的职业认同感、职业荣誉感和职业敬业感
职业理想	对将要从事的职业种类、职业方向与事业成就有执着追求
职业态度	对职业选择或模拟选择有充分认知和积极行动
职业良心	在履行职业义务时具有强烈的道德责任感和较高的自我评价能力
职业作风	在职业模拟、职业实践或职业生活的自觉行动中，具有体现职业道德内涵的一贯表现
职业守则	爱岗敬业，诚实守信，廉洁自律，客观公正，坚持原则，提高技能，参与管理，强化服务

附表 2-4　**能力考核采分系数表**

系数	达标程度
90% ~ 100%	能依照全部考核要求，圆满、高质地完成此种能力所属各项技能操作，其效率与稳定性俱佳
80% ~ 89%	能依照多数考核要求，圆满、高质地完成此种能力所属各项技能操作，其效率与稳定性较佳
70% ~ 79%	能依照多数考核要求，较圆满、高质地完成此种能力所属各项技能操作，其效率与稳定性一般
60% ~ 69%	能依照多数考核要求，基本完成此种能力所属各项技能操作，其效率与稳定性一般
60% 以下	只能依照少数考核要求，基本完成此种能力所属各项技能操作，其效率与稳定性较低